Satzarten unterscheiden

Aussagesatz, **Ausrufe**satz, **Frage**satz ▸ S. 172, 174, 240

Satzglieder erkennen

Welche Wörter gehören zu einem **Satzglied**?
Umstellprobe ▸ S. 173–174, 181, 239, 240

Welche Art von **Satzglied** ist das?
▸ S. 174–177, 239–240

Welche Satzglieder lassen sich durch andere ersetzen? **Ersatzprobe?** ▸ S. 177, 181, 240

Wortarten bestimmen

Wortart **Nomen** ▸ S. 154–159, 192–193, 236

Wortart **Artikel** ▸ S. 154–155, 157, 236, 237

Wortart **Adjektiv** ▸ S. 160–161, 237

Wortart **Pronomen** ▸ S. 163, 238

Wortart **Verb** ▸ S. 162–166, 237–238

Rechtschreibstrategien

Wörter **schwingen** ▸ S. 184–187, 241

Wörter **verlängern** ▸ S. 188–189, 241

Wörter **zerlegen** ▸ S. 190, 242

Wörter **ableiten** ▸ S. 191, 242

Nomen **erkennen** ▸ S. 192–193, 242

Nachschlagen im **Wörterbuch** ▸ S. 194–195, 243

Rechtschreibregeln

Wörter mit **doppeltem Konsonanten** ▸ S. 198–199, 244

Wörter mit *i* oder *ie*? ▸ S. 200–201, 244

Wörter mit *ß* oder *ss*? ▸ S. 202–203, 244

Rheinland-Pfalz

Deutschbuch

Differenzierende Ausgabe

Sprach- und Lesebuch

5

Herausgegeben von
Markus Langner, Bernd Schurf und
Andrea Wagener

Erarbeitet von
Janine Bohlinger, Julie Chatzistamatiou,
Friedrich Dick, Agnes Fulde,
Hans-Joachim Gauggel, Frauke Hoffmann,
Marianna Lichtenstein, Dagmar Petig,
Toka-Lena Rusnok, Frank Schneider und
Mechthild Stüber

Cornelsen

Redaktion: Thorsten Feldbusch
Bildrecherche: Gabi Sprickerhof
Coverfoto: Thomas Schulz, Teupitz

Illustrationen:
Uta Bettzieche, Leipzig: S. 57, 59, 61, 63, 67, 154–156, 158–162, 164, 165, 168, 169, 172–176, 179, 180
Thomas Binder, Magdeburg: S. 21–26, 29, 30, 35, 214, 218
Nils Fliegner, Hamburg: S. 183–212, Vorsätze
Christiane Grauert, Milwaukee (USA): S. 38, 40–44, 46, 48, 49, 51, 79, 82–83, 132, 133, 135, 137, 139, 141
Constanze von Kitzing, Köln: S. 101–105, 110, 112–115
Christiane Pieper, Wuppertal: S. 117–126, 128–130
Barbara Schumann, Berlin: S. 12, 15, 18
Juliane Steinbach, Wuppertal: S. 88, 90, 92–94, 96, 98–100

Gesamtgestaltung und technische Umsetzung: werkstatt für gebrauchsgrafik, Berlin

www.cornelsen.de

Die Webseiten Dritter, deren Internetadressen in diesem Lehrwerk angegeben sind,
wurden vor Drucklegung sorgfältig geprüft. Der Verlag übernimmt keine Gewähr für
die Aktualität und den Inhalt dieser Seiten oder solcher, die mit ihnen verlinkt sind.

Dieses Werk berücksichtigt die Regeln der reformierten Rechtschreibung und Zeichensetzung.
Bei den mit **R** gekennzeichneten Texten haben die Rechteinhaber einer Anpassung widersprochen.

1. Auflage, 6. Druck 2024

Alle Drucke dieser Auflage sind inhaltlich unverändert
und können im Unterricht nebeneinander verwendet werden.

© 2011 Cornelsen Verlag, Berlin
© 2017 Cornelsen Verlag GmbH, Berlin

Druck und Bindung: Livonia Print, Riga

ISBN 978-3-06-062631-1 (Schülerbuch)
ISBN 978-3-06-062822-3 (E-Book)

PEFC zertifiziert
Dieses Produkt stammt aus nachhaltig
bewirtschafteten Wäldern und kontrollierten
Quellen.

www.pefc.de

PEFC/12-31-006

Inhaltsverzeichnis

Kompetenzschwerpunkt

Verzauberte Welt – Märchen lesen und erfinden 101

Märchen und ihre Merkmale kennen lernen, Inhalt, Aufbau, Handlungsführung und Figuren benennen; Märchen gestaltend vortragen; Märchen fortsetzen und um-schreiben (nach Bauformen erzählen); Methoden der Textüber-arbeitung (Schreibkonferenz/Werk-stattgespräch) anwenden

Ein tierisches Vergnügen – Gedichte vortragen und gestalten 117

Gedichte kennen lernen und beschreiben können (klangli-che, metrische und optische Gestaltungselemente erkennen); lyrische Texte vortragen; Gedichte ergänzen und schreiben; einfache appellative Texte adressatenbezogen gestalten (Einladung zu Gedichtfest)

9 Vorhang auf! – Theaterszenen spielen   131

dialogisch-szenische Texte bzw. Kindertheaterstücke kennen lernen und beschreiben können; Rollen erspielen (Szenen aufführen)

die Programme der Sender sichten (Programmzeitschriften auswerten); Inhalte und Merkmale von Serien kennen lernen; filmische Gestaltungsmittel und ihre Wirkung kennen lernen;
den individuellen Medienkonsum untersuchen und darstellen (Diagramm); Lesestrategien kennen und anwenden (stilles Lesen, Schlüsselbegriffe auffinden, Texte gliedern und Inhalte erfassen)

Wortarten unterscheiden und deren Funktion erkennen;
Flexionsformen und ihre Funktion kennen und anwenden;
Tempusformen und ihre Funktionen beherrschen; einen fehlerhaften Text überarbeiten
operationale Verfahren (Proben) zur Einsicht in sprachliche Strukturen nutzen; Satzglieder bestimmen; Satzarten (Aussage-, Frage- und Aufforderungssatz) unterscheiden;
Beziehungen zwischen Redeabsichten und Satzarten erkennen; Satzschlusszeichen kennen und beachten;
Methoden der Textüberarbeitung anwenden

12

Rechtschreibstrategien erarbeiten – Regeln finden   183

Laut-Buchstaben-Beziehung kennen lernen;
sich mit seltenen Buchstabenverbindungen vertraut machen;
Regeln der Rechtschreibung (Großschreibung von Nomen, Kürze und Länge des Stammvokals, Schreibung der i-, s-Laute und Doppelkonsonanten kennen und beachten;
Lösungshilfen zur Schreibung eines Wortes einsetzen (richtig abschreiben, (Silben) laut und deutlich sprechen, verwandte Wörter suchen (Stammprinzip), Wörter verlängern, Nachschlagen im Wörterbuch);
individuelle Fehlerschwerpunkte erkennen, und Fehlerkartei (Arbeit mit Wörterlisten) anlegen;
eigene Texte einer Rechtschreibkontrolle unterziehen

13

Erfolgreich lernen! – Arbeitstechniken beherrschen **213**

Lesestrategien kennen und anwenden (stilles Lesen, Schlüsselbegriffe auffinden, Texte gliedern und Inhalte erfassen)

Orientierungswissen

Die Piktogramme neben den Aufgaben bedeuten:

👥 Partnerarbeit
👥👥 Gruppenarbeit
2 Zusatzaufgabe

Die Punkte sagen etwas über die Schwierigkeit einer Aufgabe:

●○○ Diese Aufgaben geben euch Starthilfen oder schlagen euch verschiedene Lösungen vor.

●●○ Diese Aufgaben sind schwieriger zu lösen als die Aufgaben mit einem Punkt.

●●● Diese Aufgaben verlangen, dass ihr möglichst selbstständig die Aufgabe bearbeitet.

In unserer neuen Schule –
Erfahrungen austauschen

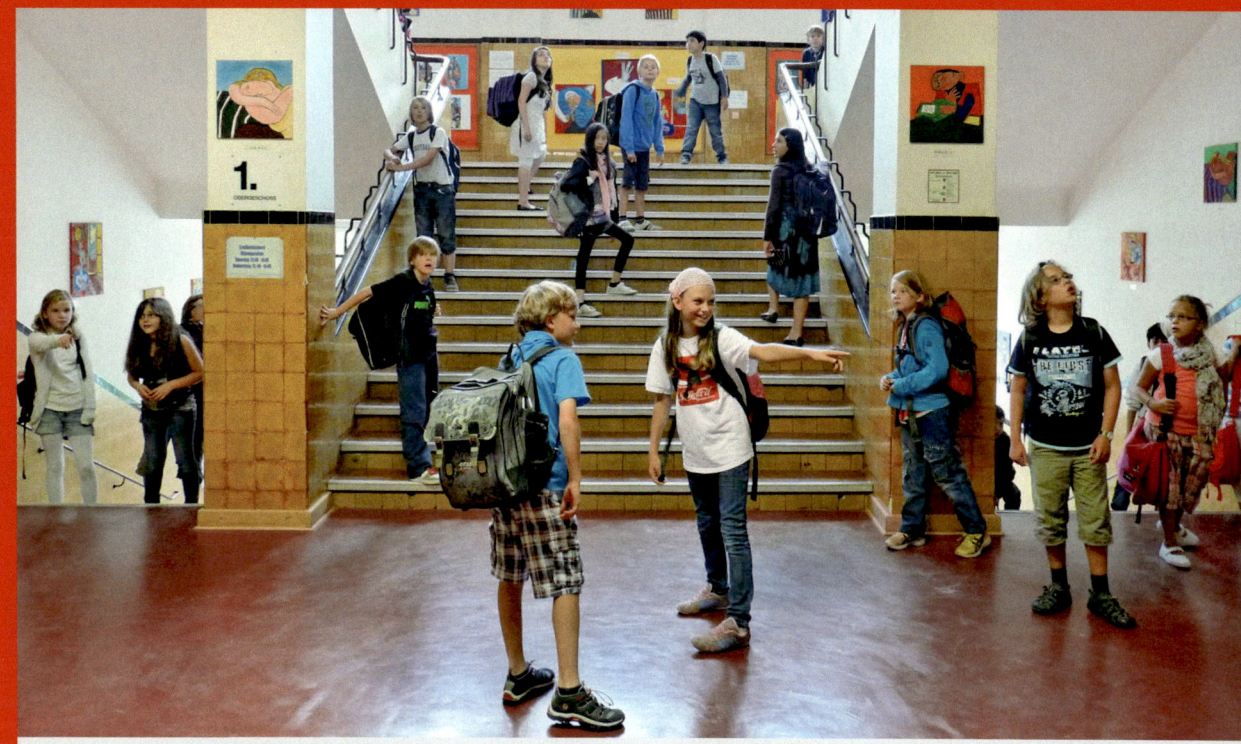

1 Neue Schule, neue Klasse! Was habt ihr erlebt?
Beantwortet die Frage reihum mit einem Satz, z. B.:

Toll fand ich, dass ...   Es war komisch, dass ...   Ich wollte unbedingt wissen, ob ...

2 a Erzählt unter Partnern, was im Vergleich zu eurer alten Schule neu oder anders ist.
b Erzählt der Klasse, was ihr von eurer Partnerin oder eurem Partner erfahren habt.
c Seid ihr in anderen Ländern zur Schule gegangen?
Berichtet davon.

3 Über eure Erlebnisse in der neuen
Schule könnt ihr auch einen Brief
schreiben.
a Habt ihr schon einmal einen Brief
geschrieben? Erzählt davon.
b Jeder Brief hat bestimmte Merkmale.
Was wisst ihr darüber?

In diesem Kapitel ...

– informiert ihr euch und andere über
eure neue Schule,
– lernt ihr, worauf ihr bei einem Brief
achten müsst,
– lest ihr eine Geschichte, in der jemand
neu in eine Klasse kommt,
– schreibt ihr über eure Schul-
erfahrungen.

1.1 Unsere neue Klasse – Einander kennen lernen

Sich und andere vorstellen

1 **a** Gestaltet ein Wappen, mit dem ihr euch den anderen in der Klasse vorstellt, z. B.:

Bild, das zu euch passt, z. B.
Fußball, Mikrofon …

Foto von euch

Das könnt ihr gut. Das sind eure Hobbys/Interessen.

Infos zu Familie und Freunden

Spruch, der zu euch passt, z. B.:
„Lustig – lustiger – Sarah"
„Auf Platz 1: Freundschaft!"

b Hängt eure Wappen im Klassenraum aus.
c Schreibt einen Steckbrief über eine Mitschülerin oder einen Mitschüler.
Nutzt die Informationen auf dem Wappen.

Name:	*Sarah Fischer*
Geburtstag:	...
Wohnort:	...
Familie:	...
Hobbys:	...
Haustiere:	...
Sternzeichen:	...
...	

2 Durch ein **Kennenlernspiel** könnt ihr noch mehr übereinander erfahren:

Methode	Was wir gemeinsam haben – Ein Kennenlernspiel

1 Setzt euch in einen **Kreis**. Bestimmt einen **Spielleiter**. Geht so vor:
2 Der **Spielleiter** ruft z. B.: *„Alle, die **eine Katze haben**, gehen in die Mitte und begrüßen sich."*
3 Ihr setzt euch wieder und der Spielleiter startet eine neue Runde, z. B.: *„Alle, die **Türkisch** oder **Russisch** sprechen können, …"* oder: *„Alle, die ein **K im Vornamen** haben, …"*

Ein Interview führen

1 Findet mehr über eure neue Schule heraus.
Formuliert schriftlich Fragen, z. B.:
– *Wo kann man sich für die Pausen Fußbälle ausleihen?*
– *Welche Angebote für den Nachmittag gibt es?*

2 **a** Stellt die Fragen an eine Person eurer Wahl (Sekretär/in, Hausmeister/in, Streitschlichter/in). Notiert knapp ihre Antworten.
b Tragt die Antworten auf eure Interviewfragen in der Klasse vor.

Einen Brief schreiben

In einem Brief an eine Freundin oder einen Freund könnt ihr von euren Erlebnissen erzählen.
Ihr könnt auch berichten, was ihr über eure neue Schule erfahren habt.

Lieber Asmen!   *Berlin, den 14. September 2012*

Endlich ist Freitag! Aber die erste Schulwoche war eigentlich ganz schön. Am ersten Tag habe ich gar nichts mitbekommen, so aufgeregt war ich. In der Aula haben die Schüler aus der 6. Klasse etwas für uns aufgeführt. Das wird hier immer so gemacht. Nächstes Jahr dürfen wir das auch.
In deinem letzten Brief hast du gefragt, ob Kira auch an meiner Schule ist. Ja! Sie sitzt sogar neben mir!
Wie geht es dir denn so? Und wie gefällt dir deine neue Schule? Ich vermisse dich sehr!

Liebe Grüße
deine Franziska

---

1 **a** Worüber schreibt Franziska?
b Notiert, woran ihr erkennt, dass es sich bei dem Text um einen Brief an einen Freund handelt.

Information	Einen Brief schreiben

In einem Brief richtet sich der **Absender** (die Person, die den Brief schreibt) an eine Person oder Gruppe, das ist der Empfänger/der **Adressat.** Jeder persönliche Brief enthält:
- **Ort und Datum,** z. B.: *Bonn, den 14. September 2012* oder: *Bonn, 10. 09. 12*
- eine **Anrede** mit Ausrufezeichen oder Komma, z. B.: *Lieber Asmen! Liebe Oma, lieber Opa,*
- persönliche **Anredewörter** (in der 2. Person kleingeschrieben), z. B.: *dir, dein, euch, euer/eure*
- **Erfahrungen, Gefühle, Fragen** und **Antworten,** die den Empfänger interessieren könnten
- einen **Abschiedsgruß,** z. B.: *Viele Grüße; Bis bald*
- eure **Unterschrift,** z. B.: *deine Ellen; dein Marek*

2 Schreibt einen Brief an eine Person eurer Wahl, z. B. über eure neue Schule.

Ein Lerntagebuch führen

Ihr behaltet besser, was im Unterricht Thema war, wenn ihr am Ende einer Übung noch einmal über Folgendes nachdenkt:
Was sollten wir lernen? Wie haben wir gelernt?

1 In einem eigenen Lerntagebuch könnt ihr eintragen, was und wie ihr etwas gelernt habt. Beschreibt, wie die folgende Seite aus einem Lerntagebuch aufgebaut ist.
Beginnt z. B. so: *Ein Datum sagt, wann die Seite angelegt wurde. Oben steht eine Überschrift. Die Überschrift nennt das ... Dann folgen Antworten auf die Fragen: ...*

Thema: Einen Brief schreiben   *17.09.2012*

Das habe ich gelernt:
1. Worauf man bei einem Brief achten muss:
  – hängt von der Person ab, der ich schreibe (Adressat)
  – ...

Das konnte ich bereits:
1. – passende Anreden finden
  – ...

2. Wie ein persönlicher Brief aufgebaut ist:
  – ganz oben: Ort und Datum
  – Anrede mit Komma oder ...
  – ...

So habe ich es gelernt:
  – Wir haben einen Brief gelesen und darüber gesprochen.
  – In Partnerarbeit haben wir dann ...

Das möchte ich noch üben:
  – mehr auf die Rechtschreibung achten!
  – ...

Das möchte ich mir noch merken:
  – So sieht ein Briefumschlag aus:

Briefmarke

Absender

Adressat

---

2 Schreibt zum Thema „Einen Brief schreiben" einen eigenen Lerntagebuch-Eintrag.

3 Stellt euch eure Einträge gegenseitig vor:
– Beschreibt, was ihr zum Thema „Einen Brief schreiben" gelernt habt.
– Erklärt, was euch beim Lernen am besten geholfen hat, z. B. eine bestimmte Aufgabe.
– Ergänzt, was ihr vergessen habt. Lest dafür noch einmal die Information (▶ S. 13).
– Stellt fest, was ihr noch üben oder was ihr wiederholen müsst.

1.2 „Ich will neben ihn!" – Eine Geschichte aus der Schule lesen

Edward van de Vendel

Was ich vergessen habe

Als das Mädchen Soscha neu in die Klasse kommt, wirbelt sie das Leben des elfjährigen Elmer ganz schön durcheinander.

Da steht sie in der Türöffnung – wie frisch aus einem Überraschungspaket entstiegen.
Früher Montagmorgen: Der Flur draußen ist dunkel, nur in unserer Klasse ist es hell.
5 Wir sitzen über unseren Rechenaufgaben, Stillarbeit, eine summende Lautlosigkeit.
Die Lehrerin kommt hinter ihrem Schreibtisch hervorgestolpert und geht mit ausgestreckten Armen auf das Mädchen zu: „Komm rein,
10 komm nur, komm. Wo möchtest du sitzen? Kinder, das hier ist Soscha Londerseel. Sie ist gerade umgezogen und kommt das letzte Jahr hier zu uns in die Klasse. Wo möchtest du sitzen?" [...]

Soscha blickt durch die Klasse, tritt ins Licht 15
und sagt: „Neben ihm da. Ich will neben ihn. Ich glaube, er ist nett."
Keiner sagt etwas, nur Köpfe drehen sich und ich zucke zusammen: Sie zeigt auf mich.
Manchmal denke ich, das Rotwerden beginnt 20
in meinen Füßen und dann laufe ich langsam heiß, bis ich in Stereo nach links und rechts strahle, und nirgendwo ist was zum Abstellen, nirgendwo an mir ist eine Powertaste. Ich versuche es aufzuhalten. Keine Chance, sie steu- 25
ert schon auf meinen Tisch zu, setzt sich neben mich und fragt, wie ich heiße.
„Äh, Elmer", sage ich und sie sagt: „Schön, Elmer. Ich heiße Soscha."
„Gut", sagt die Lehrerin, „Stillarbeit war ange- 30
sagt. Elmer, zeigst du Soscha, worum es geht? Die Sachen für sie habe ich schon bereitgelegt."

Das tue ich und das Rotwerden lässt etwas nach. Es sackt irgendwo in Magenhöhe, wo es
35 bleibt wie eine Flamme, die sofort wieder auflodern kann, wenn einer das Gas aufdreht. Die Klasse schaut ab und an zu mir, zu uns. Ich höre „Pfff!" und „Tsss!", und in der Pause sagt Mark: „Elmer ist verrückt nach Mädchen ..." [...]
40 So fängt es an und ich weiß nicht, wie mir geschieht. Aber den ganzen Tag habe ich die Aufgabe, Soscha alles zu erklären: unsere Gruppenarbeit, unseren Wochenplan und unsere Freitagnachmittagwerkstatt. Ich erkläre und
45 sie nickt und lacht. [...]
Trotzdem zischelt es die ganze Zeit – es ist, als ob jeder sie etwas fragen wollte.

„Soscha-Soscha-Soscha", klingt es und Soscha sitzt schon ganz unruhig auf ihrem Stuhl. Die Lehrerin wird böse, aber das hilft höchs- 50 tens eine Viertelstunde lang.
Wirklich schlimm wird es allerdings nie, weil ich meistens gerade zur rechten Zeit rot werde. Ich sitze schließlich neben Soscha.
„Thanks", sagt Soscha mit einem Blick zur Sei- 55 te. „Ich gehe, glaube ich, manchmal zu weit. Schön, dass du meine rote Ampel bist."
Dann lache ich und versuche mir vorzustellen, wie still es war, bevor Soscha zu uns in die Klasse kam. Ich kann mich unmöglich erin- 60 nern.

1 Stellt euch gegenseitig euren ersten Leseeindruck vor, z. B.:
– *Besonders gut gefallen hat mir ...*
– *Mich hat erstaunt, dass ..*
– *Ich habe nicht verstanden, warum ...*

2 Beschreibt genau, wie die erste Begegnung zwischen Soscha und Elmer abläuft, z. B.:
– *Elmer sieht Soscha in der Tür stehen.*
– *Er ist überrascht.*
– *Die Lehrerin ...*

3 Was könnten Elmer und Soscha aneinander mögen? Bearbeitet Aufgabe a oder b.
●○○ **a** Schreibt die beiden Sätze in euer Heft, die eurer Meinung nach stimmen.

> **A** Elmer mag an Soscha ihren Namen.

> **B** Elmer mag an Soscha, dass sie sich neben ihn setzt, weil sie ihn nett findet.

> **C** Soscha mag an Elmer, dass er so still in der Klasse arbeiten kann.

> **D** Soscha mag an Elmer, dass er sie von Beginn an nett und interessant findet.

●●● **b** Notiert eure Vermutungen in ganzen Sätzen, z. B.:
– *Elmer mag an Soscha*: *Vielleicht findet Elmer es gut, dass ...   Ich denke, er mag an Soscha, dass ...*
– *Soscha mag an Elmer*: *Meiner Meinung nach mag Soscha an Elmer, dass ...   Sie findet es gut, dass ...*

4 a Soscha sagt: „Thanks" (Z. 55). Übersetzt das Wort ins Deutsche.
b Wer kennt das Wort in anderen Sprachen?

Edward van de Vendel

Was ich vergessen habe – Fortsetzung

Eines Tages lässt sich Soscha dabei erwischen, wie sie im Unterricht Elmer einen Zettel zuschiebt. Soscha und Elmer werden bestraft.

Zum ersten Mal seit Jahren muss ich nachsitzen. Soscha auch.
Aber nachdem wir dreimal „Tut uns leid, kommt nicht wieder vor!" gesagt haben und So-
5 scha alles erklärt hat, dürfen wir nach Hause. Das tun wir nicht, denn Soscha sagt: „Komm, wir machen eine Prüfung. Eine Prüfung in Du und Ich. Du schreibst auf, was du von mir weißt, und umgekehrt. Essen können wir spä-
10 ter. Zehn Minuten. Ab jetzt."
Und zur Lehrerin sagt sie: „Dürfen wir Ihren roten Korrekturstift haben?"
Sie heißt Soscha Londerseel. So viel weiß ich schon: Sie ist halb polnisch, weil ihre Mutter Polin ist. Sie
15 *hat drei große Schwestern, die schon aus dem Haus sind, aber noch fast jeden Tag vorbeikommen, um zu reden. Die Schwestern haben Kinder und bringen sie mit. Ihr neunzehnjähriger Bruder heißt Ivar und ihr kleiner Bruder heißt Tomek.*
20 *Tomek schaut immer Kinderkanal.*
Es gibt jede Menge Tanten, Onkel und Vettern, und nicht einmal sie kann sie alle zählen. Ein Teil lebt in Polen. Und ein Teil hier.
Ihr Vater heißt Wim und sie mag alte Popstars, je-
25 *denfalls sammelt sie die. Auf Briefmarken. Manchmal kauft sie mit ihrem Vater neue Marken hinzu.*

Bestraft für irgendwas wird Soscha fast nie. Das sagt sie jedenfalls. Dafür hat man bei ihr daheim keine Zeit. Ich glaube ihr zwar, aber dass ich mich mal mit jemandem anfreunden würde, der so frech
30 *sein kann, hätte ich nie gedacht.*
„Frech?", fragt Soscha. „Ich? Wieso?"
„Na ja, das ist nicht genau das richtige Wort", sage ich.
„Ich sammle übrigens auch noch Briefmarken
35 mit Briefmarken drauf. Aber die gibt es, glaube ich, nicht. Hier. Das habe ich geschrieben."
Elmer Jonas de Jong. Elf. Mittelfeldspieler und eine Schuldirektorin als Mutter. Das ist bisher alles, was ich von ihm weiß.
40 *Ich kenne sein Haar, seine Sommersprossen und seine blauen Augen, aber sagen tut er noch nicht viel. Im Augenblick beobachte ich ihn, wie er dasitzt und schreibt.*
Er sagt, er mag Apparate. Dinge. Solange nur ir-
45 *gendwo ein Knopf oder eine Taste dran ist.*
Er hat wenig Freunde, finde ich, und auch nur ganz wenige Verwandte. Tante Anja. Sein Vater ist fort.
Wir fahren jedes Jahr nach Krakau und besuchen die Familie meiner Mutter. Was für ein Unter-
50 *schied. Verrückt, aber jeder ist anders. Hü, die Zeit ist um.*
„Hmmm …", sage ich. „Durchgefallen. Du schreibst über dich selbst."
„Eine Vier könntest du mir schon geben", sagt
55 sie, „ich weiß halt noch zu wenig über dich."

---

1 Erstellt für jeden der beiden einen Steckbrief (▶ S. 12). Beachtet die Zeilen 13–31 und 38–52.

Name: Elmer Jonas de Jong Alter: 11 Familie: …	Name: Soscha Londerseel Alter: ? Familie: Mutter ist Polin, Bruder …

2 **a** Wie könnte Elmer aussehen? Zeichnet ihn in euer Heft. Berücksichtigt Hinweise aus dem Text.
   b „Frech" passt nicht zu Soscha, meint Elmer (▶ Z. 32–34). Stimmt ihr zu? Begründet.

3 **a** „Freunde haben vieles gemeinsam!" Trifft diese Aussage auch auf Soscha und Elmer zu?
      Formuliert eure Meinung und begründet sie (▶ Kapitel 2, S. 24–25).
   b Erklärt, welche Rolle Freunde und Freundinnen für euch spielen.

Ich stelle dich vor, ich schreibe dir

1 Elmer und Soscha schreiben auf, was sie übereinander wissen (▶ S. 17, Z. 13 f.).

●●● Schreibt einen ähnlichen Text über eine Klassenkameradin oder einen Klassenkameraden.

a Notiert W-Fragen, um mehr über euren   ▷ Eine Hilfe zu den Aufgaben 1a/b findet ihr auf
Klassenkameraden zu erfahren, z. B.:   Seite 19.
  – *Wo bist du geboren?*
  – *Was sind deine Hobbys?*

b Stellt euch gegenseitig eure W-Fragen. Notiert die Antworten in Stichwörtern.

c Schreibt mit Hilfe eurer Notizen einen kurzen   ▷ Hilfe zu 1c/d, Seite 19
Text über sie oder ihn.

d Überarbeitet eure Texte in Partnerarbeit:
  – Sind alle Antworten auf eure W-Fragen in euren Texten enthalten?
  – Habt ihr in ganzen Sätzen formuliert?

2 a Ratespiel: Lest eure Texte in der Klasse vor. Nennt aber nicht den Namen.

b Lasst eure Mitschülerinnen und Mitschüler erraten, wer gemeint ist.

3 Stellt euch vor, Elmer erhält einen Brief von einem Freund. Der Brief endet so:

> ... *und weißt du was? Leon ist mit an meine*
> *neue Schule gekommen! Wir sitzen sogar*
> *nebeneinander! Neben wem sitzt du denn?*
> *Verstehst du dich gut mit ihm?*
> *Und spielst du noch Fußball?*
>
> *Bis bald mal wieder*
> *dein Marek*

Schreibt einen möglichen Antwortbrief von Elmer. Geht so vor:

●●● a Plant euren Brief. Was gehört alles zu einem   ▷ Hilfe zu 3a, Seite 19
Brief?
Tipp: Nutzt die Information (▶ S. 13).

b Verfasst den Brief.   ▷ Hilfe zu 3b/c, Seite 19

c Überarbeitet eure Briefe in Partnerarbeit.
Nutzt die Information „Einen Brief schreiben" (▶ S. 13) als Checkliste.

4 Für Profis:
  – Ergänzt was Elmer über Soscha denkt und wie er diese neue Freundschaft findet, z. B.:
    Meiner Meinung nach ist Soscha ..., weil ...
    Mich mit Soscha anzufreunden finde ich ...
  – Ergänzt was Elmer den Empfänger seines Briefes fragen oder vorschlagen könnte, z. B.:
    Spielst du denn noch Fußball?
    Hast du Lust, am Wochenende ...

●○○ **Aufgabe 1a/b mit Hilfe**

Notiert W-Fragen, um mehr über euren Klassenkameraden zu erfahren.
Nutzt einen Ideenstern (▶ S. 38), um weitere W-Fragen zu finden.
Neben dem Ideenstern findet ihr Stichwörter, um eure Fragen zu formulieren.
Übertragt den Ideenstern in euer Heft. Ergänzt weitere W-Fragen.

- Familie/Geschwister
- Lieblingssportart
- Lieblingsstar
- liebste Freizeitbeschäftigung
- Wünsche, Pläne
- lustigstes Erlebnis

●○○ **Aufgabe 1c/d mit Hilfe**

Schreibt mit Hilfe eurer Notizen einen kurzen Text über eure Klassenkameradin oder euren Klassen-
kameraden. Beginnt z. B. wie folgt. Überarbeitet danach eure Texte in Partnerarbeit.
Sie/Er heißt … Sie/Er hat einen älteren Bruder und noch eine jüngere Schwester.
Ihre/Seine Familie ist erst vor kurzer Zeit umgezogen und neu in der Stadt. Sie/Er spielt für ihr/sein Leben
gerne Fußball. Das Wichtigste für … war, einen neuen Fußballverein zu finden.
Sie/Er ist ein großer Fan von …

●○○ **Aufgabe 3a mit Hilfe**

Schreibt einen möglichen Antwortbrief von Elmer. Geht so vor:
a Plant euren Brief. Was gehört alles zu einem persönlichen Brief?

- Ort, Datum: …
- Anrede: *Liebe/r …*
- Anlass für den Brief: *Wie ich Soscha kennen lernte.*
- Erfahrungen, Gefühle, Fragen, Antworten, die den Empfänger interessieren könnten: …
- Abschiedsgruß: *Alles Gute …*
- Elmers Name (Unterschrift): …

●○○ **Aufgabe 3b/c mit Hilfe**

Verfasst den Brief. Beginnt z. B. wie folgt. Überarbeitet danach eure Briefe in Partnerarbeit.

Amsterdam, den …

Lieber Marek!

Vielen Dank für deinen Brief. Du hast es gut, dass Leon …
Neben mir sitzt übrigens ein Mädchen! Sie heißt Soscha und ist noch nicht so lange bei uns.
An dem Tag, als sie in unsere Klasse kam, …

Viele Grüße/Bis bald
dein Elmer

1.3 Fit in …! – Einen Brief schreiben

Stellt euch vor, ihr bekommt in der nächsten Klassenarbeit die folgende Aufgabe gestellt.

Aufgabe

Nimm an, du hast von einer Freundin oder einem Freund einen Brief erhalten. Ein Auszug lautet wie folgt. Schreibe einen Antwortbrief.

… So, jetzt weißt du, was bei mir in den letzten Wochen passiert ist. Wie geht es dir an der neuen Schule? Was ist denn dein Lieblingsfach? Mit wem verstehst du dich am besten? Und wie viele seid ihr in der Klasse? Ich bin gespannt auf Neuigkeiten!

Die Aufgabe richtig verstehen

1 Lest die Aufgabe mindestens zweimal langsam durch. Schließt das Buch und gebt die Aufgabe möglichst Wort für Wort wieder. Der jeweilige Partner kontrolliert.

Planen

2 a Worüber wollt ihr schreiben?
Notiert Ideen mit Hilfe eines Ideensterns (▶ S.19).
b Was gehört zu einem Brief? Nennt seine Bestandteile und ordnet eure Ideen.

> – Ort, Datum: …
> – Anrede: *Liebe/r* …
> – Anlass für den Brief: …
> – …

Schreiben

3 Verfasst den Brief. Nutzt die Information „Einen Brief schreiben" (▶ S.13).

Überarbeiten

4 Überarbeitet gemeinsam eure Briefe. Nutzt die Checkliste.

Checkliste ✔

Checkliste für einen Brief
- Werden **Ort und Datum** genannt sowie eine **passende Anrede** gewählt?
- Werden die **Fragen beantwortet**, die in dem Brief gestellt werden?
- Gibt es einen **Abschiedsgruß**? Ist der Brief **unterschrieben**?

Schreibwörter			▶ S. 212
grüßen	der Geburtstag	die Hobbys	die Mitschülerinnen
das Lieblingsfach	die Klassenlehrerin	der Absender	der Adressat

2 Ich bin der Meinung! –
Erfolgreich zuhören und begründen

1 Welche Regeln für Gespräche in der Klasse kennt ihr? Nennt sie.

2 Betrachtet das Bild. Welche Gesprächs-regeln werden von den Kindern eingehalten, welche verletzt?

3 Wie ist es bei euch? Was klappt bei euch im Klassengespräch gut, was nicht so gut?

In diesem Kapitel ...

– entscheidet ihr, welche Gesprächs-regeln in eurer Klasse gelten sollen,
– erfahrt ihr, was beim Zuhören wichtig ist,
– lernt ihr, eure Meinung mündlich und schriftlich gut zu begründen.

2.1 Gespräche führen – Meinungen begründen

Gesprächsregeln einhalten

Deniz: Ich habe gerade gesehen, was in der 5b an der ...
Sarah: Ich habe etwas viel Besseres gesehen, nämlich ...
5 **Deniz:** Hör doch mal zu. Also, in der 5b hängen lustige Figuren an der Decke. Wir könnten doch auch ...
Max: Völlig blöde Idee, ein typischer Deniz-Vorschlag!
Deniz geht wütend weg. 10

1 Begründet, warum Deniz am Ende des Gesprächs wütend ist.

2 Wie wollt ihr in der Klasse miteinander reden? Bearbeitet Aufgabe a oder b.
●●● **a** Schreibt drei Gesprächsregeln in euer Heft.
Tipp: Beachtet auch die Fehler der Klasse auf dem Bild auf S. 21.
●○○ **b** Ergänzt die folgenden Gesprächsregeln:
1. Wir lassen andere aus...   2. Wir belei...   3. ...

3 a Einigt euch in der Klasse auf drei Gesprächsregeln. Nutzt das **Schneeballverfahren** (▶ Methode).

Methode	**Das Schneeballverfahren – Ideen bündeln**

1 Einigt euch mit eurem **Partner** auf drei Regeln.
2 Sucht ein anderes Schülerpaar und einigt euch **zu viert** auf drei Regeln.
3 Sucht eine andere Vierergruppe und einigt euch **zu acht** auf drei Regeln.
4 Vergleicht die Regeln aller Achtergruppen, formuliert drei gemeinsame Regeln für die **Klasse.**

b Schreibt eure drei Gesprächsregeln auf ein Klassenplakat (Plakate gestalten, ▶ S. 225).
Lasst auf dem Plakat Platz für spätere Ergänzungen.

Methode	**Regeln einhalten – „Stopp!" sagen**

Sagt „Stopp!" und erinnert an eure Regeln, wenn jemand eine Regel nicht einhält.

4 Zeichnet die Sprechblasen ins Heft. Wählt Aufgabe a oder b.
●●● **a** Ergänzt die rechte Sprechblase mit einem Stopp-Satz.
●○○ **b** Schreibt den folgenden Stopp-Satz in die rechte Sprechblase und ergänzt ihn:
„Stopp, Sarah, du hältst dich nicht an unsere Gesprächsregeln, denn du lässt ..."

> *Ich habe etwas viel Besseres gesehen, nämlich ...*

> *Stopp, Sarah ...*

Wie hört man gut zu?

Wichtig für jedes Gespräch ist, dass der Gesprächspartner gut zuhört.
Im Weghör-Experiment erfahrt ihr, wie es ist, wenn der andere nicht aufmerksam ist.

Methode	Das Weghör-Experiment

1. Runde
- Partner A: Du erzählst etwas, das du in den letzten Tagen erlebt hast. (Denke dir notfalls etwas aus.) Beginne z. B. so: *„Gestern habe ich etwas Tolles erlebt. Ich …"*
- Partner B: Du hörst überhaupt nicht zu. Überlege, wie du deutlich machen kannst, dass du nicht zuhörst.   Zeit: 2 Minuten

Auswertung
- Partner A: Du sagst, wie du dich während des Experiments gefühlt hast.
- Partner B: Du sagst, wie du dich während des Experiments gefühlt hast.

2. Runde
- Wechselt die Rollen. Das Weghör-Experiment wird mit umgekehrten Rollen durchgeführt.

Auswertung (wie oben)

3. Runde
- Ihr erzählt beide gleichzeitig eure Geschichten.
- Vereinbart ein Startzeichen und legt los.   Zeit: 2 Minuten

Auswertung
- Sprecht darüber, wie es war, gemeinsam zu erzählen.

1 Im Weghör-Experiment habt ihr bewusst nicht zugehört. Wie habt ihr das deutlich gemacht?

2 Überlegt, wie man bewusst gut zuhören kann.
  a Formuliert „Regeln für gutes Zuhören".
  b Ergänzt euer Gesprächsregel-Plakat (▶ S. 22, Aufgabe 3 b).

3 Beobachtet zu zweit ein Klassengespräch:
  – Streckt einen Daumen in die Luft, wenn alle die Gesprächsregeln einhalten.
  – Hebt eine Hand und ruft „Stopp!", wenn jemand gegen eure Klassenregeln verstößt.

Meinungen überzeugend vertreten

Diskussionen sind Gespräche, in denen du eine Meinung vertrittst.
Wie kannst du in solchen Diskussionen am besten überzeugen? Was sollte nicht geschehen?

1 Zu welchem Bild passt die folgende Überschrift am besten? Wozu passt sie gar nicht?
Überschrift: *Ich überzeuge einen anderen von meiner Meinung.*
Notiert eure Antworten ins Heft, z. B.:
Thema: Meinungen überzeugend vertreten
a *Meiner Meinung nach passt die Überschrift „Ich überzeuge einen anderen von meiner Meinung" am besten zu
Bild ... Denn auf diesem Bild wird gezeigt, ...*
b *Ich meine, die Überschrift „Ich überzeuge einen anderen ..." passt gar nicht zu Bild ..., weil ...*

2 Es gibt Menschen, die bei Meinungsverschiedenheiten ihren Gesprächspartner schnell anschreien
oder sogar Gewalt anwenden. Warum verhalten sie sich so?
a Besprecht die Frage zu zweit.
b Nennt im Klassengespräch mindestens *einen* möglichen Grund für ihr Verhalten.

Ein grünes Klassenzimmer?

3 Spielt das Gespräch im Rollenspiel nach. Überlegt, ob die Kinder laut oder leise sprechen.

4 Welche Kinder vertreten ähnliche Meinungen? Stellt die Kinder vor eurer Klasse in Gruppen auf.

Nicos Kritik

Mir ist an eurem Gespräch vor allem aufgefallen, dass ihr nicht richtig miteinander diskutiert. Manche von euch nennen überhaupt keine Begründung für ihre Meinung. Andere begründen ihre Meinung so, dass man sie gar nicht ernst nehmen kann.

1 Untersucht das Klassengespräch auf S. 24 unten.
  a Nico ist Klassenpate. Er kritisiert zwei Punkte. Welche?
  b Nennt die Kinder mit Namen, die Nico mit seiner Kritik meint.

2 **a** Schreibt auf, welches Kind eurer Auffassung nach seine Meinung am besten begründet, z. B.:
    Thema: Diskussion über ein grünes Klassenzimmer
    Die beste Begründung liefert … Seine/Ihre Begründung ist gut, weil …
  b Überlegt, ob euer Regelplakat (▶ S. 22, Aufgabe 3b) um eine Regel ergänzt werden muss.

3 Devin nutzt in seinem Satz das **Verknüpfungswort** „denn".
  Schreibt seinen Satz um und nutzt nun ein anderes Verknüpfungswort (▶ Information).

4 Diskutiert: Was wollt ihr an der Gestaltung eures Klassenraumes verändern?
  Tipp: Wählt Gesprächsbeobachter, die mit Stopp-Sätzen (▶ S. 22, Aufgabe 4) eingreifen, wenn jemand seine Meinung nicht begründet oder gegen eine andere Gesprächsregel verstößt.

Information	**Die eigene Meinung begründen**

Um andere von der eignen **Meinung** zu überzeugen, braucht man **Begründungen (Argumente)**.
Wir sollten Blumen auf die Fensterbank stellen,   **= die Meinung**
***denn** dadurch wird unser Raum viel freundlicher.*   **= die Begründung (das Argument)**
Die Meinung und die Begründung werden oft durch Verknüpfungswörter verbunden, z. B.:
- Nutze für deine **erste Begründung** (dein erstes Argument) diese **Verknüpfungswörter,** z. B.:
  *Ich bin dafür, dass …, **denn** …*
  *Meiner Meinung nach …, **weil/da** …*
  *Ich meine, es sollte … **Dafür** spricht, dass …*
- Nutze für deine **weiteren Begründungen** (weiteren Argumente) diese **Verknüpfungswörter,** z. B.:
  ***Außerdem** …*
  ***Ein weiteres Argument** ist, dass …*
  *Man muss **auch** bedenken, dass …*

Übung: Meinungen vertreten und gut zuhören

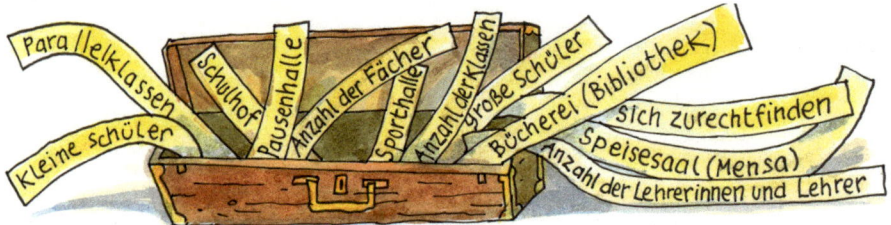

1 „Kleine Schulen", auf die nur wenige Schüler gehen, unterscheiden sich oft von „großen Schulen" mit sehr vielen Schülern. Einige Unterschiede findet ihr in der Stichwörtertruhe.
Arbeitet zu zweit. Wählt ein Stichwort aus und beschreibt die Unterschiede genauer, z. B.:
In einer „kleinen Schule" gibt es nur wenige Lehrerinnen und Lehrer. Auf einer „großen ...

2 Führt zum Thema „Kleine oder große Schule?" ein **Echo-Gespräch** durch (▶ Methode).
a Verteilt die Rollen: Partner A, Partner B, Partner C.
b Partner A und B notieren sich zwei bis drei Begründungen für die Meinung, die sie vertreten müssen. Lasst euch von Partner C helfen.
c Diskutiert die Frage: Ist es besser, auf eine „kleine" oder eine „große Schule" zu gehen?
d Tauscht nach einigen Minuten eure Rollen:

Methode	**Das Echo-Gespräch**

Partner A vertritt die Meinung, dass es besser ist, auf eine „große Schule" zu gehen.
Partner B vertritt die Meinung, dass es besser ist, auf eine „kleine Schule" zu gehen.
■ Das Besondere am Echo-Gespräch ist: Partner A und B wiederholen zunächst immer das, was der andere gesagt hat. Erst danach nennen sie ihre nächste Begründung.
Partner C ist Schiedsrichter. Er achtet darauf, dass:
■ immer eine Begründung genannt wird,
■ die Wiederholung richtig ist,
■ für Profis: auch Verknüpfungswörter verwendet werden (Information, ▶ S. 25).
Beispiel:

> Ich meine, es ist besser, auf eine sehr große Schule zu gehen, **denn** ...

> Deine Meinung ist: Es ist besser, auf eine sehr große Schule zu gehen. Deine Begründung **dafür** lautet, ...

> Ich glaube, du hast die Begründung nicht richtig wiedergegeben. Wiederhole sie bitte noch einmal.

> Stimmt. Deine Begründung war, dass ... Ich bin **aber** anderer Meinung als du ...

Sich streiten, sich einigen

Einen Tag krank und der Fensterplatz ist weg

Joshua und Tim sitzen seit Schuljahresbeginn nebeneinander. Tim sitzt an der Gangseite, Joshua am Fenster. Als Joshua einen Tag krank gewesen ist, hat sich Tim ans Fenster gesetzt.
„Du sitzt auf meinem Platz", sagt Joshua zu Tim.
5 „Das ist jetzt mein Platz", antwortet Tim, „denn du warst nicht da und ich will auch mal am Fenster sitzen."
„Nein, das ist mein Platz, denn ich habe von Anfang an hier gesessen."
So geht es eine Weile weiter, bis Joshua sagt: „Gut, dann mache
10 ich einen Vorschlag …"

1 Spielt das Gespräch nach und setzt es fort. Wie könnte der Streit enden?

2 Begründet, welches Ende ihr besonders gerecht findet.

3 Überlegt in Gruppenarbeit, wie der folgende Streit geschlichtet werden könnte.
a Formuliert eine Lösung, die ihr gerecht findet.
b Begründet eure Lösung.

Wenn ein Füller kaputtgeht

Michelles Federmappe liegt am Rand ihres Tisches.
Halima berührt versehentlich die Mappe, als sie vorbeigeht. Das Mäppchen fällt zu Boden und Jana vor die Füße. Unabsichtlich tritt Jana auf die Mappe. Das Ergebnis ist ein zerbrochener Füller.
Michelle will ihn bezahlt haben.
Aber Halima weigert sich: „Ich habe den Füller doch nicht kaputtgemacht."
Und auch Jana sagt: „Das war ja wohl nicht meine Schuld."

Information	Sich einigen (Kompromisse finden; der Kompromiss)

Wenn alle, die sich streiten, ein wenig nachgeben, dann lässt sich für einen Streit oft schnell eine Lösung finden. Man einigt sich auf einen **Kompromiss.**

4 a Schreibt selbst eine Geschichte, in der sich zwei oder mehrere streiten. Die Geschichte kann wahr oder erfunden sein. Findet für den Streit eine gerechte Lösung.
b Lasst andere raten, ob eure Geschichte wahr oder erfunden ist.

Teste dich!

Ein Streit um eine Klassenbücherei

Luca: Ich bin für eine Klassenbücherei, zu der jeder …

Arthur: Du wieder mit deinen blöden Ideen.

Luca: Also, ich bin für eine Klassenbücherei, zu der jeder ein Buch spendet, denn dann könnten wir Bücher lesen, ohne sie zu kaufen.

Jana: Ich bin dagegen. Wer garantiert uns, dass nichts geklaut wird?

Lea: Ich will auch nicht so eine Bücherei. Ich möchte nicht, dass meine Romane neben den bescheuerten Fußballbüchern von Benni stehen.

Alexander: Wir könnten es doch so machen: Erst einmal spenden nur einige Kinder Bücher zum Ausleihen. Dann schauen wir, ob das gut klappt.

1 Teste dich selbst. Lies das Gespräch und beantworte die folgenden Aufgaben in deinem Heft.

   a Wer verletzt Gesprächsregeln?

   b Nennt die Kinder, die der gleichen Meinung wie Lea sind.

   c Wer formuliert seine Meinung mit einer guten Begründung (mit einem Argument)?

   d Nennt das Kind, das eine Lösung (einen Kompromiss) vorschlägt.

   e Notiert einen Stopp-Satz zu Lea.

   f Stimmt Alexander zu. Formuliert eine Zustimmung und eine Begründung.

Amar: Ich bin für eine Klassenbücherei, da ich so Bücher lesen kann, die ich sonst nicht kennen gelernt hätte. Außerdem kann ich euch dann sagen, ob ich das Buch gut fand. Eine Bücherei in unserer Klasse wäre wichtig, weil unsere Stadtbücherei so weit weg ist. Ich bin also für Lucas Vorschlag, denn dann könnte ich jeden Tag Bücher ausleihen.

2 Durch welche vier Verknüpfungswörter verknüpft Amar seine Meinung mit seinen Begründungen (Argumenten)? Schreib diese vier Verknüpfungswörter heraus.

3 **a** Vergleicht in Partnerarbeit eure Lösungen.

   b Besprecht Zweifelsfälle in der Klasse.

2.2 Schriftlich überzeugen – Der richtige Aufbau

Die Begründungshand

Ein Schulhof für Große und ein Schulhof für Kleine?

> Ich bin dafür, dass die Schülerinnen und Schüler der Klassen 5 und 6 nicht mit uns auf dem Schulhof sind.

Daniel ist der Meinung, dass Schüler der Klassen 5 und 6 nicht auf den großen Schulhof gehören. Er möchte, dass die Kleinen einen eigenen kleinen Schulhof bekommen.

1 Bildet euch eine Meinung zu Daniels Vorschlag.
   a Sammelt gemeinsam Stichworte zu den Vor- und Nachteilen des Vorschlags.
   b Stimmt ab: Wer ist für und wer ist gegen Daniels Vorschlag?

2 Begründet eure Meinung. Nutzt die **Begründungshand** (siehe Abbildung):
   a Nehmt einen Stift und legt die Hand, mit der ihr nicht schreibt, auf eine leere Heftseite. Zeichnet eine Linie um eure Hand.
   b Bearbeitet entweder die Aufgaben c und d oder e und f (▶ S. 30 oben).
   ●●● **c** Schreibt eure Meinung in die Handfläche.
   ●●● **d** Schreibt die Begründungen für eure Meinung in Stichwörtern auf die fünf Finger.

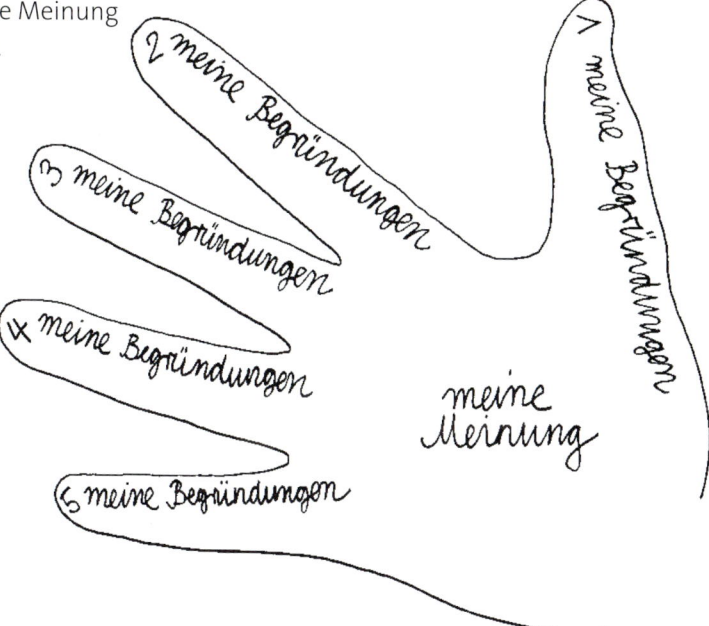

●○○ **e** Schreibt eure Meinung in die Handfläche, z. B.:

> – *Ich bin dafür/dagegen, dass Kinder der Klassen 5 und 6 ...*
> – *Ich meine, Kinder der Klassen 5 und 6 sollten ... eigenen Schulhof haben.*
> – *Meiner Meinung nach sollten Kinder der ...*

●○○ **f** Schreibt die Begründungen für eure Meinung in Stichwörtern auf die fünf Finger.

> **Welche Begründungen könnt ihr für eure Hand nutzen?**
> – *..., denn Schüler der Klassen 5 und 6 sind genauso Schüler der Schule wie die Großen.*
> – *..., weil sie auf einem kleinen Schulhof ganz in Ruhe spielen können.*
> – *... Manche Spiele kann man nur auf einem großen Schulhof spielen.*
> – *..., da sie auf dem kleinen Schulhof immer sofort ihre Spielkameraden finden.*
> – *..., damit sie auch mit älteren Schülern reden und spielen können.*

3 Sucht zwei oder drei Mitschülerinnen und Mitschüler, die eurer Meinung sind, und vergleicht eure Begründungshände. Geht so vor.
a Setzt euch an die vier Seiten eines Tisches und legt eure Begründungshände vor euch.
b Schiebt die Hände so im Kreis, dass euer Nachbar eure Hand lesen kann.
c Dreht immer weiter, bis jeder alle anderen Hände gelesen hat. Zum Schluss muss eure eigene Begründungshand wieder vor euch liegen.
d Einigt euch in der Gruppe auf zwei bis drei Begründungen, die euch am meisten überzeugen. Stellt sie der Klasse vor.

In einer E-Mail begründen

Daniel hat seine Meinung zum Thema „Schulhof" in einer E-Mail an seine Freundin Sina näher begründet.

Von: Daniel
Gesendet: Freitag, 20. Februar, 17:56 Uhr
An: Sina
Betreff: Schulhofideen

5   Hallo Sina,
du hast mir ja letztens in der S-Bahn erzählt, was du alles an unserem Schulhof verändern möchtest. Dabei hast du das Wichtigste vergessen.

Meiner Meinung nach sollten nämlich die Schülerinnen und Schüler der Klassen 5 und 6 nicht mehr den großen Schulhof nutzen. Sie sollten einen
10 eigenen kleinen Schulhof bekommen, denn die Kleinen machen so einen Lärm, dass wir Größeren nicht in Ruhe miteinander sprechen können. Außerdem rennen die Kleinen ständig und rempeln uns an – das nervt. Und schließlich haben viele von uns Geschwister in den unteren Klassen. Wir wollen aber nicht immer von der kleinen Schwester oder dem klei-
15 nen Bruder beobachtet werden.

Wenn du anderer Meinung sein solltest, kannst du mir ja ebenfalls eine E-Mail schreiben.
Liebe Grüße
Daniel

---

1   **a** Nennt die drei Gründe, die Daniel für seine Meinung anführt.
     b Arbeitet zu zweit:
       Sprecht darüber, welche Gründe aus der E-Mail euch überzeugen und welche nicht.

2   Daniel hat seine E-Mail bewusst aufgebaut.
Sucht die Textstellen, die zu den folgenden Denkblasen passen. Lest diese Stellen vor.
Tipp: Die Farben in der E-Mail helfen euch.

A In der **Einleitung** muss ich erklären, worum es geht.

C Dann nenne ich **mehrere Begründungen** für meine Meinung.

B Im **Hauptteil** schreibe ich als Erstes **meine Meinung.**

D Ich finde noch einen **Schlusssatz**, zum Beispiel einen Wunsch.

Eine schriftliche Begründung planen, schreiben, überarbeiten

1 **Planen**

••○ Sammelt mit Hilfe eurer Begründungshand Stichworte für eine Antwortmail an Daniel (▶ S. 31). Übertragt die Tabelle ins Heft und füllt sie aus.

▷ Eine Hilfe zu Aufgabe 1 findet ihr auf Seite 33.

	Meine Stichworte
Einleitung	...
Meine Meinung	...
Begründungen (Welche sollen in die Mail?)	*1.*
Schlusssatz	...

2 **Schreiben**

••○ Schreibt eine erste Fassung eurer Antwortmail (ins Heft oder am PC).
Nutzt Verknüpfungswörter (▶ S. 25).

▷ Hilfe zu 2, Seite 33

3 **Überarbeiten**

a Überprüft eure erste Fassung mit der Checkliste.

 b Lasst eine Mitschülerin oder einen Mitschüler eure erste Fassung lesen.
Sie oder er bewertet dann eure Fassung im Heft mit Hilfe der Checkliste, z. B.:
1 = ☺, 2 = ☻, 3 = ☹.

sehr gut gelungen: ☺
verbesserungsfähig: ☻
noch nicht gelungen: ☹

••○ c Macht euch gegenseitig Verbesserungs-vorschläge.
Entscheidet, welche ihr nutzen wollt, und verbessert die E-Mail.

▷ Hilfe zu 3c, Seite 33

Checkliste

Checkliste für eine Begründungsmail

Bewertung
☺ ☻ ☹
(ins Heft)

1 **Anrede:** Die E-Mail beginnt mit der Anrede; danach: Komma.
2 **Einleitung:** Du sagst, worum es geht.
3 **Meinung:** Deine Meinung ist deutlich formuliert.
4 **Begründung:** Du nennst mindestens zwei Begründungen für deine Meinung.
5 **Schluss:** Es gibt einen Schlusssatz, z. B. einen Wunsch.
6 **Gruß:** Die E-Mail endet mit einem Gruß und deinem Namen; davor: Absatz.

Aufgabe 1 mit Hilfe: Planen

Sammelt mit Hilfe eurer Begründungshand Stichworte für eine Antwortmail an Daniel (▶ S. 31).

	Meine Stichworte
Einleitung	*Sina hat mir E-Mail gezeigt; ich möchte*
Meine Meinung	Was steht auf der Handfläche meiner Begründungshand?
Begründungen (Welche sollen in die Mail?)	Markiere deine Begründungen in der Begründungshand. Übertrage Stichwörter in dieses Feld.
Schlusssatz	*Wunsch, dass er sich überzeugen lässt/seine Meinung durchsetzt, z.B.: Ich hoffe, dass/Verstehe bitte, dass ...*

Aufgabe 2 mit Hilfe: Schreiben

Schreibt eine erste Fassung eurer Antwortmail (ins Heft oder am PC).
Nutzt Verknüpfungswörter (▶ S. 25).

Anrede	*Hallo Daniel,*
Einleitung (beginnt in neuer Zeile)	*Sina hat mir deine E-Mail gezeigt, in der du begründest, warum deiner Meinung nach jüngere Schüler ... sollten. Darauf möchte ich dir ...*
Meinung	*Ich sehe das anders als/genauso wie du. Nach meiner Meinung ...*
1. Begründung	*Denn für uns jüngere Schüler ist es wichtig, dass ...*
2. Begründung	*Außerdem können wir ...*
Schlusssatz	*Ich hoffe, du verstehst, warum ich (nicht) möchte, dass ...*
Gruß (in neuer Zeile)	*Viele Grüße,*

Aufgabe 3c mit Hilfe: Überarbeiten

c Macht euch gegenseitig Verbesserungsvorschläge.

Problem	**mögliche Formulierungen**
Einleitung ungeschickt	*Hallo Daniel,* *Sina hat mir deine E-Mail gezeigt, in der du erklärst, weshalb deiner Meinung nach jüngere Schüler einen eigenen kleinen Schulhof erhalten sollten.*
Meinung nicht klar	*Nach meiner Meinung sollten alle Schüler den großen Schulhof benutzen dürfen.*
Begründung unvollständig, noch nicht gelungen	*Denn für uns jüngere Schüler ist es wichtig, einen großen Schulhof zum Spielen zu haben. Außerdem ...*

2.3   Fit in ...! – Meinungen begründen

Stellt euch vor, ihr bekommt in der nächsten Klassenarbeit die folgende Aufgabe gestellt:

Schnell nach Hause oder längere Pausen?

Die Klassenpatin Sina erzählt der Klasse Folgendes:
„In der Schülervertretung wird diskutiert, ob die Kinder der Klassen 5 und 6 längere Pausen haben sollten. Dann wäre aber auch erst später Schulschluss."

5

Sina fragt: „Was haltet ihr davon? Ich brauche eure Meinungen für die Schülervertretung.
Daher möchte ich euch bitten, mir eine E-Mail zu schreiben."

10

Aufgabe
Nimm an, du bist eine Schülerin oder ein Schüler dieser Klasse.
Schreibe eine E-Mail an Sina. Nenne in dieser E-Mail deine Meinung und begründe sie.

Die Aufgabe richtig verstehen

1 Was verlangt die Aufgabe von euch? Schreibt die richtigen Buchstaben ins Heft:
Meine Aufgaben in der Klassenarbeit sind: ...
Tipp: Wenn eure Lösung richtig ist, kann man aus den Lösungsbuchstaben ein Wort bilden.

M	Ich schreibe an Sina und muss eine klare Meinung formulieren, ob die Pausen verlängert werden sollten.
A	Obwohl es nicht in der Aufgabe steht, muss ich in meiner Einleitung schreiben, worum es geht.
X	Ich soll eine E-Mail schreiben, in der ich Sina bitte, dafür zu sorgen, dass in der Schülervertretung einmal über die Länge der Pausen gesprochen wird.
P	Für meine Meinung muss ich mehrere Begründungen nennen.
R	Wie in jeder E-Mail muss ich mit einer Anrede beginnen und mit einem Gruß enden.
I	In meiner Begründung muss ich daran denken, dass durch längere Pausen nicht die Unterrichtszeit kürzer würde. Bei längeren Pausen endet einfach die Schule später.

Planen

2 **a** Klärt, zu welcher Frage ihr euch eine Meinung bilden sollt:
Lest den Text zur Aufgabe noch einmal durch und ergänzt im Heft, z. B.:
Es geht um die Frage, ob für Kinder der Klassen ...

b Bildet euch zu der Frage eine Meinung:
Sammelt, was aus eurer Sicht für eine Verlängerung der Pausen spricht. Was spricht dagegen?

c Zeichnet eine Begründungshand ins Heft.

d Schreibt eure Meinung auf die Handfläche der Begründungshand.

e Notiert eure Begründungen (Argumente) auf die Finger der Begründungshand.

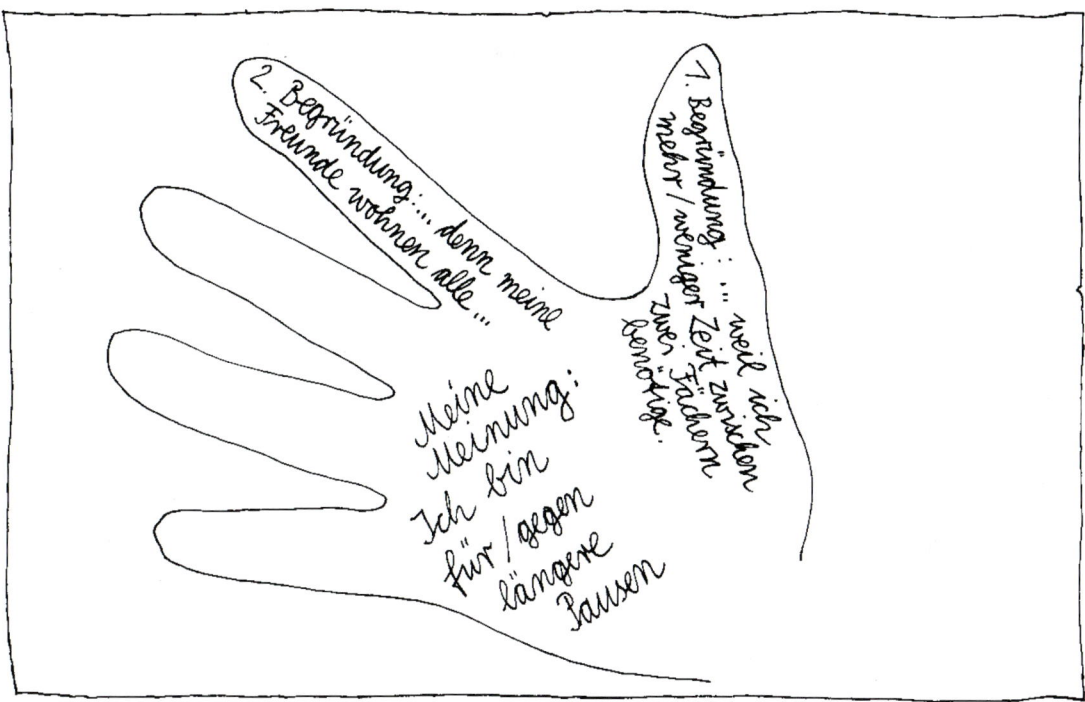

f Plant die E-Mail.
Übertragt die folgende Übersicht ins Heft und füllt sie aus.

	Meine Stichworte	
Einleitung		**Tipp für Profis:** Wenn du ein Schreibprofi bist, dann brauchst du keine Übersicht anzufertigen.
Meine Meinung (Übertrage aus der Begründungshand!)		Es reicht, wenn du
Begründungen (Welche Einträge der Hand sollen in die Mail?)	1.	■ Stichworte zur Einleitung und zum Schluss notierst und ■ auf deiner Begründungshand die Begründungen unterstreichst, die in deine E-Mail sollen.
Schlusssatz		

Schreiben

3 Formuliert die E-Mail.

Lasst nach jeder geschriebenen Zeile eine Zeile frei. So könnt ihr sie später leichter verbessern.

Methode	Eine Begründungs-E-Mail schreiben

1 Fangt auf einer neuen Seite im Heft an. Denkt an die **Anrede.**

2 Beginnt in der nächsten Zeile (Absatz) die **Einleitung.**
Nutzt die Stichworte aus der Tabelle,
z. B.: *... ich habe über die Frage nachgedacht, ob ...*

3 Schreibt in einem weiteren Abschnitt eure **Meinung,**
z. B.: *Meiner Meinung nach sollten die Pausen ...*

4 Schreibt eure **Begründungen.** Nutzt die Tabelle und die Begründungshand.
Denkt an **Verknüpfungswörter,**
z. B.: *weil, denn, außerdem ... ein weiterer Grund ...*

5 Formuliert den **Schlusssatz.** Nutzt eure Stichworte,
z. B.: *Bitte setze dich in der Schülervertretung dafür ein, dass ...*

6 Beendet die E-Mail mit einen **Gruß** und eurem **Namen.**

Überarbeiten

 4 **a** Setzt euch zu zweit zusammen. Prüft eure E-Mails mit der Checkliste.

 **Checkliste**

Checkliste für eine Begründungsmail

Anrede:	Beginnt die E-Mail mit der Anrede? Folgt ein Komma?
Gruß:	Endet die E-Mail mit Gruß und Namen?
	Ist vor Gruß und Namen eine Zeile frei gelassen (Absatz)?
Einleitung:	Wird zu Beginn deutlich, worum es geht?
Meinung:	Ist die Meinung klar formuliert?
Begründung:	Werden mindestens zwei Begründungen für die Meinung genannt?
Schluss:	Gibt es einen Schlusssatz, z. B. einen Wunsch?
Rechtschreibung:	Endet jeder Satz mit einem Punkt, Ausrufe- oder Fragezeichen?

b Überarbeitet eure E-Mail. Nutzt die freien Zeilen.

Schreibwörter	▶ S. 212
das Gespräch	sich einigen (einen Kompromiss finden)
die Meinung	nachgeben
begründen	verstehen
überzeugen	zustimmen
diskutieren	denn, da, weil, außerdem (Verknüpfungswörter)

3 Das glaubst du nicht! –
Spannend erzählen

1 Seht euch das Bild genau an und beschreibt es.

2 a Vermutet, was die Kinder sehen.
   b Was könnte passiert sein? Erfindet
      eine Geschichte und tragt sie vor.

3 a Besprecht, was euch an euren Ge-
      schichten besonders gut gefallen hat.
   b Sammelt Tipps, die ihr bereits kennt,
      um eine Geschichte spannend zu
      erzählen.

In diesem Kapitel ...

– lest, erzählt und schreibt ihr spannende Geschichten,
– lernt ihr, wie ihr ein Erlebnis lebendig
  und spannend erzählt,
– bekommt ihr Tipps, um selbst spannende Geschichten mündlich und
  schriftlich zu erzählen.

3.1 Abenteuer im Alltag – Erlebnisse spannend erzählen

Geschichten mündlich erzählen

> Ich hatte gerade das Buch zur Seite gelegt, das Licht ausgeknipst und wollte mich schlafen legen, als ...

1 Führt ein Erzählspiel durch:

Bildet einen Sitzkreis. Einer nimmt einen Gegenstand, z. B. einen Ball, und beginnt eine Geschichte mit dem obigen Erzählanfang.

Nach drei bis fünf Sätzen unterbricht er seine Geschichte und gibt den Ball dem Nächsten.

Dieser muss die Geschichte fortsetzen, bis er den Gegenstand weitergibt.

Tipp: Ihr müsst den Gegenstand nicht reihum weitergeben. Ihr könnt ihn euch auch gegenseitig zuwerfen.

2 Bisher habt ihr ohne Vorbereitung Geschichten erzählt.

Eure Geschichten können noch spannender werden, wenn ihr sie richtig plant.

a Arbeitet zu zweit. Notiert und ergänzt eure Einfälle aus dem Erzählspiel (▶ Aufgabe 1) in einem **Ideenstern.**

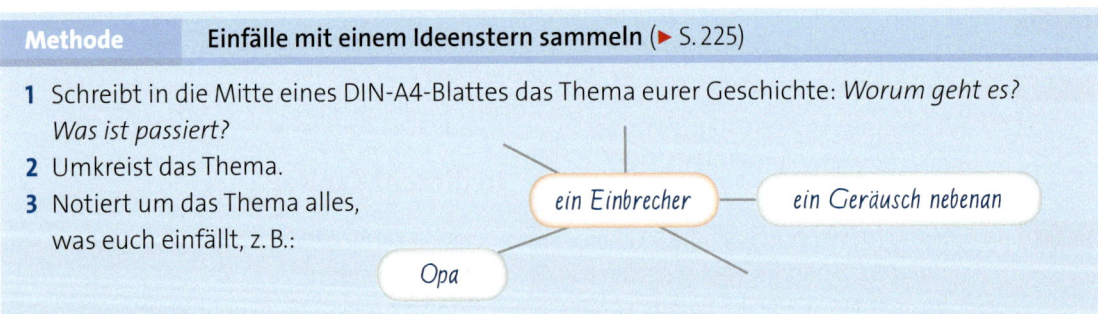

Methode   **Einfälle mit einem Ideenstern sammeln (▶ S. 225)**

1 Schreibt in die Mitte eines DIN-A4-Blattes das Thema eurer Geschichte: *Worum geht es? Was ist passiert?*
2 Umkreist das Thema.
3 Notiert um das Thema alles, was euch einfällt, z. B.:

ein Einbrecher — *ein Geräusch nebenan*

Opa

Bearbeitet Aufgabe b oder c (▶ S. 39).

b Beantwortet zu eurer Geschichte wichtige W-Fragen. Notiert eure Antworten.

●○○ **c** Beantwortet zu eurer Geschichte die folgenden W-Fragen. Notiert eure Antworten.
Wer spielt in der Geschichte mit? Wo findet sie statt? Wann spielt sie? Was passiert?
Diese W-Fragen könnten ebenfalls wichtig sein:
Wie passiert das Erzählte? Warum geschieht es? Welche Folgen hat es?

3 Legt euch einen **Stichwortzettel** an, damit ihr eure Geschichten frei vortragen könnt.

Methode	**Geschichten frei erzählen – Stichwortzettel anlegen**

Schreibt **auf jeden Zettel ein bis drei Stichwörter,** die für eure Geschichte wichtig sind.
1 Notiert für euren **Erzählanfang** knappe Antworten auf die **W-Fragen** *(Wer? Wo? Wann? …).*
2 Was passiert dann? Schreibt **weitere Handlungsschritte** auf.
3 Was geschieht im **spannendsten Moment** der Geschichte? Notiert Stichworte.
4 Wie endet die Geschichte? Schreibt einige wenige Punkte für den **Schluss** auf.

4 **a** Tragt eure Geschichten mit Hilfe der Stichwortzettel vor.
b Vergleicht eure Geschichten: Sind sie wie bei einer **Lesefieberkurve** (▶ Information) aufgebaut?

Information	**Die Lesefieberkurve**

■ Eine Geschichte beginnt mit einer **Einleitung.** Sie soll neugierig machen.
In der Einleitung werden **W-Fragen** beantwortet, z. B.: *Wer spielt in der Geschichte mit?*
Was ist passiert? Wann spielt die Geschichte? Wo spielt die Geschichte? usw.
→ Es müssen nicht sofort alle W-Fragen beantwortet werden. So erhöht sich die Spannung.
■ Im **Hauptteil** wird die Handlung schrittweise zum **Höhepunkt** geführt.
Die Zuhörer oder Leser sollen mitfiebern: Was passiert wohl als Nächstes?
■ Mit dem **Schluss** wird die Spannung aufgelöst.

Einleitung		**Hauptteil**		**Schluss**
Erste W-Fragen werden beantwortet.	*sich steigernde Erzählschritte*	*Höhepunkt (der spannendste Moment)*		*Ausgang der Geschichte (Lösung)*

5 Probiert das „Mund-zu-Mund-Erzählspiel" aus:
a Wählt vier Schüler aus. Drei von ihnen gehen vor die Tür.
b Der vierte Schüler hört genau zu, wie ein Schüler aus der Klasse eine Geschichte erzählt.
c Holt einen der drei Schüler von draußen herein. Der vierte Schüler erzählt ihm die Geschichte.
d Ruft danach den nächsten Schüler herein. Nun gibt der dritte Schüler die Geschichte wieder usw.
e Die Klasse achtet darauf, ob jeweils die Lesefieberkurve beachtet wurde.

Geschichten nach Reizwörtern schreiben

Methode	Reizwortgeschichten verfassen

Bei einer **Reizwortgeschichte** wird mit einzelnen vorgegebenen Wörtern eine Geschichte erzählt. Alle vorgegebenen Wörter müssen in der Geschichte vorkommen.
Die Reihenfolge der einzelnen Reizwörter darf beliebig umgestellt werden.

Tom und Lena sollten mit Hilfe folgender Reizwörter eine spannende Geschichte erfinden: *Sommerferien, Garten, Heißluftballon.* So lauten ihre Einleitungen:

Tom: *In den letzten Sommerferien waren wir in einer sehr schönen Anlage an der Ostsee. Wir wohnten in einem Haus mit Garten und Schwimmbad. Am zweiten Abend wollten meine Eltern nach dem Abendessen noch einmal etwas spazieren gehen und den, wie sie sagten, lauen Sommerabend genießen. Das kam mir sehr gelegen. Lieber wollte ich meinen Roman weiterlesen. Offenbar war ich aber zu müde. Ich schlief über dem Buch ein. Lange schlafen konnte ich jedoch nicht, denn plötzlich hörte ich ein merkwürdiges Geräusch ...*

Lena: *An einem Nachmittag in den Sommerferien spielte ich mit meinem Freund Lukas im Garten Tischtennis. Auf einmal krachte es und wir sahen, wie ein großer Heißluftballon mitten in unserer Kastanie landete.*

1 Begründet, welche Einleitung besser gelungen ist.

2 **a** Wie kann man seine Leser neugierig machen? Lest die Hinweise in der folgenden Methode.

Methode	Spannung erzeugen – Schlingen auslegen

Eine Geschichte wird besonders spannend, wenn man **Schlingen** auslegt,
um die Leser zu fesseln und sie auf die weitere Geschichte neugierig zu machen:
A Verratet nicht gleich, wie die Geschichte ausgeht. Macht nur **Andeutungen,** z. B.:
  Als wir ankamen, ahnten wir nicht, dass der Tag eine überraschende Wende nehmen würde.
B **Wendet** eine **harmlose Situation** so um, dass sie auf einmal **gefährlich** erscheint, z. B.:
  Auf dem See glitzerte die Sonne. Plötzlich wurde er von einem riesigen Schatten verdeckt.
C Legt **falsche Fährten** aus. Lasst den Leser ein Problem vermuten, das es dann gar nicht gibt,
  z. B.: *Dichte Wolken schoben sich über den See. Aber es waren nicht die Wolken, die ...*

b Prüft in Partnerarbeit:
  – Welche **Schlinge** legt Tom in seiner Einleitung aus, um seine Leser zu fesseln? A, B oder C?
  – An welchen Tipp hat Lena sich nicht gehalten? A, B oder C?

3 Verfasst selbst eine spannende Reizwortgeschichte. Legt eine Schlinge in eurer Einleitung.
Ihr könnt die Reizwörter von Tom und Lena verwenden: *Sommerferien, Garten, Heißluftballon.*

Geschichten nach Bildern schreiben

Eine Einleitung verfassen

1 a Seht euch die Bildergeschichte an. Beschreibt die ersten drei Bilder.
b Wie könnte das Abenteuer ausgehen? Notiert Stichworte in euer Heft.
c Erzählt die ganze Bildergeschichte.

2 Zeichnet eure Idee für das fehlende vierte Bild in euer Heft.

3 Schreibt eine Einleitung zur Bildergeschichte. Wählt die Aufgabe a oder b.
●○○ a Schreibt folgende Einleitung zur Bildergeschichte in euer Heft.
Setzt in die Lücken ❓ die passenden Verben aus dem Wortspeicher ein.

Gleich zu Beginn der Sommerferien ❓ *ich mit meinen Eltern in den Urlaub. Es* ❓ *ein heißer Sonntagnachmittag, als wir am Südufer des Edersees* ❓ *. Dort* ❓ *sich meine Eltern mit alten Freunden, deren Sohn in meinem Alter und sehr nett ist. Deshalb* ❓ *ich mich schon darauf, ihn wiederzusehen.* *Schnell* ❓ *wir unsere Eltern, alleine mit dem Boot hinausfahren zu dürfen. Da die Sonne schien und Markus ein geübter Ruderer* ❓ *, sollte das eigentlich überhaupt kein Problem werden.*	fuhr hopste überredeten sang war trafen sprang ankamen war freute brüllten

●●● b Schreibt zu der Bildergeschichte eine eigene Einleitung.
Beantwortet einige W-Fragen und legt eine Schlinge aus (▶ S. 39, 40).
Tipp: Ihr könnt die Verben aus dem Wortspeicher (Aufgabe 3a) verwenden.

4 Lest eure Einleitungen vor.
Welche W-Fragen wurden beantwortet? Welche Schlingen wurden ausgelegt?

Den Hauptteil und den Schluss gestalten

1 Entscheidet, welches der drei Bilder auf S. 41 den Höhepunkt (▶ S. 39) darstellt.

2 Auch vor und zwischen den Bildern können Dinge geschehen, die man erzählen kann, z. B.:

Handlung vor Bild 1	z. B.: Die Kinder packen etwas zu trinken ein und gehen zum Bootssteg.
Handlung nach Bild 1	Sie sind fröhlich. Hinter ihnen verdunkelt sich der Himmel.

a Nehmt 8 Stichwortzettel (▶ S. 39, Methode).
b Notiert Handlungen, die vor, auf und nach den Bildern stattfinden.

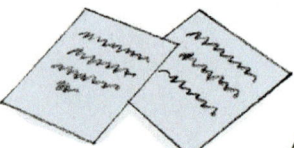

3 Bereitet den Hauptteil eurer Geschichte vor.
a Schreibt auf, was die Kinder in Bild 2 und 3 denken und fühlen könnten.
b Notiert, wie sie ihre Umgebung wahrnehmen. Was sehen, hören, riechen und spüren sie?
c Überlegt, was die beiden Kinder sagen könnten.

4 Schreibt einen spannenden Hauptteil. Nutzt eure Stichwortzettel und Notizen.
Tipp: Schreibprofis sollten auch die folgende Methode beachten.

Methode	**Lebendig schreiben**

- Schreibt das, was die Figuren sagen, in wörtlicher Rede auf, z. B.:
  „Hilfe!", schrie Thorben. Thorben schrie: „Hilfe!" „Hilfe", schrie Thorben, „ich rutsche!"
- Verwendet kurze Ausrufe, Wörter oder Fragen, z. B.: „Ach!" „Hilfe!" „Was ist los?"
- Nutzt ausdrucksstarke Verben, z. B.: „keuchen" statt „sagen" „schleichen" statt „gehen".

5 Lest den folgenden Schluss. Begründet, ob er gut gelungen ist.

> Rasch kam das blaue Motorboot der Wasserschutzpolizei auf uns zu.
> „Da kommt unsere Rettung!", gluckste ich überglücklich. Thorben kämpfte immer noch gegen die Wellen an. Danach ging alles sehr schnell.
> Eine Polizistin warf Thorben ein Seil zu, mit dessen Hilfe sie ihn ins Boot zog. Auch ich wurde ins Polizeiboot gehoben. Gerettet! Immer noch nass und zitternd fielen wir uns um den Hals.

6 Verfasst einen Schluss zu eurer Geschichte.

7 Findet eine Überschrift zu eurer Geschichte. Bearbeitet Aufgabe a oder b.
●○○ a Welche Überschriften passen? Welche ist zu ungenau oder zu lang? Welche verrät zu viel?

> Als wir einen Ausflug mit dem Boot machten • Ein Ferienerlebnis • In Seenot •
> Wie Thorben ins Wasser fiel und gerettet wurde • Eine stürmische Bootstour

●●○ b Findet eine eigene passende Überschrift.

Teste dich!

1 a Lies die folgenden sieben Sätze A–G.
Welche Wörter gehören in die so ❓ gekennzeichneten Lücken?
b Schreib die sieben Lösungswörter in Großbuchstaben so in dein Heft:

A Der Aufbau einer Erzählung gliedert sich in Einleitung, Hauptteil und ❓ .

B In der ❓ soll man wichtige W-Fragen beantworten. Man darf darin nicht verraten, wie die Geschichte ausgeht. Damit der Leser neugierig wird, sollte man Schlingen auslegen.

C Im Hauptteil bauen einzelne Handlungsschritte stufenweise aufeinander auf. Sie führen zum spannendsten Teil der Geschichte. Diese spannendste Stelle nennt man ❓ .

D Man kann lebendiger erzählen, wenn man beschreibt, was die Figuren denken und fühlen. Man sollte auch sagen, was sie hören, sehen, spüren und ❓ .

E Mit Hilfe von Reizwörtern oder vorgegebenen Bildern kann man spannende ❓ erfinden.

F Zu jeder Geschichte gehört eine ❓ . Sie sollte kurz und nicht zu ungenau sein. Sie darf nicht zu viel verraten und sollte den Leser neugierig machen.

G Die Spannung in einer Geschichte baut sich meist als Lesefieberkurve auf. Die Spannung ❓ sich langsam bis zum Höhepunkt und wird zum Schluss wieder aufgelöst.

– Die ersten Buchstaben der Lösungswörter sollen untereinanderstehen.
– Die Umlaute *ä, ö, ü* notierst du als *AE, OE, UE.*
Achtung: Nur bei Satz G nimmst du den zweiten Buchstaben des Lösungswortes.

2 Vergleicht zu zweit eure Lösungen.
Tipp: Die Anfangsbuchstaben der richtigen Lösungswörter sagen dir, wie gut du bereits bist.

3.2 Plötzlich … – Spannende Geschichten lesen, fortsetzen, ausgestalten

Thomas C. Brezina

Ein Roboter reißt aus

Es zischt.
Es war mitten in der Nacht, als Roki erwachte.
Er hatte Durst. Schrecklichen Durst.
Zum Glück stand immer seine Fahrrad-Trinkflasche
5 neben dem Bett. Roki nahm einen großen Schluck
und wollte weiterschlafen. Da hörte er es zum ersten Mal.
Es war ein kurzes, lautes Zischen. Nach einer Pause
ertönte es wieder. Dann noch einmal. Und noch einmal.
Erschrocken richtete der Junge sich auf. Was war das?
10 Das Fenster seines Zimmers stand offen. Im Garten zirpten
die Grillen. Am dunklen Himmel stand der Halbmond.
FAUCH! …

1
  a Gefällt euch dieser Erzählanfang? Begründet.
  b Lest Stellen vor, die ihr spannend findet und erklärt, woran das liegt.
   Tipp: Denkt z. B. an Schlingen (▶ S. 40), die der Erzähler auslegt.

2 Versucht die Geräusche nachzuahmen, die Roki hört. Gebt die Textstellen mit der Zeile an.

3 Überlegt, wie die Geschichte weitergehen und enden könnte. Wählt Aufgabe a oder b.
●●● a Setzt Rokis Geschichte fort. Schreibt eine spannende Fortsetzung in euer Heft.
●○○ b Schreibt eine spannende Fortsetzung von Rokis Geschichte in euer Heft:
   – Notiert eure Einfälle in einem Ideenstern (▶ S. 38) z. B. zu folgenden Fragen:
     Was sieht Roki? Wie verhält sich Roki weiter? Wo genau kommen die Geräusche her?
   – Zeichnet auf eine Heftseite eine Lesefieberkurve (▶ S. 39).
     Notiert zu der Kurve:

   – Was ereignet sich alles, nachdem sich Roki in seinem Bett erschrocken aufgerichtet hat (Z. 9)?
   – Was geschieht im spannendsten Moment der Geschichte?
   – Was passiert nach dem Höhepunkt? Wie endet Rokis Erlebnis in der Nacht?

   – Setzt mit Hilfe eurer Notizen die Geschichte spannend fort.
  c Vergleicht eure Geschichten.

Geschichten wirkungsvoll vorlesen

Thomas C. Brezina

Ein Roboter reißt aus (Fortsetzung)

Da war das Geräusch schon wieder. Roki fröstelte. Er schlich auf Zehenspitzen zum Fenster. Dabei stolperte er über etwas Langes, Warmes, das quer auf dem Boden lag. Mit einem leisen
5 Aufschrei sprang Roki zurück und hielt schützend die Fäuste vor das Gesicht.

Das lange Ding bewegte sich und richtete sich sogar auf.

„Darf ich erfahren, wieso du mich trittst?",
10 fragte eine verschlafene, brummige Stimme.

„Ach, du bist das?", seufzte Roki erleichtert. Auf dem Boden, eingewickelt in seinen Schlafsack, lag Chris. Roki hatte völlig vergessen, dass er bei ihm übernachtete.
15 „Wen hast du erwartet? Etwa den Weihnachtsmann?", knurrte Chris.

Roki antwortete nicht, sondern flüsterte: „Du ... draußen stimmt etwas nicht."

„Der große Herr Roki hat wohl Angst, weil
20 draußen eine Maus hustet", spottete Chris.

„Baby, halt die Klappe!", zischte Roki aufgebracht. Er war immer bereit, Chris damit aufzuziehen, dass er das jüngste Mitglied der Junior-Knickerbocker-Bande war.
25 Beleidigt verzog sich Chris wieder in den Schlafsack. Aber dann hörte er die Geräusche auch. Das Zischen, das Fauchen, das Stampfen.

„Da ... da ist wirklich was", flüsterte er. „Etwas Großes. Etwas ... Unheimliches!"

„Sag ich ja die ganze Zeit!" Roki konnte nur 30 noch hauchen.

„Schau aus dem Fenster, was es ist", sagte Chris.

„Du bist wohl zu feige dazu?", schoss Roki zurück. 35

Das ließ sich Chris nicht zweimal sagen. Er sprang aus dem Schlafsack und tappte barfuß zum Fenster. Roki blieb dicht hinter ihm. Sie starrten in die Nacht hinaus und hielten vor Anspannung die Luft an. 40

FAUCH!, machte es in diesem Moment abermals.

Roki erschrak und packte Chris' Arm. „Hast du das gesehen?", krächzte er heiser.

Chris nickte stumm. Im Nachbarhaus hatte ein 45 grelles Licht aufgeleuchtet, war aber schnell wieder erloschen.

„Das Haus steht doch schon seit vielen Jahren leer!", wisperte Roki. „Wieso brennt dort Licht? Noch dazu so ein komisches?" 50

Chris hatte auch keine Erklärung, konnte aber nur mit Mühe ein heftiges Zittern unterdrücken.

1 **a** Lest den Text mehrmals. Versucht, euch die Geschichte ganz deutlich vorzustellen.
b Bereitet den Text so vor, dass ihr ihn wirkungsvoll vorlesen könnt.
Legt dazu eine Folie über den Text und kennzeichnet wichtige Stellen (▶ Methode).

Methode   **Wirkungsvoll vorlesen**

- Umkreist die Wörter, die ihr **besonders betonen** wollt, weil sie sehr spannend sind.
- Markiert die Sätze, die ihr **mit einer anderen Stimme vorlesen** wollt, z. B: für Roki und Chris.
- Übt das laute Vorlesen. Verändert die Stimme: Lest z. B. **lauter** oder **leiser, höher** oder **tiefer.**
- Macht gezielt **Lesepausen,** um die Spannung zu erhöhen.
- Sprecht deutlich und lest **nicht zu schnell.** Übt mit einem Freund oder einer Freundin.

Abwechslungsreich und treffend erzählen

1 An welchen Stellen im Text S. 45 kann man erkennen, dass Roki und Chris Angst haben? Bearbeitet Aufgabe a oder b.

●●○ **a** Notiert die Wörter und Sätze, die ausdrücken, dass sich die beiden ängstigen.

●○○ **b** Lest noch einmal die Zeilen Z. 1–2, 5–6, 17, 19, 28–29, 37–40, 45–53.
Schreibt die Wörter und Sätze heraus, die verdeutlichen, dass Roki und Chris Angst haben.

2 Welche Sätze (Redewendungen) zum Thema „Angst" kennt ihr? Wählt Aufgabe a oder b.

●○○ **a** Die folgenden Redewendungen sind durcheinandergeraten. Setzt sie wieder richtig zusammen:
– Probiert mit den zuerst markierten Worten die Möglichkeiten durch. Meist ergibt nur eine Möglichkeit einen sinnvollen Satz.
– Übertragt die Redewendungen richtig zusammengesetzt in euer Heft.

Die Haare	sind starr vor Angst.
Sie schlägt sich	die Hose.
Das Wort	schnürt sich zusammen.
Der Schauer	bricht ihr aus.
Seine Augen	stehen ihm zu Berge.
Sie bekommt	den Mund weit auf.
Ihre Kehle	läuft ihr eiskalt den Rücken hinunter.
Der kalte Schweiß	bleibt ihr im Halse stecken.
Vor Angst reißt sie	die Hände vors Gesicht.
Das Herz rutscht ihr in	eine Gänsehaut.

●●○ **b** Die Redewendungen oben sind durcheinandergeraten. Setzt sie wieder richtig zusammen. Schreibt in euer Heft.

●●● **c** Ergänzt eure Liste mit weiteren Redewendungen zum Thema „Angst".
Tipp: Viele Redewendungen zum Thema „Angst" haben etwas mit unserem Körper zu tun. Denkt z. B. an euren Magen, an euren Mund oder Kopf ...

3 Wie sprechen Roki und Chris miteinander? Bearbeitet Aufgabe a oder b.

●●○ **a** Untersucht das Gespräch zwischen Roki und Chris auf S. 45:
– Welche Satzarten überwiegen (Ausrufesatz, Fragesatz, Aussagesatz)?
Tipp: Achtet auf die Satzzeichen (▶ S. 172).
– Wie lang sind ihre Sätze?
– Welche Wörter oder Redewendungen findet ihr besonders treffend? Begründet.

●○○ **b** Manchmal äußern die Jungen nur kurze Ausrufe oder Fragen.
Findet diese Ausrufe und Fragen im Text auf S. 45 und gebt die Zeilen an.

4 Für Rokis und Chris' Gespräch verwendet der Erzähler statt des Wortes „sagen" auch andere Verben.

a Sucht diese anderen Verben für „sagen" heraus. Notiert sie in der Grundform (Infinitiv) und mit Zeilenangabe in euer Heft, z. B.: *seufzen* (Z. 11).

b Legt in eurem Heft eine Tabelle nach der folgenden Methode an.

Methode   **Nicht immer *sagen* schreiben – Ein Wortfeld erstellen**

Um **abwechslungsreich** zu schreiben, ist es ratsam, nicht immer dasselbe Wort z. B. für *sagen* zu verwenden. Es gibt sinnverwandte Wörter, die man auch verwenden kann, z. B. *rufen, tönen.* Wörter, die sinnverwandt sind, ergeben ein **Wortfeld.**
Wenn ihr eine Geschichte schreibt, könnt ihr dann Wörter aus diesem Wortfeld auswählen.
Ordnet in eine Tabelle die Wörter ein, die ihr für das Verb *sagen* kennt, z. B.:

normal	laut	leise	besonderes Gefühl
sprechen	*brüllen*	*hauchen*	*seufzen*
(sich) äußern			*jammern*

---

c Ergänzt eure Tabelle. Sucht aus der Wörterschlange weitere Verben für *sagen* heraus.

> erwidernerzählenantwortenentgegnenrufenherausprudelnmeinenwidersprecheneinwerfen
> plappernflüsternschreienprahlenredenanführensichunterhaltenbehauptenfragenrufen
> antwortenkreischenmeckerntuschelnstammelngrölenschimpfenbrummelnjohlen

5 Stellt euch vor, die Geschichte würde mit folgendem Erzählkern (▶ Methode) weitergehen:

> Roki und Chris wecken ihre Freundinnen, das sind die Mädchen Babs und Daffi. Mit Taschen-
> lampen dringen die vier über ein geöffnetes Kellerfenster in das Nachbarhaus ein. Dort ent-
> decken sie im ersten Stock des Gebäudes, was oder wer das Geräusch verursacht hat.

a Bildet Vierergruppen. Verteilt die Rollen: 1. Roki, 2. Chris, 3. Babs, 4. Daffi.

b Schreibt das Gespräch zwischen den Jungen und den Mädchen. Achtet auf ihre Gefühle.

c Tragt euer Gespräch in verteilten Rollen der Klasse vor.

d Bewertet, ob die Gefühle der Kinder deutlich werden und abwechslungsreich formuliert wurden.

Methode   **Einen Erzählkern ausgestalten**

Mit einem **Erzählkern** wird ganz knapp wiedergegeben, was geschehen ist.
Erzählkerne fordern meist die Fantasie des Lesers heraus.
Um Erzählkerne zu spannenden Geschichten auszugestalten, sollte man sich Fragen stellen wie:

- Was könnten die **Figuren** alles **sagen?** Wie könnten sie es sagen?
- Was könnten die **Figuren gefühlt haben?** Waren sie ängstlich oder fröhlich?
- Was könnten sie alles **wahrgenommen haben?** Was sahen, rochen, spürten sie?

47

Erzähltricks einer Erzählerin aufspüren

Jutta Richter

Der Tag, als ich lernte, die Spinnen zu zähmen

„... ich weiß, wo's Ratten gibt."
Mir lief ein Schauer den Rücken hinunter. Rainer hatte plötzlich so ein gefährliches Glitzern
in den Augen. Ich hätte wetten können, dass
5 ich wusste, was er vorhatte. Bevor er weiter-
sprechen konnte, war ich aufgesprungen.
„Nein!", rief ich. „Nie! Da geh ich nie im Leben
mit."
„Feigling!", zischte Rainer. „Du bist eben auch
10 nicht besser als die doofen Weiber. Hätte ich mir
ja denken können! Mädchen bleibt Mädchen!"
Ich trat von einem Bein aufs andere, ich biss
mir auf die Unterlippe. Am liebsten hätte ich
mich in Luft aufgelöst.
15 „Hab ich die Kellerkatze verjagt?", fragte Rainer.
„Hab ich die Monsterspinne erledigt? Vergiss
nicht, wen du vor dir hast: den Spezialisten für
Lebendfallen! Den schärfsten Scharfschützen
im Wilden Westen! Und du willst kneifen! Na,
20 dann hau doch ab! Aber glaub nicht, dass ich
noch ein Wort mit dir rede! Und in meiner
Mannschaft bist du auch nicht mehr! Kannst ja
bei den doofen Weibern mitmachen!"
Ich zögerte. Wenn Ratten so klug waren wie
25 Menschen, waren sie bestimmt auch klüger als
Rainer.
Aber wenn ich nicht mitging, würde ich meinen Freund verlieren. Vielleicht für immer.

Und das war sicher schlimmer, als einem Rat-
tenkönig zu begegnen.   30
„Na gut", sagte ich leise. „Dann komm ich eben
mit."
In der Altstadt fingen die Glocken an, für die
Abendmesse zu läuten. Vögel sirrten um Thie-
manns Garage. [...] Alles war wie immer.   35
Rainer ging um die Ecke, dahin, wo unten am
Bahndamm das Gruselhaus stand.
Solange ich denken konnte, hatte nie jemand
dort gewohnt. Die Fensterscheiben waren alle
eingeworfen und an der Haustür hing ein gel-   40
bes Schild mit schwarzem Rand: Betreten ver-
boten! Eltern haften für ihre Kinder. Der Eigen-
tümer.
Es war uns strengstens verboten, das Grusel-
haus zu betreten.   45
Mein Vater hatte gesagt: „Wenn ich dich nur
einmal dort erwische, gibt's Dresche."
Und das war die schlimmste aller Strafen.
Zehnmal schlimmer als Hausarrest.

---

1 **a** Weckt diese Einleitung euer Interesse? Begründet.
  b Notiert mit Zeilenangabe die Textstellen, in denen die Erzählerin Schlingen (▶ S. 40) auslegt.
  c Untersucht die Schlingen. Um welche Art Schlingen handelt es sich?

2 Wie könnte die Geschichte weitergehen? Bearbeitet Aufgabe a oder b.
●●● **a** Begründet am Text, was als Nächstes passieren könnte, und schreibt dann die Geschichte weiter.
●○○ **b** Spielt das „Reizwort-Geschichten-Spiel", um die Geschichte fortzuführen:
    – Nehmt einen Zettel und notiert ein Wort, das zu dem Erzählanfang passt.
    – Gebt die Zettel in einen Behälter. Zieht drei Zettel aus dem Behälter heraus.
    – Schreibt mit Hilfe der drei Reizwörter auf den Zetteln die Geschichte weiter.

Schließlich entscheidet sich die Erzählerin, mit Rainer in das Gruselhaus zu gehen.

„Bleib hier stehen", sagte Rainer, sah sich nach allen Seiten um und schlich bis zur Hausecke. Die Straße war menschenleer. Einen Augenblick lang hoffte ich, er würde ohne mich ins
5 Gruselhaus gehen, aber dann nickte er mir zu und rief: „Komm schnell!"
Er zog mich hinter das Haus und zeigte auf ein offenes Fenster. „Da rein! Los!"
Wir kletterten über die Fensterbank und stan-
10 den in einem düsteren Zimmer. Überall waren Löcher: im Holzfußboden, in der Zimmerdecke. Und von den Wänden hingen Tapetenfetzen mit einem verblichenen Blumenmuster. Es roch modrig und es war kühl. Mir war ganz
15 schlecht vor Angst.
Aber das durfte ich nicht zeigen.
Rainer klatschte in die Hände und machte: „Ksch, ksch!"
Irgendwo im Haus raschelte es.
20 „Hörst du die Ratten?", fragte Rainer.
Ich stand mit angehaltenem Atem und lauschte. Direkt über unseren Köpfen hörte ich ein Trippeln.
Kurz darauf ein leises Pfeifen.
25 „Komm", flüsterte Rainer. „Wir gehen nach oben. Aber sei leise!"
Er nahm meine Hand und wir schlichen vorsichtig durch das Zimmer, bis wir in einem kleinen Flur standen. Eine Treppe ohne Gelän-
30 der führte ins obere Stockwerk. Die Stufen knarrten und immer, wenn das geschah, blieben wir stehen und warteten. Meine Hand in Rainers Hand war ganz schwitzig und mein Herz klopfte bis in die Fingerspitzen.
35 Endlich, nach einer Ewigkeit, standen wir auf dem oberen Treppenabsatz.
Meine Augen hatten sich an das Dämmerlicht gewöhnt. So kam es, dass ich sie zuerst sah.
Ich drückte Rainers Hand und nickte mit dem
40 Kopf in die Richtung.
Es war eine große, graue Ratte mit einem dicken, unbehaarten Schwanz. Sie saß völlig reglos auf einer zerschlissenen Matratze und

schaute uns mit ihrem glänzenden Knopfaugen aufmerksam an. 45
Ihre Schnauze und die Schnurrbarthaare zitterten leicht, sie schnupperte, sie roch, dass wir da waren.
Ich hatte noch nie so nah vor einer Ratte gestanden […]. 50
Wir bewegten uns nicht. Die Ratte bewegte sich nicht.
Und dann spürte ich plötzlich, dass mit Rainer etwas nicht stimmte. Er zitterte, sein Atem ging schneller. Er zog die Luft ein und machte 55
ganz seltsame Geräusche dabei. Ein Art Pfeifen und Rasseln. Es hörte sich an, als würde er ersticken. Sein Gesicht war verzerrt, er sah aus, als würde er Fratzen schneiden. Das war unheimlich. 60
Am liebsten hätte ich mich umgedreht und wäre weggelaufen. Und gleichzeitig wusste ich: Jetzt kam es auf mich an. Ich musste Rainer helfen.
Und während ich das begriff, wuchs in mei- 65
nem Herzen ein Riesenmut.
Ich drückte seine Hand und zog ihn dann auf die oberste Treppenstufe zurück. Ich bewegte mich ganz ruhig, ganz vorsichtig, ganz langsam. So wie ich es im Zirkus bei den Löwen- 70
bändigern gesehen hatte.
Ich führte Rainer rückwärts die Treppe hinunter. Ich wusste, wenn man sich umdreht, hat man verloren. Dann würde die Ratte in unseren Nacken springen und sich dort festbei- 75
ßen.
Es dauerte ewig, bis wir endlich unten waren und uns umdrehen konnten. Ich wollte zum Fenster rennen und hinausklettern.
Aber Rainer konnte nicht. Er rang nach Luft 80
und hatte ganz blaue Lippen. Dann stützte er

die Hände aufs Fensterbrett und ließ den Kopf hängen. Er keuchte immer noch. Sein schmaler Rücken hob und senkte sich.

85 Da sah ich, dass Rainer weinte, ganz leise weinte. Seine Tränen tropften einfach in den Staub.

Irgendwann fing er an, wieder ruhiger zu atmen, und dann kletterten wir vorsichtig aus

90 dem Fenster.

Rainer sagte keinen Ton. Er nahm nur meine Hand und hielt sie fest. Wir gingen um das Gruselhaus herum und erst unter Fräulein Fantinis Fenster ließ er meine Hand wieder los.

Und dann sagte er: „Scheißasthma"[1], und versuchte zu grinsen. 95

Er puffte mich in die Seite und meinte: „Aber trotzdem, mutig bist du ja, Mädchen! Eigentlich wie ein Junge …"

Und da erst bin ich weggelaufen … 100

---

1 Asthma: „Atemnot", eine Erkrankung der Atemwege. Viele Menschen leiden dauerhaft unter Asthma.

1 „Es war uns strengstens verboten, das Gruselhaus zu betreten" (S. 48, Z. 45 f.), schreibt die Ich-Erzählerin. Überlegt, warum sie Rainer trotzdem folgt.
Tipp: Lest noch einmal den Anfang des Textes (▶ S. 48).

2 „So kam es, dass ich **sie** zuerst sah." (S. 49, Z. 38).
Bearbeitet folgende Fragen und schreibt die Antworten in euer Heft:
– Wer ist mit dem Pronomen (Fürwort) **„sie"** gemeint?
– Wie wirkt es, dass im Satz das Pronomen **„sie"** und nicht das Nomen (Hauptwort) **„die Ratte"** steht?

3 „Und dann sagte er: ‚Scheißasthma'" (S. 50, Z. 95).
Begründet: Was denkt ihr über Rainers Erklärung?

4 Überlegt, warum die Ich-Erzählerin am Schluss wegläuft (vgl. Z. 100).

5 Die Ich-Erzählerin wendet viele Tricks an, um spannend zu erzählen. Wählt Aufgabe a oder b.
●●○ **a** Notiert einige Tricks (vgl. rechte Tabellenspalte unten), die die Erzählerin verwendet. Findet zu den Tricks Textstellen. Notiert die Textstellen mit Zeilenangabe in euer Heft.
●○○ **b** Ordnet zu: Welche Sätze (A–E) aus der Geschichte stehen für welchen Trick (F–J)?

Sätze		Tricks	
A	„Wir … standen in einem düsteren Zimmer." (Z. 9 f.)	F	Es wird beschrieben, was die Figuren hören, aber noch nicht sehen.
B	„Irgendwo im Haus raschelte es. […] Trippeln […] Pfeifen." (Z. 19 ff.)	G	Unheimliche Orte werden beschrieben.
C	„Meine Hand [..] war ganz schwitzig und mein Herz klopfte bis in die Fingerspitzen." (Z. 32 ff.)	H	Es wird beschrieben, was die Figuren spüren.
D	„‚Komm' flüsterte Rainer. ‚Wir gehen nach oben. Aber sei leise.'" (Z. 25 f.)	I	Es werden treffende Ausdrücke verwendet, um Angst darzustellen.
E	„Er zitterte, sein Atem ging schneller." (Z. 54 f.)	J	Es wird gesagt, wie die Figuren sprechen.

3.3 Fit in ...! – Spannend erzählen

Stellt euch vor, ihr bekommt in der nächsten Klassenarbeit die folgende Aufgabe gestellt:

Aufgabe
Schreibe zu der folgenden Bildergeschichte eine spannende Geschichte.
Beachte, dass du nicht nur beschreibst, was du auf den Bildern siehst.
Erzähle auch, was vor und zwischen den Bildern passieren könnte.

Die Aufgabe richtig verstehen

1
a Lest die Aufgabe oben sorgfältig durch.
b Wie geht ihr vor? Schreibt aus den folgenden Antworten die richtigen mit dem Lösungsbuchstaben heraus.
Tipp: Das Lösungswort nennt den Gegenstand, um den es in der Bildergeschichte geht.

> Y   Zum Schluss runde ich meine Erzählung ab und finde eine treffende Überschrift.
> E   Ich beginne sofort mit meiner Geschichte.
> H   Ich betrachte die Bilder sorgfältig und überlege mir, was genau passiert.
> A   Auf Stichwortzetteln notiere ich die Handlungen vor, auf und nach den Bildern.
> B   Die Bilder und ihre Reihenfolge sind bei dieser Klassenarbeit nicht wichtig.
> D   Mit Hilfe der Lesefieberkurve und der Tricks zum lebendigen Erzählen steigere ich die Spannung.
> N   Beim Schreiben der Einleitung achte ich darauf, Schlingen auszulegen.

Planen

2 a Seht euch jedes Bild genau an. Notiert, worum es in der Bildergeschichte geht.
   Tipp: Achtet auch darauf, was die Figuren mit ihrem Gesicht und Körper ausdrücken.
   b Überlegt, welches Bild den Höhepunkt der Geschichte darstellt.

3 a Übertragt die folgenden Fragen in euer Heft.
   Lasst zwischen den Fragen vier bis fünf Zeilen Platz für eure Antworten.
   b Notiert hinter die Fragen in einer anderen Farbe eure Antworten.
   1 Einleitung: Wer? Wo? Welche Schlinge lege ich?
   2 Hauptteil: Was passiert zunächst? Welche Handlungsschritte folgen? Worin besteht der Höhepunkt?
   3 Schluss: Wie endet meine Geschichte?

Schreiben

4 Was sieht, hört und spürt das Mädchen?
   Schreibt den folgenden Text in euer Heft. Ergänzt die Lücken mit eigenen Ideen:
   Auf einmal hörte ich Schritte hinter mir. Ich merkte, dass mir jemand folgte. Erschrocken drehte ich mich um und sah ? . *Automatisch wurden meine Schritte schneller, denn mich überkam plötzlich eine große Angst. Mein Herz* ? *und ich spürte* ? . *Gedanken wie „* ? *" schossen mir durch den Kopf.*

5 Schreibt eure spannende Geschichte in euer Heft.

Überarbeiten

6 a Lest euch eure Geschichten gegenseitig vor.
   b Gebt euch mit Hilfe des Feedback-Bogens Tipps,
   wie ihr eure Geschichten überarbeiten könnt.

Checkliste

Feedback-Bogen – Spannend erzählen

Aufbau:	Ist die Geschichte in Einleitung, Hauptteil und Schluss gegliedert?
	Wird auch beschrieben, was vor, zwischen und nach den Bildern passiert?
Spannung:	Verrät die Überschrift nicht zu viel? Werden Schlingen ausgelegt?
	Hat die Geschichte einen Höhepunkt? Steigern sich die Handlungsschritte?
Figuren:	Wird deutlich, was die Figuren sehen, hören, spüren oder riechen?
	Erfährt man, was sie denken und fühlen?
Sprache:	Wird nicht immer „sagen" gesagt? Wird die Angst der Figur treffend beschrieben?

Schreibwörter ▶ S. 212

die Spannung	die Rettung	überraschend	befürchten
die Geschichte	plötzlich	ängstlich	passieren
der Schluss	auf einmal	mutig	zittern

4 Rund um Tiere –
Beschreiben

1 Das Foto zeigt einen Jungen mit seinem Haustier.
Erzählt euch gegenseitig von euren Haustieren oder Lieblingstieren.

2 Spielt ein Ratespiel:
Beschreibt euer Lieblingstier mit wenigen
Sätzen, ohne die Tierart zu verraten, z. B.:
Mein Tier hat vier Beine. Es hat kein Fell …

3 Stellt euch vor, der Hund auf dem Foto
läuft davon. Der verzweifelte Junge
möchte eine Suchanzeige aufgeben.
Notiert zu zweit stichwortartig, was
er bei der Suchanzeige für seinen
Hund beachten sollte.

In diesem Kapitel …

– erstellt ihr einen Steckbrief zu einem
  Tier,
– beschreibt ihr ein Tier für eine Suchanzeige so anschaulich, dass sich andere
  dieses Tier genau vorstellen können,
– verfasst ihr eine gut verständliche
  Bastelanleitung.

53

4.1 „Wie sieht es denn aus?" – Tiere beschreiben

Informationen für einen Steckbrief zusammentragen

Wenn Vierbeiner Frisbee spielen

Ein Raunen geht durch die Menge, als der vierjährige Border Collie Tylor durch die Luft wirbelt. Schwarz-weißes, glänzendes Fell, ein kräftiger,
5 muskulöser Körper und wache Augen: Tylor ist der ganze Stolz von Besitzer Tom Clements. Mit einer Körpergröße von 55 cm bei einem Gewicht von 20 Kilo gehört Tylor schon zu den
10 schwereren seiner Rasse. Trotzdem saust er federleicht über den Kopf seines Besitzers hinweg und versucht, die Frisbeescheibe zu fangen, die Tom Clements für ihn geworfen hat. Tylor
15 schnappt zu und landet mit dem Spielgerät zwischen den Zähnen auf dem Boden. In der Disziplin „Freiflug" beim Hundefrisbee-Wettbewerb in San Diego (im US-Bundesstaat Kalifornien) ist
20 alles erlaubt: Tylor darf auf sein Herrchen springen und Saltos schlagen. Dieses Mal hat es geklappt: Unter fast 60 Hunden kommt Tylor auf Platz sechs. Zufrieden wirft Tom Clements
25 seinem Hund eine Belohnung zu. Das Tier antwortet mit einem Salto aus dem Stand – das kann nur Tylor.

1 Wie findet ihr einen solchen Wettbewerb für Hunde? Begründet eure Meinung.

2 Was erfahrt ihr über Tylor? Notiert in Stichwörtern:
  – Aussehen,
  – Verhalten und
  – Besonderheiten.
  Nutzt den Text und das Foto. Ihr könnt so beginnen:
  – *Border Collie, schwarz-weißes …*

3 Entscheidet euch für Aufgabe a oder b.

● ○ ○ **a** Stellt euch vor, Tylor soll für den Frisbee-Wettbewerb mit Hilfe eines Steckbriefes kurz vorgestellt werden. Erstellt einen Steckbrief für Tylor.

Tipp: Die folgenden Formulierungen helfen euch.

Steckbrief *Name: Tylor* *Rasse: ...* *Alter/Größe/Gewicht: ...* *Farbe: ...* *Körperbau: ...* *Fell: ...* *besondere Merkmale: ...* *Auffälligkeiten im Verhalten: ...*	– **das Gewicht:** *ca. ... Kilo, relativ leicht/schwer, ausgewachsen, ...* – **die Farbe:** *schwarz, weiß, braun ..., gescheckt (mit verschiedenfarbigen Flecken), weiße/ schwarze/... Bauchseite, weißer/schwarzer Rücken, ...* – **der Körperbau:** *muskulös, kräftig, schmal, drahtig, zierlich, klein, groß, ...* – **das Fell** *kurz, lang, gepflegt, glänzend, struppig, geschoren, weich, ...* – **besondere Merkmale:** *schwarze/weiße/... Schwanzspitze/ Vorderpfoten und Hinterpfoten, schwarzen/ weißen Punkt/Fleck an ..., lange/kurze Schlappohren, Narbe an ..., Halsband mit Namen ...* – **Auffälligkeiten im Verhalten:** *zutraulich, verspielt, scheu, hat Angst vor ..., geschickt, ...*

● ● ● **b** Erstellt zu einem Tier eurer Wahl einen Steckbrief, z. B. zu eurem Lieblingshaustier.

  c Überarbeitet eure Steckbriefe in Partnerarbeit.

Tipp: Die folgende Methode kann euch als Checkliste dienen.

Methode   **Einen Steckbrief für ein Tier schreiben**

■ Ein **Steckbrief** für ein Tier enthält alle wichtigen **Informationen,** sodass man sich es genau **vorstellen** und das Tier **wiedererkennen** kann, wenn es z. B. entlaufen ist.

■ Einen Steckbrief für ein Tier solltet ihr so aufbauen:

1. **Tierart, Name,** z. B.: *ist ein Border Collie , hört auf den Namen Tylor*
2. **Alter, Größe, Gewicht,** z. B.: *ist vier Jahre alt, 55 cm groß, 20 Kilo schwer*
3. **Farbe des Fells (Gefieders, der Haut),** z. B.: *hat schwarzweiß glänzendes Fell*
4. **Körperbau,** z. B.: *ist muskulös, hat einen rundlichen Kopf mit langer Schnauze*
5. **besondere Merkmale,** z. B.: *besitzt weiße Vorderpfoten, linke Hinterpfote ist gefleckt*
6. **Auffälligkeiten im Verhalten,** z. B.: *ist sehr verspielt und zutraulich*

„Gesucht wird ...“ –
Aufbau und Sprache einer Suchanzeige untersuchen

Katze entlaufen!

Seit Donnerstag (24.11.2011) vermisse ich mein Haustier.
Meine Katze ist drei Jahre alt und hört auf den Namen Lucy.
Sie hat ein schwarz-weißes Fell und ist mittelgroß. Lucys
Kopf ist schmal und spitz, sie besitzt einen schmächtigen Körper.
Auch ihre Beine sind schlank und lang.
Besonders auffällig ist ein schwarzer, ovaler Fleck am linken
Vorderbein.

Bitte melden bei: ..., Bundesstraße 12, Berlin

Vielen Dank!

1 Welche der abgebildeten Katzen könnte die Katze Lucy aus der Suchanzeige sein? Begründet.

2 Nennt mindestens ein Merkmal, das der Verfasser der Suchanzeige noch nennen sollte, damit seine
Katze eindeutig erkannt werden kann.
Tipp: Mit der Suchanzeige soll die Katze auf dem Bild rechts beschrieben werden.

3 Wählt Aufgabe a oder b.
●●● **a** Notiert, in welcher Reihenfolge Lucys Merkmale in der Suchanzeige beschrieben werden.
Würdet ihr eine andere Reihenfolge wählen? Begründet.
●○○ **b** Untersucht, in welcher Reihenfolge Lucy genauer beschrieben wird.
Ordnet dazu die folgenden Begriffe in eurem Heft:

> die Körperform   die Größe   der Kopf   die Beine   die Tierart
> das Fell   besondere Kennzeichen   das Alter   der Name

4 Lernt weitere Wörter kennen, um ein Tier möglichst genau und anschaulich zu beschreiben.

    a Zeichnet eine ähnliche Katze wie folgt in euer Heft.

    b Schreibt zu den Körperteilen der Katze die Begriffe, die ihr in der Suchanzeige (▶ S. 56) findet.
Ordnet auch die Begriffe, die um die Zeichnung durcheinander angeordnet sind, sinnvoll zu.

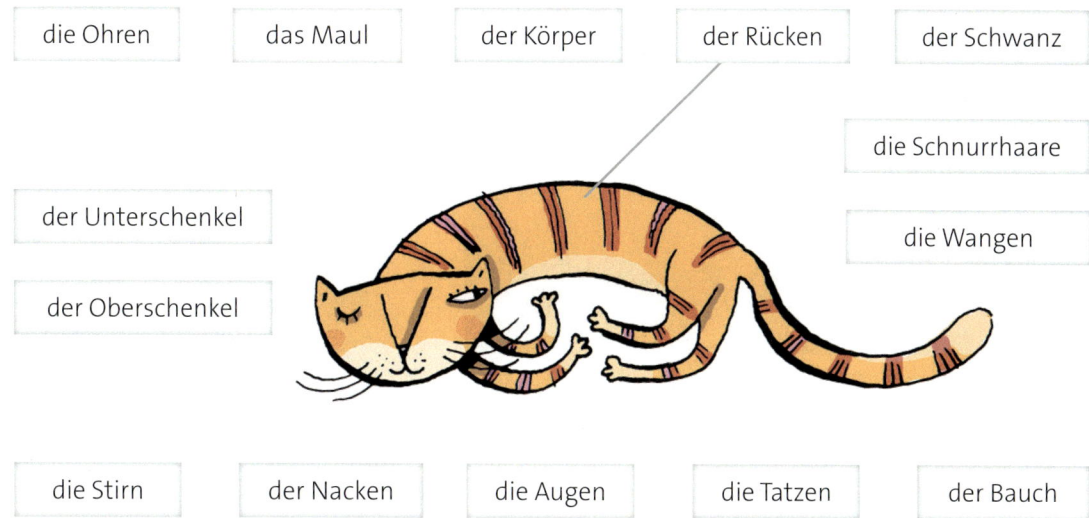

| die Ohren | das Maul | der Körper | der Rücken | der Schwanz |

die Schnurrhaare

der Unterschenkel

die Wangen

der Oberschenkel

| die Stirn | der Nacken | die Augen | die Tatzen | der Bauch |

5 Nennt die Zeitform (▶ S. 165), in der die Suchanzeige (▶ S. 56) verfasst ist.

6 Mit Adjektiven kann man genauer beschreiben.

    a Übertragt die folgende Tabelle in euer Heft. Ergänzt alle Adjektive aus der Suchanzeige.

    b Ergänzt weitere Adjektive, die man für eine Beschreibung verwenden könnte.

die Größe	das Gewicht	die Farbe	die Körperformen
mittelgroß, ...	schlank, ...	schwarz, ...	lang, ...

7 **a** Überarbeitet in eurem Heft ab „Meine Katze ist ..." die Beschreibung von Lucy.
Beschreibt alle Körperteile von Lucy so genau wie möglich.

    b Prüft in Partnerarbeit eure Überarbeitung mit Hilfe der Methode unten.

Methode **Ein Tier anschaulich und genau beschreiben**

Damit man sich ein Tier (z. B. für eine Suchanzeige) ganz genau vorstellen kann, solltet ihr
das Tier so anschaulich wie möglich beschreiben. Baut eure Beschreibung so auf:

- Beginnt mit der **Tierart** (und dem **Namen**).
- Nennt das **Alter,** die **Größe** sowie das **Gewicht** und beschreibt die **Farbe,** die Kopf- und
die **Körperform.**
- Vergesst nicht, auch auf **einzelne Merkmale** einzugehen. Beschreibt Formen und Farben
einzelner Körperteile genauer. Der Blick „wandert" vom Kopf über den Körper.
- Am Ende nennt ihr **besondere Kennzeichen** und **auffällige Verhaltensweisen.**
- Schreibt in der **Gegenwartsform** (Präsens, ▶ S. 165).

Eine eigene Suchanzeige schreiben

Schritt 1: Planen – Merkmale auflisten, Stichwörter notieren

1
a Wählt eines der Tiere aus (Hund, Katze, Wellensittich, Hamster) und schreibt für dieses Tier eine passende Suchanzeige.
b Listet die Merkmale, die ihr beschreiben wollt, in einer sinnvollen Reihenfolge auf.
  Tipp: Denkt euch einen Namen und ein passendes Alter für das Tier aus.

> 1. Tierart: ...; Name: ...
> 2. Alter: ...
> 3. ...

c Ergänzt eure Liste der Merkmale durch Stichwörter zum Aussehen des Tieres.
  Notiert vor allem Adjektive zu Farben und Formen, z. B.: *Fell: weich und hellbraun.*

Schritt 2: Formulieren – Anschaulich und genau beschreiben

2 Verfasst eine Suchanzeige. Beachtet folgende Formulierungshilfen:

Formulierungshilfen – Suchanzeige

Überschrift, z. B.:

… entlaufen/entflogen! *Wer hat meine/meinen … gesehen?*

Einleitungssatz, z. B.:

Seit Montag (…) vermisse ich … *Ich vermisse meine/meinen …!*
Seit Montag (…) ist sie/er entlaufen! Wer kann mir helfen?

Beschreibungen – vom Kopf über den Körper bis zu Schwanz und Beinen, z. B.
mit Hilfe folgender Adjektive:

leicht, schwer, klein, groß, muskulös, kräftig, schmal, schmächtig, drahtig, zierlich, rund, spitz, weich,
flauschig, struppig, schwarz, hellbraun, hellblau, gelblich, getigert, gestreift, fleckig, …

Adresse und Telefonnummer, bei der man sich bei dir melden kann, z. B.:

Bitte melden bei: … *Die Finderin/Der Finder kann sich melden bei …*
Finderlohn! Die Finderin/Der Finder erhält …

Bedankt euch im Voraus, z. B.:

Ich freue mich über jeden Tipp! *Vielen Dank!*
Danke für Ihre Hilfe! *Ich bin für jeden Tipp dankbar!*

Schritt 3: Überarbeiten – Aufbau, Sprache und Inhalt prüfen

3 Überarbeitet in Partnerarbeit eure Suchanzeige anhand folgender Checkliste:

Checkliste

Checkliste – Eine Suchanzeige für ein Tier schreiben

Aufbau
- Habt ihr eine **Überschrift** formuliert?
- Gibt es einen **Einleitungssatz,** in dem steht, worum es geht: Wann ist welches Tier entlaufen?
- Habt ihr das Tier in einer sinnvollen Reihenfolge vom Kopf an bis hin zu den besonderen Kennzeichen beschrieben? *Tierart, Name, Alter, Farbe, Größe/Gewicht, Kopf- und Körperform, einzelne Merkmale und besondere Auffälligkeiten* (▶ S. 57)
- Nennt ihr am Ende eine **Kontaktadresse** mit **Telefonnummer?**
- Formuliert ihr zuletzt einen **Dank?**

Sprache
- Verwendet ihr für eure Beschreibung passende **Adjektive für Farben und Körperformen?**
- Habt ihr eure Beschreibung in der **Gegenwartsform** (Präsens, ▶ S. 165) verfasst?
- Habt ihr noch einmal **Rechtschreibung** und **Zeichensetzung** überprüft?

Teste dich!

1 **a** Ordne die folgenden Textbausteine so, dass du für das Kätzchen eine passende Beschreibung erhältst. Schreibe in dein Heft.

b Ergänze zum Schluss besondere Kennzeichen, z. B.: *An der Schwanzspitze besitzt das Kätzchen .../ Besonders auffällig ist ... am linken ...*

E	So wiegt es nur etwa 600 g und ist sehr schlank.		**M**	Kätzchen „Tiger" ist zweieinhalb Monate alt und wirkt noch relativ klein für sein Alter.
A	Der Kopf des Kätzchens ist klein, aber breit.		**K**	Auch am Kopf ist sein Fell schwarz-weiß-braun gefleckt. „Tigers" Gesicht allerdings ist überwiegend weiß.
L	Außerdem hat es einen schmalen Körper mit kräftigen Beinen.		**R**	Auffällig ist sein schwarz-weiß-braun geflecktes Fell.
M	Am Rücken, an den Seiten und am Schwanz ist „Tiger" schwarz-weiß-braun gefleckt, nur die Brust, die Beine und Pfoten sowie der Bauch sind weiß.		**E**	„Tiger" hat hellgraue, spitze Ohren, wache, grüne Augen und eine kleine, rosafarbene Nase mit kleinem Maul.

2 Stimmt die Reihenfolge? Prüfe mit Hilfe der Großbuchstaben am Anfang der Textbausteine.
Tipp: Richtig aufgeschrieben, ergeben die Großbuchstaben ein Lösungswort.

3 Unterstreiche in deinem Heft in der Beschreibung mindestens
– 3 verschiedene Bezeichnungen für Körperteile und
– 4 Adjektive für Formen und Farben.

4.2 „Wie geht das?" – Vorgänge beschreiben

Ein Vogelhäuschen basteln

Betreff: Vogelhäuschen
An: Till@....de
Von: aylin0508@....de

Lieber Till,
⁵ als du gestern bei mir warst, hast du mich gefragt, wie man so ein Vogelhäuschen herstellen kann, das bei uns im Garten hängt. So geht es:

1. Material: leere Milchtüte, ein Stück Schnur, Wandfarbe und ein Pinsel,
   Vogelfutter, eine Schere, ein Locher
2. Milchkarton sorgfältig ausspülen
¹⁰ 3. in Vorder- und Rückseite des Milchkartons großes Fenster schneiden – nur
   Seite und oberen Rand einschneiden, um Fester aufzuklappen, Fenster-
   klappe kurzschneiden
4. Vogelhäuschen mit Wandfarbe anmalen
5. in den oberen Rand des Milchkartons mit Locher Loch knipsen
¹⁵ 6. Vogelfutter hineinlegen
7. Vogelhäuschen an Ast aufhängen
Fertig!

Deine Aylin

1 Habt ihr schon einmal etwas nach einer
Bastelanleitung gebastelt?
Berichtet von euren Erfahrungen.

2 Vergleicht Aylins Bastelanleitung mit der
Abbildung.
Nennt den Schritt, der in Aylins Beschreibung
fehlt.

3 Wie hat Aylin ihre Bastelanleitung aufgebaut? Ordnet die Überschriften ihrer E-Mail zu:

| Arbeitsschritte | Material und Werkzeug |

4 Die meisten Bastelanleitungen sind nicht in Stichwörtern verfasst, sondern in ganzen Sätzen, damit man die Anleitung leichter nachvollziehen kann.

a Schreibt mit Hilfe von Aylins E-Mail vollständige Sätze, die erklären, was wie zu machen ist. Ergänzt auch den Schritt, den Aylin in ihrer Beschreibung vergessen hat (▶ Aufg. 2, S. 61).

> *1. Für dieses Vogelhäuschen braucht man eine leere Milchtüte, ...*
> *2. Man spült den Milchkarton sorgfältig aus.*

b Prüft, ob ihr eure Erklärungen wie in den ersten beiden Beispielsätzen in der Gegenwartsform (Präsens, ▶ S. 165) verfasst habt.

5 Ihr könnt eure Satzanfänge auch abwechslungsreicher gestalten. Das wirkt weniger eintönig als 1., 2., 3. oder immer „und dann".
Übertragt die Übersicht und notiert Wörter, die eine Reihenfolge ausdrücken.

Anfang	Mitte	Schluss
Am Anfang, Zu ?	*Dann, Ansch* ?	*Zuletzt, Am Sch* ?

6 Überarbeitet Aylins Bastelanleitung:
a Unterteilt die Anleitung mit zwei Überschriften (▶ Aufgabe 3).
b Beschreibt jeden einzelnen Schritt in ganzen Sätzen und mit abwechslungsreichen Satzanfängen (▶ Aufgaben 4, 5), z. B.:
... Für ein Vogelhäuschen braucht man ...
Am Anfang spült man ...

7 Lest euch eure Bastelanleitungen gegenseitig vor.
Prüft, ob ihr alle Schritte in der richtigen Reihenfolge beschrieben habt.

Methode   **Einen Vorgang beschreiben (z. B. eine Bastelanleitung)**

Bei einer **Vorgangsbeschreibung** wird ein Vorgang so beschrieben, dass ihn eine **andere Person nachmachen kann.** Vorgangsbeschreibungen sind z. B.:
Bastelanleitungen, Kochrezepte oder Gebrauchsanweisungen.

- Am Anfang einer Vorgangsbeschreibung nennt man die **Materialien,** die für den Vorgang benötigt werden.
- Anschließend beschreibt man die einzelnen **Schritte** des Vorgangs **genau** und in der **richtigen Reihenfolge.**
- Mit **unterschiedlichen Satzanfängen** kann man die Reihenfolge der Schritte abwechslungsreich formulieren.
- Eine Vorgangsbeschreibung steht in der **Gegenwartsform** (Präsens, ▶ S. 165).

Eine Vogeltränke bauen

1 ●●●
Beschreibt den Bau einer Vogeltränke.
Plant eure Vorgangsbeschreibung. Notiert
zu den Schritten passende Stichwörter, z. B.:
*ein Spaten, Vertiefung gr..., feste Folie ...,
überstehenden Rand der ..., um die Tränke ...*

▷ Eine Hilfe zu Aufgabe 1 findet ihr auf Seite 64.

2 ●●●
Verfasst die Vorgangsbeschreibung.
Schreibt in vollständigen Sätzen.
Drückt mit Hilfe passender Wörter die
Reihenfolge aus, wie z. B.: *Zuerst, danach ...*
Tipp: Verwendet Verben wie *ausheben,
bedecken, pflanzen ...*

▷ Hilfe zu 2, Seite 64

3 ●●●
Überarbeitet eure Vorgangsbeschreibung in
Partnerarbeit.

▷ Hilfe zu 3, Seite 64
▷ Weitere Übungen, um Vorgangsbeschreibungen zu verfassen, findet ihr auf Seite 65.

●○○ **Aufgabe 1 mit Hilfe**

Beschreibt genau, wie man beim Bau einer Vogeltränke vorgehen muss.

a Plant zunächst eure Vorgangsbeschreibung.

Notiert zu den acht Schritten des Vorgangs Stichwörter. Nutzt die Wörterliste unten.

Vorgang: **Eine Vogeltränke bauen** Material: ein Spaten, ... 1. Schritt: mit Spaten eine Vertiefung gr... 2. Schritt: mit fester ... 3. ... ... 6. überstehende Folie mit	der Spaten feste Folie acht bis zehn Ziegelsteine der Sand kleine und große Steine verschiedene Pflanzen die Tränke das Wasser

●○○ **Aufgabe 2 mit Hilfe**

Verfasst die Vorgangsbeschreibung. Schreibt in vollständigen Sätzen.

Drückt mit Hilfe passender Wörter die Reihenfolge aus, wie z. B.:

Zunächst	Zuerst	Am Anfang	Anschließend	Dann	Danach	Schließlich	Zum Schluss

Tipps:

– Mit diesen Verben könnt ihr euch abwechslungsreich ausdrücken:
  bedecken, ausheben, auffüllen, legen, pflanzen, einfüllen, auslegen, verteilen, platzieren

– So könnt ihr die Vorgangsbeschreibung beginnen:

> *Vorgangsbeschreibung: Eine Vogeltränke bauen*
> *Um eine Vogeltränke zu bauen, benötigt man einen Spaten, feste Folie, ...*
> *Zu Beginn hebt man im Garten ...*

●○○ **Aufgabe 3 mit Hilfe**

Überarbeitet eure Vorgangsbeschreibung in Partnerarbeit.

Nutzt die Checkliste.

Checkliste ✔

Checkliste – Einen Vorgang beschreiben

■ Habt ihr zu Beginn eurer Beschreibung alle **Materialien** genannt, die benötigt werden?

■ Habt ihr den Vorgang **vollständig** beschrieben?

■ Habt ihr die richtige **Reihenfolge** der Arbeitsschritte eingehalten?

■ Habt ihr **abwechslungsreiche** Satzanfänge verwendet?

■ Habt ihr die Arbeitsschritte in der **Gegenwartsform** (Präsens) beschrieben?

■ Habt ihr Rechtschreibung und Zeichensetzung überprüft?

Übung macht den Meister

Eine Vogeltränke bauen

Um eine Vogeltränke zu bauen, benötigt man einen Spaten, Folie und Sand sowie Pflanzen und Wasser. Man hebt im Garten mit dem Spaten eine Vertiefung aus. Diese legt man anschließend mit einer festen Folie aus. Dann verteilt man Ziegelsteine rund um die Vertiefung unter der Folie. Dann bedeckt man die Folie leicht mit Sand. Darauf legt man kleine und große Steine und verteilt diese rund um den Rand. Und dann braucht man nur noch Wasser einzufüllen. Vorher musste man noch Pflanzen rund um die Tränke pflanzen.

VORSICHT FEHLER!

1 Bei dieser Vorgangsbeschreibung besteht Überarbeitungsbedarf.
Prüft die Vorgangsbeschreibung mit Hilfe der ersten fünf Punkte der Checkliste auf S. 64.

2 **a** Tauscht euch in Partnerarbeit über Möglichkeiten aus, den Text zu verbessern.
b Überarbeitet den Text. Schreibt ihn neu auf.

3 Wählt einen der abgebildeten Vorgänge aus und schreibt dazu eine Vorgangsbeschreibung.
Die Wörter (Fachbegriffe) neben den Bildern helfen euch.

A Ein Pferd putzen

die Kardätsche (weiche Bürste) •
die Wurzelbürste (harte Bürste) •
der Striegel • der Hufkratzer •
der Schwamm • das Huffett •
das Tuch • der Lappen •
der Mähnenkamm •
reiben • striegeln • kämmen •
entwirren • abstreifen •
auskratzen • bürsten • wischen

B Einen Katzen-Kratzbaum herstellen

ein viereckiges Holzbrett •
der Teppichrest (flauschig) •
das Rundholz • das dicke Band •
der Holzleim • eine Holzschraube •
die Schere • der Leim • der Schraubenzieher •
der Pinsel • zurechtschneiden • bekleben •
umwickeln • festschrauben • festkleben •
befestigen • prüfen • festziehen

4.3 Fit in …! – Tiere beschreiben

Stellt euch vor, ihr bekommt in der nächsten Klassenarbeit die folgende Aufgabe gestellt.

Aufgabe

Deiner Familie ist ihr Tukan entflogen.

Da viele Menschen gar nicht wissen, wie ein solcher Vogel aussieht, ist es notwendig, das Tier so genau und anschaulich wie möglich zu beschreiben.

Verfasse anhand des Bildes eine Suchanzeige für euren Tukan.

Die Aufgabe richtig verstehen

1 Was verlangt die Aufgabe von euch? Wählt die beiden richtigen Aussagen aus.

> A Ich soll einen Steckbrief zu einem Tukan verfassen.
> B Ich soll eine Suchanzeige für einen Tukan verfassen.
> C Ich soll zu dem Bild eine Überschrift finden und meine Kontaktadresse für den Finder nennen.
> D Ich soll den Tukan anschaulich und genau beschreiben, damit andere ihn wiedererkennen.

Planen

2 a Zeichnet oder paust den Tukan ab.
Lasst um euer Bild herum genügend Platz, damit ihr die einzelnen Körperteile beschriften könnt.
b Überlegt, wie die einzelnen Körperteile des Tukans bezeichnet werden.
Notiert sie mit Pfeilen zu eurem Bild. Die folgende Übersicht hilft euch.

---

der Kopf   der Körper   die Krallen   die Beine der Rücken   der Bauch   die Füße   die Brust
der Schnabel   die Augen   das Gefieder/die Federn   der Flügel/die Flügel   der Schwanz

---

c Mit welchen Adjektiven für Farben könnt ihr den Tukan genau beschreiben?
Wählt aus der folgenden Liste passende Adjektive aus.
Tragt sie in eure Zeichnung ein.

---

schwarz: tiefschwarz, nachtschwarz, grauschwarz, rabenschwarz
gelb: sonnengelb, orangegelb, rotgelb, maisgelb, hellgelb
weiß: grauweiß, cremeweiß, hellweiß, schneeweiß
blau: hellblau, himmelblau, türkisblau, tiefblau, dunkelblau, meerblau
grün: moosgrün, hellgrün, dunkelgrün, schilfgrün, mintgrün, grasgrün

---

d Listet die Merkmale, die ihr beschreiben wollt, in der richtigen Reihenfolge auf.
Ergänzt passende Stichwörter und treffende Adjektive.
Tipp: Denkt euch einen Namen und ein passendes Alter für das Tier aus, z. B.:

1. Tierart/Name: Tukan, hört auf den Namen „Abakus"
2. Alter: ca. ... Jahre/ausgewachsen
3. Größe: ausgewachsen/größer als ein Papagei/so groß wie ...
4. ...
5. Kopf- und Körperform: oval, ...
6. ...

Schreiben

3 Verfasst eine Suchanzeige für den Tukan.

Beschreibt das Tier so, dass eine Person, die den Vogel nicht kennt, sich ihn gut vorstellen kann.

Die Übersicht und die Formulierungen helfen euch.

Überschrift	*Seltener Tukan … Farbenfroher Vogel …*
Einleitungssatz	*Seit Donnerstag (…) … Wir vermissen seit …*
Beginn der Beschreibung Tierart, Name, Alter, Größe, Farbe, Körper	*Der etwa acht Jahre alte Tukan ist etwas größer als ein Papagei.* *Sein Gefieder ist überwiegend …*
Hauptteil einzelne Merkmale (ihre Formen und Farben)	*Der Kopf des Tukans …* *Sein … Schnabel weist nah am Kopf einen … Ring auf.* *Seine Schwanzfedern …* *An den … Beinen hat der Tukan … Krallen. …*
Schluss besondere Kennzeichen, auffälliges Verhalten	*Besonders auffällig ist, dass …* *Als besonderes Kennzeichen fällt … auf.*
Kontaktadresse	*Bitte melden bei … Unsere Telefonnummer: …*
Dank	*Vielen Dank für Ihre … Wir sind für jeden Hinweis …*

Überarbeiten

**4** Verbessert in Partnerarbeit eure Suchanzeigen.

Die folgenden Fragen und Beispiele helfen euch:

a Könnte man einzelne Merkmale mit passenden Adjektiven noch genauer beschreiben?

Der lange, schwarze Schnabel ist leicht gebogen und besitzt an der Spitze einen hellgelben Punkt.

b Können Verben wie „ist" und „hat" sinnvoll ersetzt werden?

Der Tukan besitzt/trägt/weist an … auf. An der Schnabelspitze befindet sich …

c Können Satzglieder umgestellt werden (▶ S. 173), um den Text abwechslungsreicher zu formulieren?

Der Tukan besitzt ein tiefschwarzes Gefieder.

~~Der Tukan hat um die Augen~~ … → Rund um die Augen hat der Tukan …

Schreibwörter		▶ S. 212
besonders	die Tatzen	abwechslungsreich
glänzend	die Schnurrhaare	auffällig
kräftig	das Gefieder	zunächst
treffend	sachlich	schließlich

5 Leseratten und Bücherwürmer –
Jugendbücher lesen und vorstellen

LESEN LESEN LESEN LESEN LESEN LESEN LESEN

Fragebogen/Interview

Name: _____

- Was hast du zuletzt gelesen? Erzähle mir vom Inhalt des Buches.
- Liest du gerne?
- An welchem Ort liest du gerne?
- Wann liest du?
- Was liest du nicht gern?
- Erkläre mir, wie man in der Stadtbibliothek Bücher ausleiht.

1 a Führt das Interview zum Thema „Lesen" durch. Arbeitet zu zweit.
b Fallen euch noch weitere Fragen ein? Notiert und beantwortet sie in eurem Heft.

2 Tragt eure Antworten der Klasse vor.

In diesem Kapitel ...

– lest ihr Jugendbuchauszüge,
– lernt ihr, euch in Bibliotheken zurechtzufinden,
– stellt ihr spannende und interessante Bücher vor.

5.1 Jetzt wird geschmökert! – Fachbegriffe aus der Welt der Bücher

1 Seht euch das Bild auf dem Buch an. Überlegt, weshalb dieses Bild ausgewählt worden ist.

2 **a** Ordnet in Partnerarbeit die folgenden Fachbegriffe aus der Welt der Bücher den Pfeilen zu:

> der Titel   der Klappentext   die Autorin   der Verlag   die Altersklasse   das Buchcover
> der Buchrücken   der Preis

b Wenn ihr die Fachbegriffe richtig zugeordnet habt, ergeben die fett gedruckten Buchstaben ein Lösungswort. Wie lautet es?

3 Gestaltet im Heft ein eigenes Buchcover zu einem Buch eurer Wahl. Beschriftet es mit den Fachbegriffen.

Ein Jugendbuch lesen und verstehen

Anna Gavalda

35 Kilo Hoffnung

Ich hasse die Schule.
Ich hasse sie.
Nichts ist schlimmer auf der Welt.
Sie macht mir das Leben zur Hölle.

5 Bis zu meinem dritten Lebensjahr, kann ich
sagen, war ich glücklich. Ich erinnere mich
nicht mehr genau, aber meiner Meinung nach
ging es bis dahin. Ich spielte, ich schaute mir
zehnmal hintereinander meine *Bubibär*-Video-
10 kassette an, ich malte und ich erfand Tausende
von Abenteuergeschichten für Grududu, meinen Stoffhund, den ich über alles liebte. Meine
Mutter hat mir erzählt, dass ich mich stunden-
lang völlig allein in meinem Zimmer beschäf-
15 tigte, vor mich hin brabbelte und erzählte. Daraus schließe ich, dass ich glücklich war. [...]
Und dann, als ich drei Jahre und fünf Monate
alt war, rums!, die Vorschule[1].

Es heißt, ich sei am Morgen sehr zufrieden
20 hingegangen. Meine Eltern müssen es mir die
gesamten Ferien über eingetrichtert haben. –
„Du hast Glück, mein Schatz, du darfst in die
große Schule gehen ...“ – „Guck dir deinen fei-
nen neuen Ranzen an! Damit gehst du in die
25 tolle Schule!“ Blablabla ... Es heißt, ich hätte
nicht einmal geweint. [...] Es heißt, ich sei ganz
aufgekratzt zum Mittagessen nach Hause gekommen [...] und ich sei anschließend in mein
Zimmer gegangen, um Grududu von meinem
30 wunderbaren Vormittag zu erzählen.

Na ja, wenn ich alles vorher gewusst hätte, hätte ich diese letzten glücklichen Minuten noch
mehr genossen. Denn sofort danach veränder-
te sich mein Leben.
35 „Wir müssen wieder los, David“, sagte meine
Mutter.

„Wohin?“
„Wie wohin ... In die Vorschule natürlich!“
„Nein.“
„Wieso nein?“   40
„Ich geh da nicht mehr hin.“
„Aha ... Und warum?“
„Das ist für mich gelaufen, ich habe gesehen,
wie es dort ist, und es interessiert mich nicht.
Ich habe genug Dinge in meinem Zimmer zu   45
tun. Ich habe Grududu versprochen, ihm eine
Spezialmaschine zu bauen, die ihm hilft, seine
Knochen wiederzufinden, die er unter meinem
Bett verbuddelt hat. Deshalb bleibt mir keine
Zeit mehr, dorthin zu gehen.“   50

Meine Mutter kniete sich vor mich hin und ich
schüttelte den Kopf.
Sie ließ nicht locker und ich fing an zu weinen.
Sie hob mich hoch und ich fing an zu brüllen.
Und sie haute mir eine runter.   55

---

1 Vorschule: In Frankreich besuchen die Kinder ab drei Jahren
die Vorschule.

Das war das erste Mal in meinem Leben.
Bitte sehr! Das war also die Schule.
Das war der Anfang eines Albtraums. [...]

Jetzt bin ich 13 und in der sechsten Klasse. Ja,
ich weiß, da stimmt was nicht. Ich erkläre es
euch sofort. Macht euch nicht die Mühe, es an
euren Fingern abzuzählen. Ich bin zweimal sitzen geblieben, in der dritten und in der sechsten.

Schule ist immer ein Problem zu Hause, das
könnt ihr euch vorstellen ... Meine Mutter heult
und mein Vater motzt mich an, oder es ist genau das Gegenteil, meine Mutter motzt und
mein Vater sagt nichts. Sie so zu sehen macht
mich ganz unglücklich. Aber was soll ich machen? Was soll ich ihnen dazu sagen? Nichts.
Ich kann nichts sagen, denn wenn ich den
Mund aufmache, wird es noch schlimmer. Ihnen fällt nichts anderes ein, als wie Papageien
immer wieder dasselbe nachzuplappern: „Du
musst mehr lernen!"
„Lernen!" – „Lernen!" – „Lernen!" [...]

Gut. Ich hab verstanden. Ich bin ja trotz allem
nicht völlig schwachsinnig. Ich würde gerne
mehr lernen; das Problem ist nur, dass es mir
nicht gelingt. Alles, was in der Schule vor sich
geht, kommt mir komisch vor. Zum einen Ohr
geht es rein und zum anderen raus. Sie haben
mich zu Tausenden von Ärzten geschleppt, für
die Augen, für die Ohren und sogar fürs Gehirn. Und das Ergebnis dieser ganzen verlorenen Zeit: Ich hab ein Konzentrationsproblem.
Du glaubst es nicht! Ich weiß ganz genau, was
mit mir los ist. Es würde genügen, mich einfach zu fragen. Ich habe kein Problem, kein
einziges. Es interessiert mich nur einfach alles
nicht. [...]

Ein einziges Jahr fühlte ich mich in der Schule
wohl. Das war im letzten Jahr der Vorschule,
mit einer Lehrerin, die Marie hieß. Sie werde
ich nie vergessen.
Wenn ich daran zurückdenke, kommt es mir
vor, als sei Marie nur Lehrerin geworden, um
das weitermachen zu können, was sie am liebsten tut, nämlich basteln, Dinge erfinden und
zusammenbauen. [...] Es verging kein Tag, an
dem wir nicht irgendetwas mit nach Hause
brachten: einen Igel aus Pappe, eine Katze mit
einer Milchflasche, eine Maus in einer Nussschale [...]. Marie sagte immer, ein gelungener
Tag ist ein Tag, an dem man irgendetwas hergestellt hat. [...] Ich hatte eine ganz einfache
Sache kapiert: Nichts auf der Welt interessierte
mich mehr als meine Hände und das, was ich
mit ihnen gestalten konnte.
Um mit Marie zum Ende zu kommen, ich
weiß auch, was ich ihr verdanke. Einen einigermaßen erfolgreichen Start in der Schule. Sie
hatte genau verstanden, mit wem sie es zu tun
hatte. [...]

In mein Vorschulabschlusszeugnis hatte Marie geschrieben:
„Dieser Junge hat ein Gedächtnis wie ein Sieb,
Finger wie eine Fee und ein riesengroßes Herz.
Es müsste gelingen, daraus etwas zu machen."
Das war das erste und das letzte Mal in meinem Leben, dass ein Lehrer etwas Nettes über
mich sagte.

1 a Welche Textstelle gefällt euch am besten? Lest sie vor.
b Erklärt, warum ihr diese Textstelle ausgewählt habt.

2 Findet im Text die beiden längsten Wörter. Schreibt sie in Silben auf (▶ S. 184, Rechtschreibung).

3 Schreibt in Partnerarbeit einen Steckbrief
(▶ S. 14) zu David.
Beachtet folgende Stichpunkte:

> Name Alter Wohnort Klasse
> Lieblingsbeschäftigungen
> Er mag/Er mag nicht ...

4 Was erfahrt ihr über Davids Gefühle zu Hause und in der Schule?
Fertigt in eurem Heft einen Ideenstern an (▶ S. 38).
Diese Textstellen helfen euch: Zeilen 1–4, 15–16, 31–33, 53–54, 68–72, 89–94, 113–115, 120–121.

David mag seine Lehrerin Marie sehr gerne.

Er liebt seinen Stoffhund Grududu.

5 Bearbeitet Aufgabe a oder b.

a Stellt euch vor, David würde sich mit seiner Lehrerin Marie unterhalten.
  – Setzt das folgende Gespräch fort. Schreibt in euer Heft.
  – Spielt das Gespräch der Klasse vor.

> **Marie:** „David, kommst du eigentlich gerne jeden Tag hierher?"
> **David:** „Ich komme nur gerne, wenn wir basteln. Der Rest gefällt mir nicht."
> **Marie:** „Was gefällt dir denn nicht an der Schule?"
> **David:** „..."

b Stellt euch vor, David käme ins Gespräch mit seiner Mutter oder mit seiner Lehrerin Marie oder mit seinem Vater. Worüber könnten sie sich unterhalten?
  – Wählt einen dieser Gesprächspartner für David aus. Schreibt das Gespräch in euer Heft.
  – Spielt das Gespräch der Klasse vor.

Information	**Figuren kennen lernen**

In Erzählungen spielen **Figuren** eine wichtige Rolle.
Die wichtigste Figur nennt man **Hauptfigur.**
Wir lernen eine Figur kennen, wenn wir darauf achten, was sie **redet, denkt, fühlt** und wie sie **handelt.**

Anna Gavalda

35 Kilo Hoffnung (Fortsetzung)

David hat in der Schule und zu Hause Probleme. Sein Verhalten führt dazu, dass er die Schule nach der 6. Klasse verlassen muss.

Großvater war der Einzige, der mich in dieser Zeit tröstete. Das ist nichts Erstaunliches, weil mein Opa Léon mich immer tröstet, seit ich ein kleiner Junge und alt genug bin, ihn in sei-
5 nen Schuppen[1] zu begleiten.
Opa Léons Schuppen war mein Ein und Alles. Er war [...] meine Räuberhöhle. Wenn meine Großmutter uns ein bisschen nervte, drehte er sich zu mir und flüsterte:
10 „David, hättest du Lust zu einer Spritztour ins Léonland?“
Und wir schlichen uns unter Großmutters spitzen Bemerkungen langsam davon. [...]
Mein Opa Léon ist genauso ein Bastler wie ich,
15 nur dass er dabei noch intelligent ist. In der Klasse war er ein Ass: Er war immer überall der Beste und eines Tages gestand er mir, dass er sonntags nie Hausaufgaben gemacht hat. („Warum?“ – „Weil ich keine Lust hatte, stell dir
20 vor.“) Er war der Beste in Mathe, in Französisch, in Latein, in Englisch, in Geschichte, in allem! Mit siebzehn wurde er auf die Ingenieurshochschule in Paris geschickt, die schwierigste von allen in Frankreich. Und
25 dann konstruierte er riesige Dinge: Brücken,

Autobahnkreuzungen, Tunnel, Talsperren usw. Als ich ihn fragte, was er genau gemacht hatte, zündete er seinen Zigarettenstummel wieder an und dachte laut nach:
„Ich weiß es nicht. Ich konnte meine Aufgabe 30
nie genau beschreiben ... Sagen wir mal, man bat mich, Pläne noch einmal zu lesen und meinen Kommentar abzugeben: Wird das Dings stabil genug sein oder zusammenkrachen?“
„Das ist alles?“ 35
„Das ist alles, das ist alles ... Das ist schon nicht schlecht, mein Junge! Wenn du Nein sagst und die Brücke stürzt trotzdem ein, halten sie dich für einen Schwachkopf, glaub mir!“

Großvaters Schuppen ist der Ort, an dem ich 40
mich auf der Welt am glücklichsten fühle. Obwohl es nichts Großartiges ist. Ein Schuppen ganz hinten im Garten, aus Brettern mit gewellter Dachpappe, worin es im Winter zu kalt und im Sommer zu heiß ist. Sooft ich kann, 45
bin ich dort. Um zu basteln, um Werkzeuge oder Holzteile auszuleihen, um meinem Opa Léon bei der Arbeit zuzusehen, um ihn um Rat zu fragen oder ganz einfach nur so. Aus Freude, an einem Ort zu sein, der zu mir passt. [...] 50
Wenn ich diesen vollgestopften Schuppen betrete, blähe ich meine Nasenflügel auf, um diesen Glücksgeruch einzuatmen. Den Geruch von Schmieröl, Fett, [...] Eisen, Holzleim, Tabak und vielem mehr. Das ist sensationell. Ich 55
habe mir geschworen, sollte es mir eines Tages gelingen, diesen Geruch einzufangen, dann werde ich ein Parfüm erfinden und es „Léonwasser“ nennen. Um es einzuatmen, wenn es mir schlecht geht. 60
Als er erfuhr, dass ich die dritte Klasse wiederholen muss, nahm mich Opa Léon auf seine Knie und erzählte mir die Geschichte vom Ha-

---

1 Schuppen: Bretterbude im Garten

sen und der Schildkröte. Ich erinnere mich
65 sehr genau, wie ich mich an ihn kuschelte und
seiner sanften Stimme zuhörte.
„Siehst du, mein Großer, niemand glaubte an
diese blöde Schildkröte, sie war viel zu langsam ... Und dennoch hat sie gewonnen. Und
70 weißt du, warum? Sie hat gewonnen, weil sie
eine kleine tapfere Frau war, mutig und furcht-
los. Und du, David, bist auch mutig ... Ich weiß
es, ich habe dich bei der Arbeit beobachtet. Wie

du Stunden damit verbracht hast, in der Kälte
ein Stück Holz abzuschmirgeln oder deine 75
Modellentwürfe anzumalen ... Für mich bist
du wie diese Schildkröte.“
„Aber in der Schule lässt uns kein Mensch
schmirgeln!“, antwortete ich ihm schluchzend.
„Man lässt uns nur unmögliche Dinge tun.“ 80

Als er das von der sechsten Klasse erfuhr, war
der Ton ein anderer. [...]

1 Lest den Textauszug mit verteilten Rollen. Ihr braucht einen Erzähler, Opa Léon und David.

2 a Sucht zu zweit alle Textstellen heraus, die euch Informationen über den Ort (Schauplatz) geben.
b Wie stellt ihr euch das Léonland vor? Entwerft ein Plakat mit „Großvaters Schuppen“ und
beschriftet es.

3 David bekommt in der Schule die Aufgabe, über das „Léonland“ einen Aufsatz zu schreiben.
Bearbeitet Aufgabe a oder b.
● ○ ○ a Ordnet die Satzbausteine aus seinem Aufsatz sinnvoll zu.
Schreibt in euer Heft.

1 Am liebsten halte ich mich ...	A ...bastelt er gerne.
2 Ich mag diesen Ort sehr gerne, ...	B ... dass er sogar nach meinem Großvater riecht.
3 Dort kann ich mich ...	C ... im Schuppen von meinem Großvater Léon auf.
4 Genauso wie ich ...	D ... weil mein Opa mir dort zuhört und ich ihm alles von mir erzählen kann.
5 Schön an dem Schuppen ist, ...	E ... mit ihm besonders gut unterhalten.
6 Ich habe den Ort ...	F ... nach Opas Vornamen „Léonland“ getauft.

● ● ● b Formuliert Davids Schulaufsatz „Mein Léonland“.
Beginnt zum Beispiel so: *Mein Lieblingsort ist der Schuppen von meinem Großvater Léon ...*

4 Wie sieht euer Lieblingsort aus?
Beschreibt es einem Lernpartner oder einer Lernpartnerin.

Information	Schauplätze und Figuren erkunden

Das, was in einer Erzählung passiert, geschieht immer an bestimmten Schauplätzen.
In manchen Erzählungen spielt der Schauplatz eine besonders wichtige Rolle.
Schauplätze verraten häufig etwas über die Figuren und die Stimmung der Erzählung.

Anna Gavalda

35 Kilo Hoffnung (Fortsetzung)

David muss die alte Schule verlassen. Sein Groß-
vater schlägt vor, David auf ein Internat zu schi-
cken. Um sich für das Internat zu bewerben,
schreibt David einen Brief.

Als mich Opa Léon vor der Tür absetzte, ließ er
nicht locker:
„Gut, also du machst es wie besprochen, nicht
wahr?"
5 „Ja, ja."
„Du kümmerst dich nicht um deine Fehler,
nicht um deinen Stil und nicht um deine Sau-
klaue. Du kümmerst dich um nichts. Du
schreibst einfach, was du auf dem Herzen hast,
10 okay?"
„Ja, ja ..."

Ich setzte mich noch am selben Abend hin.
Egal war es mir aber überhaupt nicht, immer-
hin schrieb ich elf Schmierblätter voll. Den-
15 noch war mein Brief ziemlich kurz ...
Ich hab ihn euch noch mal abgeschrieben:

Sehr geehrter Herr Direktor der Grandchamps-
Schule[1],

ich würde sehr gerne in Ihrer Einrichtung
20 *aufgenommen werden, aber ich weiß, dass es*
unmöglich ist, weil mein Schulzeugnis zu
schlecht ist.
Ich sah in Ihrem Schulprospekt, dass Sie
Werkstätten haben, eine Schreinerei, Infor-
25 *matikklassen, ein Treibhaus und all das. Ich*
glaube, es zählen nicht nur Noten im Leben.
Ich glaube, dass auch die Motivation wichtig
ist. Ich würde gerne nach Grandchamps
kommen, weil ich glaube, dass ich dort am
30 *glücklichsten wäre. Ich bin nicht sehr groß,*
aber ich wiege 35 Kilo Hoffnung.

Auf Wiedersehen
David Dubosc

PS Nummer 1: Es ist das erste Mal, dass ich
jemanden [...] bitte, in die Schule gehen zu 35
dürfen. Ich frage mich, ob ich nicht krank
bin.
PS Nummer 2: Ich schicke Ihnen die Pläne
einer Bananenschälmaschine, die ich erfun-
den habe, als ich sieben war. 40

Ich las ihn noch einmal und fand ihn ziemlich
albern, aber ich hatte nicht den Mut, ein drei-
zehntes Mal zu beginnen.

Ich stellte mir das Gesicht des Direktors beim
Lesen vor ... Er würde sicher denken: Was ist 45
denn das für eine Mickymaus?, bevor er den
Brief zerknüllen und ihn in den Papierkorb be-
fördern würde. Ich hatte keine große Lust
mehr, ihn abzuschicken, aber ich hatte es Opa
Léon nun mal versprochen, und das konnte ich 50
nicht mehr rückgängig machen. [...]

Danach hatten wir Herbstferien. Ich fuhr nach
Orléans[2], zu Fanny, der Schwester meiner Mutter. [...] Meine Mutter holte mich [nach den Fe-
rien] in Paris am Bahnhof ab. Als wir im Auto 55
saßen, sagte sie:
„Ich habe zwei Neuigkeiten für dich, eine gute
und eine schlechte. Mit welcher soll ich anfangen?"
„Mit der guten." 60
„Die Direktorin von Grandchamps hat gestern
angerufen. Sie ist einverstanden, dich zu nehmen, aber vorher musst du noch einen Test
schreiben ..."
„Pfff ... Wenn du das eine gute Nachricht 65
nennst ... Einen Test. Was soll ich aus dem Test
machen? Konfetti? Und die schlechte?"

---

1 Grandchamps: Ort in Frankreich

2 Orléans: Stadt in Frankreich

„Dein Großvater ist im Krankenhaus."
Ich war mir dessen sicher gewesen. Ich wusste
70 es. Ich fühlte es.
„Ist es schlimm?"
„Man weiß es nicht. Er fühlte sich unwohl und
sie haben ihn zur Beobachtung dabehalten. Er
ist sehr schwach."
75 „Ich möchte ihn sehen."
„Nein. Nicht jetzt. Keiner darf ihn im Moment
besuchen. Er muss unter allen Umständen
wieder zu Kräften kommen."
Meine Mutter weinte.

80 Ich hatte mein Grammatikbuch mitgenom-
men, um im Zug nochmal Stoff zu wiederholen, aber ich schlug es gar nicht erst auf. Ich
versuchte nicht mal so zu tun als ob. Ich war
nicht in der Lage, einen klaren Gedanken zu
85 fassen und mit dem Lernen zu beginnen. Der
Zug fuhr Kilometer um Kilometer an unendli-
chen elektrischen Kabeln entlang, und an jedem Leitungsmast sagte ich ganz leise:
„Opa Léon ... Opa Léon ... Opa Léon ... Opa
90 Léon ... Opa Léon ... Opa Léon ... Opa Léon ...
Opa Léon ... Opa Léon", und zwischen den Lei-
tungsmasten:
„Stirb nicht ... Bleib da. Ich brauche dich. Charlotte[3] braucht dich auch. Was soll aus ihr wer-
95 den ohne dich? Sie wäre zu unglücklich. Na,
und ich? Stirb nicht. Du hast nicht das Recht
zu sterben. Ich bin viel zu jung. Ich will, dass

du siehst, wie ich erwachsen werde. Ich will,
dass du irgendwann stolz auf mich bist. Ich bin
doch erst am Anfang meines Lebens. Ich brau- 100
che dich. Und dann, wenn ich eines Tages hei-
rate, möchte ich, dass du meine Frau und meine Kinder kennen lernst. Ich will, dass meine
Kinder in deinen Schuppen kommen. Ich
möchte, dass meine Kinder deinen Geruch rie- 105
chen. Ich will, dass ..."
Ich schlief ein.

---

3 Charlotte: die Frau des Großvaters, Davids Großmutter

1 Wer nennt als Erster die beiden richtigen Antworten?

> **A** David möchte seinen Brief am liebsten wegwerfen. Nur weil er es versprochen hat, schickt er den Brief ab.
>
> **B** David ist sehr stolz auf seinen Brief. Er kann es kaum erwarten, ihn abzuschicken.
>
> **C** Opa Léon hatte in seinem Schuppen einen Unfall.
>
> **D** David kann nicht lernen, weil er an seinen kranken Großvater denken muss.

2 Warum ist der Brief, den David schreibt, für ihn besonders wichtig? Begründet.

3 Bearbeitet eine der drei Aufgaben: a, b oder c.

●○○ **a** – Lest die folgenden Briefabschnitte 1–5.
- Schreibt den Brief in der richtigen Reihenfolge in euer Heft.
- Ordnet den Briefabschnitten die richtigen Begriffe zu.
- Schreibt die folgenden fünf Begriffe an den Heftrand.

Tipp: Die farbig gedruckten Buchstaben ergeben bei richtiger Zuordnung ein Lösungswort.

> Anrede   Schlussformel   Postscriptum (PS)/Nachsatz   Einleitung   Hauptteil

1 *PS Nummer 1: Es ist das erste Mal, dass ich jemanden [...] bitte, in die Schule gehen zu dürfen. Ich frage mich, ob ich nicht krank bin.*
PS Nummer 2: Ich schicke Ihnen die Pläne einer Bananenschälmaschine, die ich erfunden habe, als ich sieben war.

2 *Ich sah in Ihrem Schulprospekt, dass Sie Werkstätten haben, eine Schreinerei, Informatikklassen, ein Treibhaus und all das. Ich glaube, es zählen nicht nur Noten im Leben. Ich glaube, dass auch die Motivation wichtig ist. Ich würde gerne nach Grandchamps kommen, weil ich glaube, dass ich dort am glücklichsten wäre. Ich bin nicht sehr groß, aber ich wiege 35 Kilo Hoffnung.*

3 *Sehr geehrter Herr Direktor der Grandchamps-Schule,*

4 *ich würde sehr gerne in Ihrer Einrichtung aufgenommen werden, aber ich weiß, dass es unmöglich ist, weil mein Schulzeugnis zu schlecht ist.*

5 *Auf Wiedersehen*
David Dubosc

●●○ **b** – Lest Davids Bewerbungsschreiben noch einmal aufmerksam durch.
- Schreibt auf, was David mit „Motivation" und „35 Kilo Hoffnung" meint, z. B.:
  Mit Motivation ist gemeint, dass …
  David wiegt 35 Kilo, deshalb …
  In der Schule zählen nicht nur Noten, sondern …
  Weil er an sich glaubt, …

●●● **c** – Was hat der Direktorin der Grandchamps-Schule an Davids Brief gefallen?
  Notiert eure Vermutungen, z. B.: *Wahrscheinlich hat ihr gefallen, dass David …*
- Lest die Briefstelle vor, die sie wahrscheinlich ganz besonders gut fand. Begründet eure Wahl.

4 Formuliert selbst einen Brief, um an der Grandchamps-Schule aufgenommen zu werden.
Tipp: Verwendet in dem Brief an die Schulleiterin nicht die Anrede mit „du", sondern mit „Sie".

5 Zeichnet und beschriftet Davids Bananenschälmaschine.

Ein Lesetagebuch führen

Ein Lesetagebuch ist ein persönliches Heft, das ihr führt, wenn ihr zum Beispiel einen Jugendroman lest. In dem Tagebuch könnt ihr Fragen, Gedanken, Eindrücke und Gefühle zu dem Roman festhalten.
Das Lesetagebuch hilft euch, eure eigene Meinung über den Roman besser zu begründen.

1 Schaut euch die zwei Beispiele eines Lesetagebuchs zu dem Roman „35 Kilo Hoffnung" an.
Besprecht, was die beiden Beispiele mit dem Roman zu tun haben.

Name: Gavalda
Vorname: Anna
geboren am: 09.12.1970
Geburtsort: Boulogne-
               Billancourt
Nationalität: Französin
Beruf: Schriftstellerin
            und Journalistin

Bücher (Erscheinungsjahr):
– Jch habe sie geliebt (2003)
– Zusammen ist man weniger allein (2005)
– 35 Kilo Hoffnung (2005)

4

Bananenschälmaschine erfunden!
Paris: Der siebenjährige David Dubosc hat eine hilfreiche Erfindung entwickelt. Sie ist besonders für ungeschickte Zeitgenossen geeignet.
Eine Bananen-
schälmaschine
(siehe Abbildung)
kann dank David
nun im Handel
erworben werden
…

7

2 Bearbeitet Aufgabe a oder b.
  a Sammelt eigene Ideen für mögliche Seiten zu einem Lesetagebuch. Gestaltet eine Seite zum Roman.
  b Lest euch die folgenden Vorschläge für mögliche Lesetagebuchseiten durch.
      Wählt euch eine Idee für eine Lesetagebuchseite zu dem Roman aus und gestaltet sie.

Mögliche Lesetagebuchseiten		
Vor dem Lesen des Buches	**Während des Lesens**	**Nach dem Lesen des Buches**
Erwartungs-Seite: Schreibt auf, was ihr mit dem Titel verbindet. **Cover-Seite:** Beschreibt das Cover. Lasst auf der Seite Platz, um nach dem Lesen ein eigenes Cover zu gestalten.	**Textstellen-Seite:** Notiert Textstellen, die euch besonders lustig, traurig oder nachdenklich stimmen. **Figuren-Seite:** Sammelt Textaussagen, die eine Figur näher beschreiben. **E-Mail-Seite:** Formuliert eine E-Mail (oder SMS) an eine Figur des Buches.	**Bewertungs-Seite:** Notiert, was euch besonders gut/weniger gut gefallen hat. **Autor-Seite:** Schreibt einen Brief an die Autorin oder den Autor. **Fortsetzungs-Seite:** Überlegt, wie die Geschichte weitergehen könnte. **Empfehlungs-Seite:** Verfasst für Freunde eine Buchempfehlung.

5.2 Die Welt der Bücher – Eine Bibliothek erkunden

In der Stadt und in fast jedem größeren Dorf findet man eine Bücherei. In manche Dörfer kommt auch ein Bücherbus, wenn es dort kein festes Haus für alte und neue Bücher gibt.
Auch in eurer Nähe, z. B. in den meisten Schulen, findet ihr eine Bibliothek.

1 Wozu gibt es Bibliotheken? Tragt in einen Ideenstern ein, wozu man Bibliotheken nutzen kann. Überlegt auch, wer sie nutzen kann.

2 Alle Bilder haben etwas mit Bibliotheken zu tun. Beschreibt die abgebildeten Situationen.

3 Erkundigt euch nach der nächstgelegenen Bücherei und ihren Öffnungszeiten.

4 a Besucht eure Bücherei. Findet heraus, was man dort alles ausleihen kann.
   b Fragt an der Bibliotheks-Information, wie ihr einen Ausleihausweis erhalten könnt. Notiert, was ihr für einen solchen Ausweis benötigt.

5 Habt ihr einen Bibliotheksausweis? Beschreibt ihn.

6 Sucht in eurem Klassenraum einen geeigneten Ort, wo ihr ein Bücherregal für eure Klassenbücherei platzieren könntet. Formuliert Regeln für die Benutzung der Klassenbücherei.

Auf der Suche in der Bibliothek

Niemand weiß auswendig, wo man alle Bücher, Spiele, CDs, DVDs usw. in einer Bibliothek finden kann. Dazu dienen Computerkataloge. Sie sagen euch, wo ihr das findet, was ihr sucht.

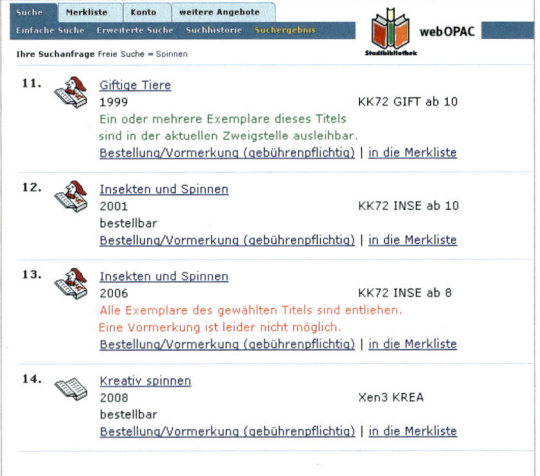
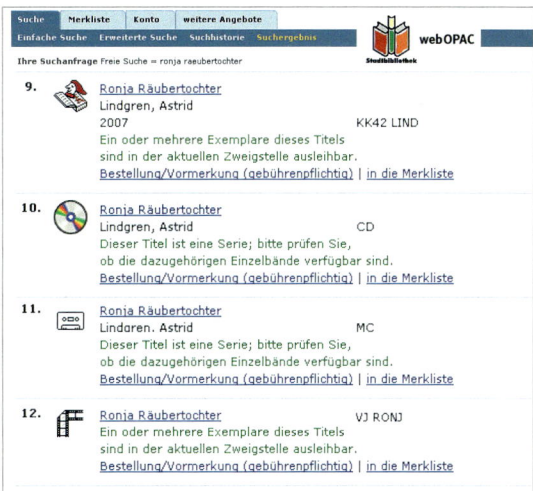

1 Stellt euch vor, ihr sucht in einer Bibliothek alles zum Thema „Spinnen" und die Verfilmung von Astrid Lindgrens Jugendbuch „Ronja Räubertochter".

a Schaut euch die Seiten aus dem Computerkatalog an. Was gibt es zum Thema „Spinnen"?

b Nennt die Titel, die zum Thema „Spinnen" ausleihbar sind.

c Unter welcher Signatur (▶ Information) findet ihr die Verfilmung von „Ronja Räubertochter"?

Information   Kataloge und Signaturen

In Bibliotheks-Katalogen ist jedes Buch und jede CD mit einer eigenen Kennzeichnung aufgeführt.

Diese Kennzeichnung oder **Signatur** besteht meist aus Buchstaben und Zahlen, z. B. *KI L 775*.

Unter der Signatur ist das Buch oder die CD im Regal zu finden.

---

2 Bücherrallye:

a Notiert auf einzelnen Karteikarten Fragen zum Thema „Bibliothek", z. B.:

Von wann bis wann hat die Bibliothek geöffnet? Wo stehen die Jugendbücher? …

b Sucht eure Schul- oder Stadtbibliothek auf und beantwortet die Fragen auf den Karteikarten.

Methode   Bibliothekskataloge nutzen

Bücher, Zeitschriften, CDs, DVDs findet man in einem Bibliothekskatalog meist unter:

- dem **Namen der Autorin oder des Autors,** z. B.: *Astrid Lindgren,*
- dem **Titel,** z. B.: *Ronja Räubertochter,*
- einem **Schlagwort,** z. B.: *Spinnen.*

Computereingaben müssen dabei fehlerfrei sein, sonst erhaltet ihr Fehlermeldungen.

Teste dich!

1 Teste dein Wissen. Spiele das folgende Spiel mit mehreren Mitschülern.

a Besorgt euch einen Würfel und Spielfiguren. Als Spielfiguren könnt ihr z. B. verschiedene Knöpfe oder Radiergummis verwenden.

b Einigt euch in der Gruppe auf Spielregeln. Notiert die Spielregeln in eurem Heft. Überlegt z. B.:
– Was passiert, wenn ihr eine Frage richtig oder falsch beantwortet?
– Wer gewinnt? ...

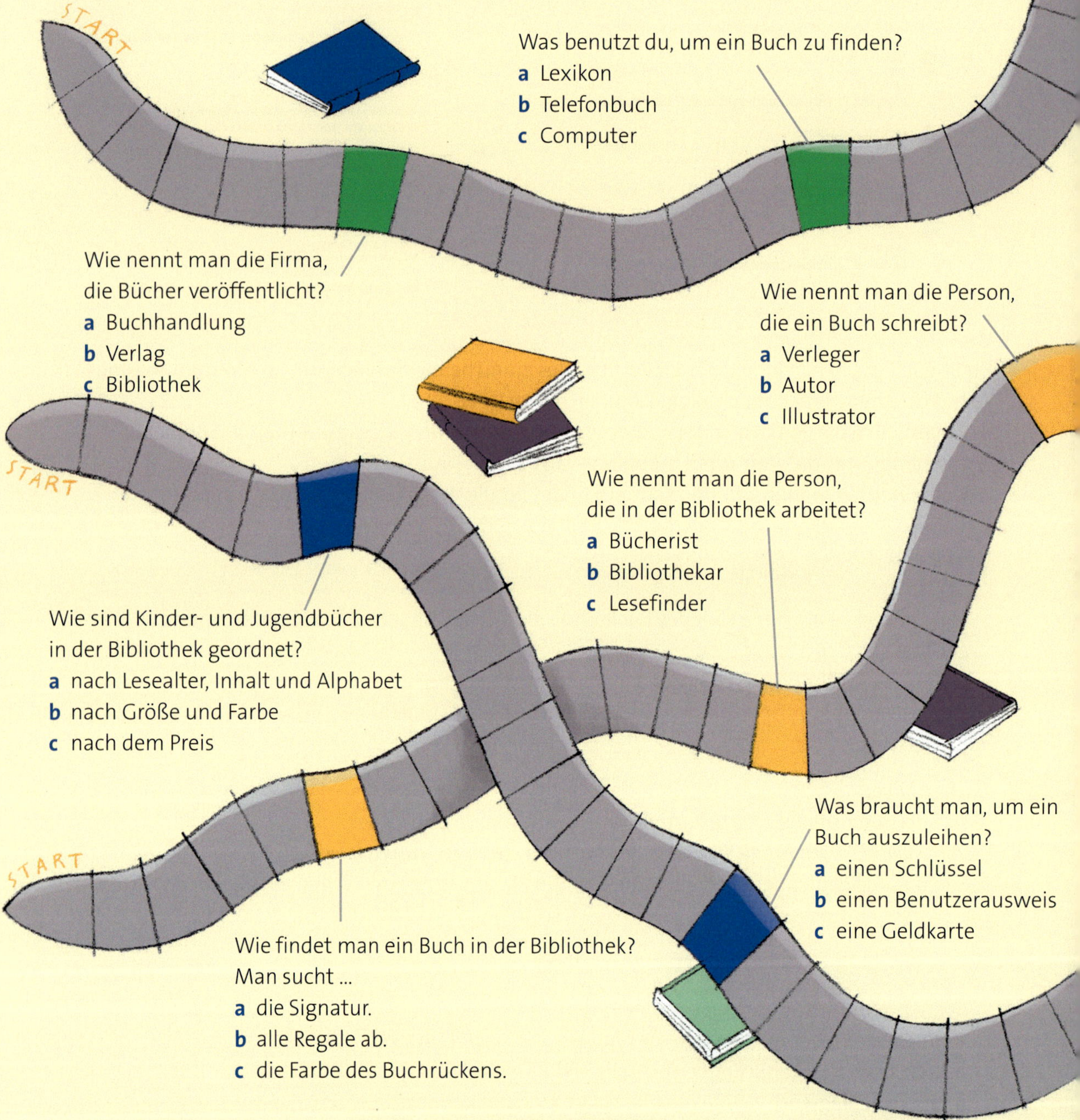

START

Was benutzt du, um ein Buch zu finden?
a Lexikon
b Telefonbuch
c Computer

Wie nennt man die Firma, die Bücher veröffentlicht?
a Buchhandlung
b Verlag
c Bibliothek

Wie nennt man die Person, die ein Buch schreibt?
a Verleger
b Autor
c Illustrator

START

Wie nennt man die Person, die in der Bibliothek arbeitet?
a Bücherist
b Bibliothekar
c Lesefinder

Wie sind Kinder- und Jugendbücher in der Bibliothek geordnet?
a nach Lesealter, Inhalt und Alphabet
b nach Größe und Farbe
c nach dem Preis

START

Was braucht man, um ein Buch auszuleihen?
a einen Schlüssel
b einen Benutzerausweis
c eine Geldkarte

Wie findet man ein Buch in der Bibliothek? Man sucht ...
a die Signatur.
b alle Regale ab.
c die Farbe des Buchrückens.

Lösungen: grün: b, c, b, a, b   blau: a, b, a, c, a   gelb: a, b, b, a

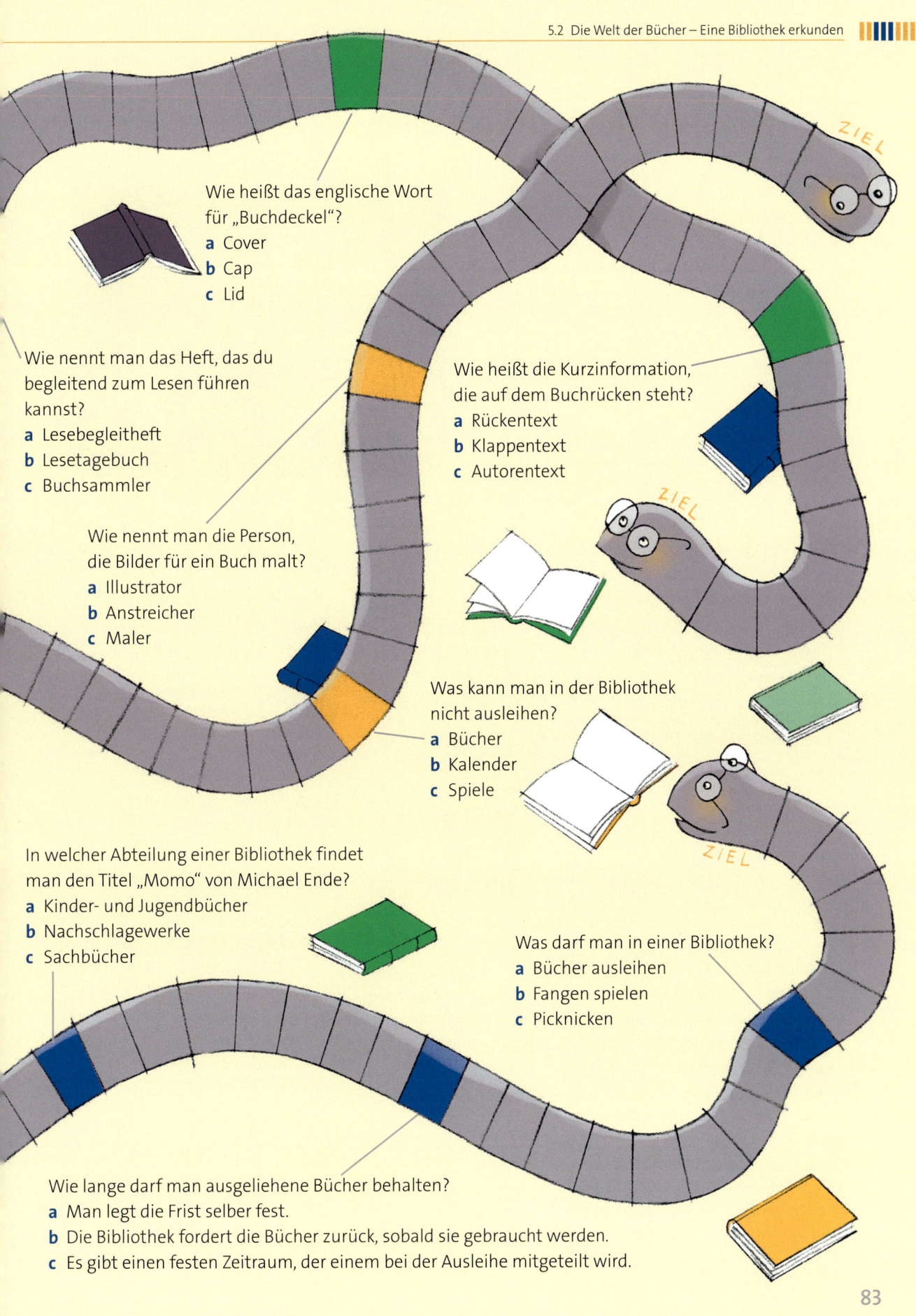

Wie heißt das englische Wort
für „Buchdeckel"?
a Cover
b Cap
c Lid

Wie nennt man das Heft, das du
begleitend zum Lesen führen
kannst?
a Lesebegleitheft
b Lesetagebuch
c Buchsammler

Wie heißt die Kurzinformation,
die auf dem Buchrücken steht?
a Rückentext
b Klappentext
c Autorentext

Wie nennt man die Person,
die Bilder für ein Buch malt?
a Illustrator
b Anstreicher
c Maler

Was kann man in der Bibliothek
nicht ausleihen?
a Bücher
b Kalender
c Spiele

In welcher Abteilung einer Bibliothek findet
man den Titel „Momo" von Michael Ende?
a Kinder- und Jugendbücher
b Nachschlagewerke
c Sachbücher

Was darf man in einer Bibliothek?
a Bücher ausleihen
b Fangen spielen
c Picknicken

Wie lange darf man ausgeliehene Bücher behalten?
a Man legt die Frist selber fest.
b Die Bibliothek fordert die Bücher zurück, sobald sie gebraucht werden.
c Es gibt einen festen Zeitraum, der einem bei der Ausleihe mitgeteilt wird.

5.3 Projekt – Ein Buch vorstellen

Paul hat für seine Buchvorstellung eine Lesekiste
zu Anna Gavaldas Roman „35 Kilo Hoffnung"
angefertigt.
Für eine Lesekiste werden Gegenstände in einen
Schuhkarton gepackt, die zum Buch passen.

1
a Beschreibt, wie Paul seine Lesekiste gestaltet hat. Begründet, was euch gut gefällt.
b Gestaltet eure eigenen Lesekisten zu euren Lieblingsbüchern.

2 Für seine Buchvorstellung hat Paul Stichwortkarten angefertigt.
a Bringt die Karteikarten für Pauls Vortrag in eine sinnvolle Reihenfolge.
b Stellt eure Lieblingsbücher vor. Fertigt zu diesen Büchern Karteikarten mit Stichworten an.
c Übt euren Vortrag mit einem Partner. Nutzt die Checkliste unten auf der Seite.

> – Besonders gut fand ich ...
> – Mir hat das Buch nicht
>   so gut gefallen, weil ...

> – Ich stelle euch das
>   Jugendbuch ... vor.
> – geschrieben von ...
> – im Jahr ...
> – Autorin, Autor ...

> – Die Hauptfiguren ...
> – Der Ort der Handlung
> – Inhaltsangabe: Was passiert?
>   Es geht um ...

Checkliste

Checkliste für eine Buchvorstellung

- Wurden Titel und Autor/in genannt?
- Wurden die wichtigsten Fragen beantwortet? *Wann und wo spielt die Geschichte?*
  Welche Figuren spielen die wichtigsten Rollen? Worum geht es?
- Hat er/sie deutlich gesprochen?
- Bin ich auf das Buch neugierig geworden? Gab es eine Leseprobe?

Schreibwörter				▶ S. 212
die Bibliothek	die Autorin, der Autor	der Titel	der Klappentext	informieren
der Schauplatz	die Figur	die Lesekiste	nachschlagen	ausleihbar

6 Von Streichen und Missverständnissen –
Komische Geschichten lesen und verstehen

„Mein Name ist Nasreddin Hodscha. Ich bin ein Spaßvogel aus der islamischen Welt und erzähle gerne Witze oder lustige Geschichten."

„Ich bin der kleine Nick, komme aus Frankreich und erlebe fast jeden Tag viele lustige Dinge."

„Ich heiße Till Eulenspiegel. Ich nehme Gesagtes oft wörtlich und bringe damit die Leute zum Lachen. Meistens bin ich der Kluge, manchmal aber auch der Dumme."

„Ich heiße Pippi Langstrumpf, bin ein freches neunjähriges Mädchen. Ich lebe ohne Eltern in der Villa Kunterbunt und kann tun und lassen, was ich möchte."

1 Welche der abgebildeten Figuren kennt ihr?
   a Ordnet die vier Äußerungen den passenden Figuren zu.
   b Erzählt Geschichten, in denen sie vorkommen.

2 Findet ihr die Abenteuer von Pippi Langstrumpf, dem kleinen Nick, Till Eulenspiegel oder Nasreddin Hodscha lustig? Warum?

3 a Welche lustige Figur könnte sich hier noch vorstellen?
   b Erzählt eine lustige Geschichte von ihr.

In diesem Kapitel …

– lernt ihr lustige Figuren kennen,
– denkt ihr darüber nach, wann man über eine Geschichte lacht,
– trainiert ihr, Geschichten gut vorzutragen und nachzuerzählen.

6.1 Eulenspiegel und Co. – Lustige Geschichten vorlesen, verstehen und nacherzählen

René Goscinny und Jean-Jacques Sempé

Die Geheimzeichen

Ihr habt das vielleicht auch schon gemerkt: Wenn man in der Klasse mal mit einem andern was reden will, das ist verflixt schwierig, und immer wird man gestört. [...] Deshalb haben wir heute Morgen in der ersten Pause gesagt, die Idee von Georg ist klasse!

„Ich hab einen Signal-Code erfunden – der ist super!", hat Georg zu uns gesagt. „Das sind Geheimzeichen, die versteht niemand außer denen, die zu unserer Bande gehören." [...]

Für jeden Buchstaben hat er ein Zeichen gehabt. Zum Beispiel: Den Finger auf die Nase gelegt, heißt A. Den Finger aufs linke Auge gelegt, ist B. Finger über dem rechten Auge: F.

Es gibt verschiedene Zeichen, für jeden Buchstaben eins: Man muss sich am Ohr kratzen, am Kinn reiben oder sich auf den Kopf schlagen, bis zum Z – da muss man schielen. Klasse! [...]

Wir haben Georg gesagt, er muss uns seine Geheimzeichen beibringen.

Wir haben uns alle um ihn herum aufgestellt, und er hat gesagt, wir sollen alles nachmachen, was er uns vormacht. Er hat den Finger an seine Nase gelegt, und wir haben auch alle unsere Finger an unsere Nasen gelegt. Er hat einen Finger vor das Auge gehalten, und wir haben auch alle einen Finger vor das Auge gehalten.

„Also", hat Georg gesagt, „habt ihr sie alle behalten, die Geheimzeichen?"

„Die Sache mit den Augen, die find ich schwer", hat Joachim gesagt. „Einmal rechts für F und dann links für B. Ich verwechsle immer rechts und links [...]."

„Ach was – das macht doch nichts", hat Georg gesagt.

„Wie – das macht nichts?", hat Joachim gesagt. „Wenn ich zu dir sagen will *du blöde Flasche,* und ich sag stattdessen *du flöde Blasche,* das ist doch nicht dasselbe!"

„Zu wem sagst du *du blöde Flasche?*", hat Georg gefragt. „Du blöde Flasche!"

Aber sie haben keine Zeit mehr gehabt, sich zu verhauen, und die Pause war zu Ende.

Wir haben uns aufgestellt, und Georg hat zu uns gesagt: „Wenn wir in der Klasse sind, dann geb ich euch eine Botschaft durch, und in der nächsten Pause werden wir sehen, wer sie verstanden hat. Aber ich sag's euch gleich: Wer ein echtes Mitglied von unserer Bande sein will, der muss die Geheimzeichen kennen!"

In der Klasse hat unsere Lehrerin zu uns gesagt, wir sollen die Hefte rausnehmen und die Aufgaben abschreiben, die sie an die Tafel schreibt. Die Lehrerin hat immer noch mehr auf die Tafel geschrieben, aber wir haben uns alle zu Georg rumgedreht, und wir haben gewartet, dass er mit seiner Botschaft anfängt.

Na, schließlich hat Georg angefangen, rumzufuchteln – ich muss sagen, es war gar nicht einfach, was davon zu verstehen, nämlich, er hat es ganz schnell gemacht, und ab und zu hat er aufgehört und weiter in sein Heft geschrieben. Als er gemerkt hat, dass wir ihn alle anschauen, hat er wieder mit den Zeichen an-

gefangen, und es hat unheimlich komisch ausgesehen, wenn er sich die Finger in die Ohren gesteckt hat, oder er hat sich auf den Kopf ge-
70 schlagen. [...] Dann hat Georg ein I gemacht, indem er sich auf dem Kopf gekratzt hat, und ein S – Zunge raus –, dann hat er die Augen weit aufgerissen und hat aufgehört.

Wir haben uns umgedreht, und da haben wir
75 gesehen: Die Lehrerin hat aufgehört zu schreiben, und sie hat Georg angeschaut.

„Ja, Georg", hat die Lehrerin gesagt, „mir geht's wie deinen Kameraden – ich sehe zu, wie du deine Albernheiten treibst. Aber das hat ja
80 wohl diesmal besonders lange gedauert, wie? Schön, du stellst dich in die Ecke, du gehst nicht zur Pause runter, und für morgen

schreibst du hundertmal: Ich darf in der Klasse nicht den Clown spielen und auf diese Weise meine Kameraden ablenken und sie bei der Ar- 85 beit stören." [...]

Nach der Schule haben wir auf Georg gewartet, und als er rauskam, da haben wir gleich gesehen, er ist ganz toll wütend.

„Was hast du denn sagen wollen, in der Klas- 90 se?", habe ich gefragt.

„Lasst mich bloß in Ruhe!", hat Georg geschrien. „Und mit den Geheimzeichen ist Schluss! Überhaupt: Ich sprech nicht mehr mit euch!"

Erst am nächsten Morgen hat Georg uns er- 95 klärt, wie die Botschaft geheißen hat, die er uns durchgegeben hat: „Schaut mich nicht so an – sonst erwischt mich die Lehrerin."

1 a Welche Textstelle gefällt euch nach dem ersten stillen Lesen am besten? Begründet.

b Lest euch zu zweit die Textstellen gegenseitig vor.

2 Welche Situationen aus der Geschichte werden auf den Bildern S. 86 und 87 dargestellt? Findet die passenden Textstellen und lest sie vor.

3 Übt, die Geschichte mit verteilten Rollen ausdrucksvoll vorzulesen (▶ Methode). Ihr braucht die Rollen vom kleinen Nick (Erzähler), der Lehrerin, Georg und Joachim. Überlegt, wie die Sprecher ihre Sätze vorlesen sollen: frech, traurig, fröhlich ...

Methode	**Wirkungsvoll vorlesen**

- **Lest** den Text **mehrmals still,** bis ihr euch das Geschehen genau vorstellen könnt.
- Beachtet beim Vorlesen die **Satzzeichen.** Macht nach jedem Satz eine kurze **Pause.**
- Lest die **wörtliche Rede** so, dass man merkt, **wer** spricht und **wie** er oder sie sich fühlt.
- Betont Wörter, indem ihr sie z. B. **laut** oder **leise, schnell** oder **gedehnt** sprecht.

4 Entwickelt zu zweit eine eigene Geheimsprache. Tragt der Klasse eine Botschaft vor.

Till kauft goldene Hufeisen

Bis heute lacht man über ihn: Till Eulenspiegel ist ein sehr bekannter Narr. Er wird häufig zusammen mit einer Eule dargestellt. Till Eulenspiegel spielte seine Schelmenstreiche in vielen verschiedenen Orten. Immer, wenn er etwas angestellt hatte und die anderen ihn suchten, war er längst auf und davon. In seinen Streichen stellt er sich dumm und nimmt jedes Wort seiner Mitmenschen wörtlich.

Nicht nur in Deutschland sprachen die Menschen von Tills klugen Streichen. Auch der König von Dänemark hatte von Till gehört und wollte den berühmten Narren zu gern kennen
5 lernen. Er schickte einen Boten zu Till und lud ihn zu sich ein. [...]
Im Schloss wurde Till freundlich aufgenommen. Der König gab ihm die Hand und lachte ihn an: „Ich habe viel von dir gehört, Till", sag-
10 te der König. „Und ich bin neugierig, welchen Streich du dir hier in Dänemark wohl ausdenken wirst. Ich hoffe, es wird ein tolles Abenteuer."
„Man tut, was man kann", meinte Till und lä-
15 chelte.
Der König versprach ihm: „Ich gebe dir auch eine Belohnung für deinen Streich. Dein Pferd soll mit den allerbesten Hufeisen beschlagen werden."
20 „Wirklich mit den allerbesten?", fragte Till und der König nickte.
Am nächsten Tag, gleich am Morgen, brachte Till sein Pferd zu einem Schmied. Es war aber kein gewöhnlicher Schmied, sondern ein Gold-
25 schmied, der eigentlich wertvollen Schmuck anfertigte.
„Macht meinem Pferd Hufeisen aus purem Gold!", befahl Till. „Und die Nägel dazu sollen aus blankem Silber sein!"
30 Der Goldschmied riss seine Augen auf, so sehr staunte er. Aber er fragte nicht lange nach, sondern nannte nur seinen Preis für diesen Auftrag: Hundert dänische Taler sollte es kosten, das Pferd mit Gold zu beschlagen. Das war
35 sehr, sehr viel Geld. Dann machte er sich gleich an die Arbeit. So kehrte Till mit einem sehr ungewöhnlich beschlagenen Pferd zurück.
Klickklack–klickklack – der König hörte den Hufschlag, als das Pferd in den Schlosshof
40 trabte. Aber er sah nicht, mit welch wertvollen Schuhen das Pferd nach Hause kam. Till ging zu ihm und sagte: „Mein Pferd hat die besten Hufeisen bekommen. Bezahlt Ihr sie nun?"
„Natürlich", entgegnete der König. „Versprochen ist versprochen."
45 Ein Diener sollte mit Till zum Schmied gehen, um die Rechnung zu bezahlen. Und Till führte den Diener zum Goldschmied. Der legte seine Rechnung vor: Hundert dänische Taler.
„Das zahlt der König nie und nimmer", rief der
50 Diener, drehte sich um und lief zurück ins Schloss. „Stellt euch vor, Herr König, mit Gold hat er seinen Gaul beschlagen lassen, für hundert Taler!" Er war ganz außer sich und japste nach Luft.
55 Der König aber, der ein weiser Mann war, wollte die Sache in Ruhe klären. Er ließ Till zu sich kommen. „Wer hat dir gesagt, dass du dein Pferd mit goldenen Eisen ausstatten sollst?"
„Ihr, Herr König", entgegnete Till. „Ihr habt
60 mir erlaubt, es mit den allerbesten Eisen beschlagen zu lassen. Und was gibt es Besseres als Gold und Silber?"
Der König dachte eine Weile nach, dann begann er zu lachen. „Du hast vollkommen
65 Recht! Du hast nur das getan, was ich dir gesagt habe!"
Und er gab dem Diener hundert Taler, um die Rechnung des Goldschmieds zu bezahlen.

1 Lest den Text mit verteilten Rollen. Ihr braucht:
einen Erzähler, Till, den König von Dänemark und den Diener.

2 Wählt Aufgabe a oder b.

● ● ● a Im Text steht, dass das Pferd mit „wertvollen Schuhen" (Z. 40 f.) nach Hause kommt.
Schreibt in einem Satz auf, was damit gemeint ist.

● ○ ○ b Tills Pferd kommt mit „wertvollen Schuhen" (Z. 40 f.) nach Hause.
Überlegt, welcher der beiden folgenden Sätze erklärt, was das bedeutet. Schreibt den Satz ab.

> **A** Tills Pferd hat keine normalen Hufeisen, sondern sehr teure Hufeisen aus Gold erhalten.
> **B** Tills Pferd hat keine Hufeisen, sondern feine Schuhe für Menschen bekommen.

3 a Ordnet die folgenden Aussagen den beiden Berufen Hufschmied/Goldschmied zu.
b Lest anschließend die Textstellen vor, in denen es um die Metalle geht.

> **A** Er stellt Schmuck aus Edelmetall her.
> **B** Er beschlägt Pferde mit Hufeisen.
> **C** Er verwendet hartes und günstiges Metall.
> **D** Er arbeitet mit wertvollen Metallen.

4 Wieso lacht der König über Tills Streich? Entscheidet euch für eine der Antworten und begründet.

> **A** Till ist zu ihm nach Dänemark gereist. Eine solche weite Reise machen nur Witzbolde.
> **B** Till spielt ihm nicht erst den Streich, um dann die Belohnung zu erhalten. Er nimmt sich gleich die Belohnung. Er missversteht absichtlich „allerbeste" als „goldene" Hufeisen.
> **C** Tills Pferd sieht einfach komisch aus. Wo gibt es Pferde mit goldenen Hufeisen?

5 Bearbeitet Aufgabe a oder b.

● ● ● a Beschreibt Eulenspiegel in eurem Heft: Wer ist er? Wie verhält er sich?

● ○ ○ b Beschreibt Eulenspiegel in eurem Heft. Nutzt die folgenden Wörter:

> spielt anderen häufig einen Streich   nimmt Aussagen wörtlich
> missversteht die Menschen   clever   ideenreich   gerissen   schlau

Information	**Wann man über Geschichten lacht – Schelmengeschichten**

Lustige Geschichten erzählen oft von außergewöhnlichen, komischen oder witzigen Ereignissen.
Die **Figuren** sind Spaßvögel, sie sind lustig oder gewitzt – manchmal auch Betrüger.
Häufig nennt man sie auch **Schelme oder Narren.**
Sie spielen **Streiche,** machen sich über ihre Mitmenschen lustig oder bringen sie zum Lachen.

6 Handelt es sich bei den Texten vom „kleinen Nick" und „Till Eulenspiegel" um lustige Geschichten?
Begründet.

Streiche nacherzählen

Nasreddin Hodscha und der Baum

(1) Eines Tages saß Nasreddin Hodscha unter einer großen Pappel, und man fragte ihn, was das für ein Baum sei.
(2) Der Hodscha schaute nach oben [...].
5 **(3)** Gerade in diesem Moment machte ein Rabe, der oben saß, dem Hodscha auf den Kopf. Der sah hin und stellte fest, dass etwas Weißes auf ihn gefallen war.
(4) Also sagte er: „Ihr wisst also nicht, was das für ein Baum ist?" – „Nein", erwiderten die 10 Leute. Da meinte Nasreddin: „Schaut mich an! Das ist ein Joghurt-Baum!"

1 Auch Nasreddin Hodscha ist ein bekannter Schelm (▶ S. 89). Wählt Aufgabe a oder b.

a Jeder der folgenden Sätze sagt, was in einem der vier Absätze der Geschichte geschieht. Besprecht in Partnerarbeit, welcher Satz zu welchem Abschnitt gehört:
Satz A gehört zu Abschnitt .... Satz B ...

> **A** Nasreddin Hodscha erklärte den Leuten den Namen des Baumes.
> **B** Er sieht die Pappel genauer an.
> **C** Nasreddin Hodscha saß unter einem Baum und unterhielt sich.
> **D** Ein Rabe machte genau auf Nasreddin Hodschas Kopf.

b Ordnet die nachfolgenden Bilder den vier Absätzen der Geschichte richtig zu.

2 Erklärt: Warum nennt Nasreddin Hodscha die Pappel einen „Joghurt-Baum"?

3 Erzählt schriftlich nach, was in der Geschichte passiert.
Nutzt die Sätze A bis D (▶ Aufgabe 1a) und die folgenden Wörter:

bevor	zunächst	zuerst	während	als	daraufhin	danach	später	schließlich	zuletzt

Als Nasreddin Hodscha unter einem Baum saß, fragte man ihn … Daraufhin …

Nasreddin Hodscha, der Schmuggler

A Jahre später, Nasreddin machte einen immer wohlhabenderen Eindruck, zog er nach Ägypten. Dort begegnete er einem der Grenzwächter.
5 „Sag einmal, Nasreddin, jetzt, wo du in einem anderen Land lebst und sehr reich geworden bist, sage mir doch, was war es eigentlich, was du geschmuggelt hast, als wir dich nie überführen konnten."
10 „Esel."

B Jedes Mal untersuchte die Wache ihn wegen Schmuggelware. Niemals fand man etwas.
„Was bringst du herüber?", fragten sie ihn.
„Ich bin ein Schmuggler", antwortete er immer.
15

C Wieder und wieder überquerte Nasreddin die Grenze zwischen Persien und Griechenland auf Eselsrücken. Jedes Mal hatte er zwei Körbe mit Stroh dabei und kam ohne sie zurück.

1 Bringt die drei Abschnitte der Geschichte in eine sinnvolle Reihenfolge. Lest sie laut vor.

2 Erläutert Nasreddins Antwort auf die Frage des Grenzwächters. Wählt Aufgabe a oder b.
●●● **a** Ist die Antwort Nasreddins lustig? Begründet.
●○○ **b** Nennt die Aussage, die am besten Nasreddins Antwort erläutert.

> **A** Mit der Antwort „Esel" beleidigt er den Grenzwächter. Er sagt ihm, dass dieser dumm ist.
> **B** Mit der Antwort „Esel" weist er darauf hin, dass er im Magen der Esel etwas geschmuggelt hat.
> **C** Mit der Antwort „Esel" sagt er, dass er nichts anderes als Esel geschmuggelt hat.
> **D** Mit der Antwort „Esel" sagt er, dass der Grenzwächter so dumm ist, dass dieser damals nicht bemerkte, dass Nasreddin wirklich nur Stroh geschmuggelt hat.

3 Erzählt nach, was in der Geschichte passiert. Beginnt z. B. so:
Lange Zeit schmuggelte Nasreddin Hodscha etwas über die Grenze zwischen Persien und Griechenland, aber niemand wusste, was er schmuggelte. Stets hatte er … auf zwei …

Methode	**Eine Geschichte nacherzählen**

- Haltet die **Reihenfolge** der Ereignisse ein.
- Verzichtet auf zu viele Einzelheiten und verwendet möglichst eure **eigenen Worte**.
- Achtet auf **abwechslungsreiche Satzanfänge** und verwendet die **Zeitform der Textvorlage**.

Teste dich!

Wie kann man ausdrucksvoll vorlesen?

1 Finde die falsche Aussage.

> **A** Bevor ich vorlese, sollte ich den Text mehrmals gelesen haben.
> **B** Am besten lese ich den ganzen Text laut vor.
> **C** Nach jedem Satz mache ich eine kurze Pause.
> **D** Wenn ich wörtliche Rede vorlese, sollte ich die Gefühle der
> Figur mit meiner Stimme zum Ausdruck bringen.

Wann lacht man über Geschichten?

Häufig erzählen lustige Geschichten von außergewöhnlichen, ? oder witzigen Ereignissen. Die Figuren, wie zum Beispiel der kleine Nick oder ? , sind lustige oder gewitzte Menschen – manchmal auch ? . Man nennt sie auch ? oder Narren. Diese ? spielen gerne ? , machen sich über ihre Mitmenschen lustig oder bringen sie zum ? .

2 Setze, während du die Sätze liest, die folgenden Wörter in die Lücken ein.
Wenn du die Begriffe richtig eingesetzt hast, erhältst du ein Lösungswort.

Lachen **(H)**   komischen **(K)**   Betrüger **(M)**   Streiche **(C)**   Till Eulenspiegel **(O)**
Schelme **(I)**   Spaßvögel **(S)**

Eine lustige Geschichte nacherzählen

Nasreddin Hodscha sprang eines Nachts plötzlich aus dem Bett und weckte verwirrt seine Frau: „Schnell, Frau, gib mir meine Brille, bevor es vorbei ist!"
5 Seine Frau fand die Brille, gab sie ihm und fragte ihn: „Was willst du denn nicht verpassen?"

Da setzte der Hodscha die Brille auf, legte sich wieder hin, schloss die Augen und sagte: „Ich hatte einen wunderbaren Traum, aber manches konnte ich nicht deutlich sehen. Da wollte 10 ich die Brille aufsetzen und es mir noch einmal anschauen!"

3 a Lies einer Mitschülerin oder einem Mitschüler den Text ausdrucksvoll vor.
b Prüfe anschließend, ob sie oder er die Geschichte nacherzählen kann.
Nutze dazu die Checkliste:

Checkliste

Geschichten nacherzählen
- Wurde die richtige **Reihenfolge der Ereignisse** eingehalten?
- Wurde möglichst **mit eigenen Worten** nacherzählt?
- Wurde auf **abwechslungsreiche Satzanfänge** geachtet?
- Wurde die **Zeitform der Textvorlage** verwendet?

6.2 Geschichten verstehen – Lesetechniken anwenden

Hubert Schirneck

Der faule Toaster

Als ich am vergangenen Sonntag erwachte, wusste ich gleich, dass das nicht mein Tag werden würde. Woher ich das wusste? Keine Ahnung. Ich hatte es eben im Gefühl. Es gibt
5 ja solche Tage, an denen alles schiefgeht, was nur schiefgehen kann: Du steigst mit dem falschen Fuß aus dem Bett, kriegst die Augen nicht richtig auf, stolperst über alles Mögliche. Die Zahnpasta ist alle, die Milch kocht über,
10 und dein Hund hört nicht mehr auf dich.
Am Sonntag stand ich trotzdem auf, denn den ganzen Tag im Bett bleiben, nun, das schien mir doch zu langweilig. Ich überlegte ein paar Sekunden, welcher von meinen Füßen der
15 richtige war, stieg schließlich aus dem Bett und ging ganz vorsichtig ins Bad.
Die Zahnpasta war tatsächlich alle, aber nach längerem Suchen fand ich noch eine neue Tube.
20 „Na siehst du", dachte ich, „ist doch alles gar nicht so schlimm."
Nach dem Waschen ging ich in die Küche. Wie gewohnt, nahm ich zwei Scheiben Toastbrot und steckte sie in den Toaster. Nach zwei Se-
25 kunden kamen sie wieder herausgeflogen. Ich versuchte es nochmal, aber es war wieder das Gleiche: Zwei Sekunden, und dann – flutsch.
Als ich es zum dritten Mal versuchte, sagte mein Toaster: „Vergiss es. Heute nicht."
30 Ich räusperte mich und fragte beiläufig: „*Was* soll ich vergessen?"
„Den Toast kannst du vergessen. Ich nehme mir heute meinen freien Tag."
„Aha", sagte ich. „Dann koche ich mir eben
35 erst mal ein Ei."

Ich füllte Wasser in einen Topf, stellte ihn auf den Herd und schaltete ein. Ich wartete eine Viertelstunde, aber die Herdplatte blieb kalt. Kein Toast, kein Frühstücksei.
„Na, ja, wenigstens eine Tasse Kaffee", seufzte 40 ich und füllte Wasser in die Kaffeemaschine. Dabei hatte ich das unbestimmte Gefühl, dass es mit dem Kaffee auch nichts werden würde. Mein Gefühl täuschte mich leider nicht. Die Kaffeemaschine tat keinen Muckser. 45
„Was soll das?", fragte ich ziemlich ungehalten.
„Wir streiken", sagte der Toaster.
„Wer ist *wir*?"
„Wir, die Küchengeräte", sagte der Toaster. „Wir wollen auch mal Sonntag feiern, mal einen 50 ganzen Tag lang faul sein. So wie du."
„Ich bin schließlich ein Mensch und keine Maschine", sagte ich. „Ein Mensch muss viel arbeiten, also darf er auch mal faul sein, vor allem sonntags." 55
„Gleiches Recht für alle", sagte der Toaster. „Immer bestimmst du über uns, wie es dir gerade passt. Aber heute machen wir frei. Komm morgen wieder."
Einen Moment lang überlegte ich, ob ich wü- 60 tend werden sollte. [...] „Weißt du was?", sagte ich. „Dann streike ich eben auch."
Also ging ich wieder ins Bett, um dort auf den Montag zu warten. Und der kam dann irgendwann auch. 65

1 Wie gefällt euch der Text? Tauscht eure Meinungen aus.

2 Lest den Text ein zweites Mal.

Entscheidet, ob die folgenden Aussagen zutreffen. Korrigiert falsche Aussagen.

A   Der Erzähler tritt auf eine volle Zahnpastatube.
B   Der Erzähler möchte sich zum Frühstück zwei Toastscheiben machen.
C   Der Toaster kann nicht sprechen.
D   Der Erzähler macht es wie die Küchengeräte und streikt ebenfalls.

3 Schlüsselwörter sind wichtig, um Texte zu verstehen. Einige Schlüsselwörter sind im Text „Der faule Toaster" bereits farbig hervorgehoben.

a   Überlegt, welche Wörter für den Rest der Geschichte wichtig sind. Schreibt sie heraus.
b   Vergleicht in Partnerarbeit eure Ergebnisse.
c   Wobei helfen euch die Schlüsselwörter? Tauscht euch aus, z. B.:

Die Schlüsselwörter sagen mir, was besonders …   Schlüsselwörter tragen die für den Inhalt entscheidenden …   Schlüsselwörter geben dem Text …

4 Die Geschichte besteht aus einer Einleitung, einem Hauptteil und einem Schluss.

Gliedert den Text „Der faule Toaster". Bearbeitet dazu Aufgaben a/b oder c/d.

●●● a   Schreibt die Zeilenangaben für Einleitung, Hauptteil und Schluss heraus.
b   Formuliert, worum es in der Einleitung, dem Hauptteil und dem Schluss geht. Zeichnet dazu die folgenden Puzzleteile ab und tragt eure Sätze ein, z. B.:

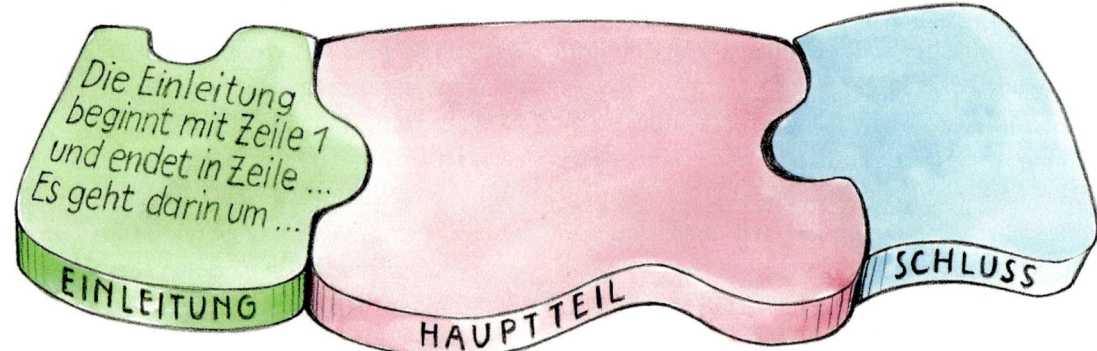

●○○ c   Entscheidet, welche der folgenden Sätze zu den einzelnen Puzzleteilen „Einleitung", „Hauptteil" oder „Schluss" (siehe oben) gehörten.
d   Zeichnet das Puzzle ab. Tragt die Sätze in die richtigen Puzzleteile ein.

An einem Sonntagmorgen steht der Erzähler auf und befürchtet, dass an diesem Tag alles schiefgehen wird.

Der Toaster erklärt, warum die Küchengeräte streiken.

Der Erzähler streikt auch und legt sich wieder ins Bett.

Der Toaster, der Herd und die Kaffeemaschine funktionieren nicht.

Im Badezimmer passiert noch nichts Ungewöhnliches.

5 Wie sieht ein Tag aus, an dem bei euch alles schiefgeht?

Beschreibt einen solchen Tag. Ihr könnt ihn auch als Comic zeichnen.

Erich Kästner

Ein Krebs kommt vor Gericht – Die Schildbürger

Vor langer Zeit soll es in Deutschland eine Stadt namens Schilda gegeben haben. Die Stadt ist frei erfunden. Ihre ebenso frei erfundenen Bewohner jedoch sind sehr berühmt geworden.
Alles, was die so genannten Schildbürger taten, machten sie falsch. Und alles, was man ihnen sagte, nahmen sie wörtlich.

1 Lest die Überschrift. Überlegt, worum es in der Geschichte gehen könnte.

Eines Tages gelangte ein Krebs nach Schilda. Niemand hätte sagen können, woher er kam, und keiner wusste, was er bei den Schildbürgern wollte. Und da sie noch nie in ihrem
5 Leben einen Krebs gesehen hatten, waren sie sehr aufgeregt. Sie läuteten mit der neuen Kirchenglocke Sturm, stürzten zu der Stelle, wo der Krebs umherkroch, und wussten nicht, was sie tun sollten. Sie [...] rätselten hin und
10 her und hätten gar zu gerne gewusst, wen sie vor sich hatten. „Vielleicht ist es ein Schneider", sagte der Bürgermeister, „denn wozu hätte er sonst zwei Scheren?"

Schon holte einer ein Stück Stoff, setzte den
15 Krebs darauf und rief: „Wenn du ein Schneider bist, dann schneide mir eine Jacke zu! Mit weiten Ärmeln und einem Halsausschnitt!"
Weil das Tier zwar auf dem Stoff vorwärts und rückwärts herumspazierte, aber den Stoff nicht
20 zuschnitt, nahm der Schneidermeister von Schilda seine eigene große Schere und schnitt den Stoff genauso zu, wie der Krebs dahinkroch. Nach zehn Minuten schon war der Stoff völlig zerschnitten. Von einer Jacke mit weiten
25 Ärmeln und einem Halsausschnitt konnte keine Rede sein.
„Mein schöner, teurer Stoff!", rief der Schildbürger. „Der Kerl hat uns angelogen! Er ist gar kein Schneider! Ich verklage ihn wegen Sach-
30 beschädigung!"

Dann griff er nach dem Krebs und wollte ihn beiseitetun. Doch der Krebs zwickte und kniff ihn mit seinen Scheren so kräftig, dass der Mann vor Schmerz aufbrüllte.
„Mörder!", schrie er. „Mörder! Hilfe!" Nun wur- 35
de es dem Bürgermeister zu bunt.

„Erst ruiniert er den teuren Stoff", sagte er, „und nun greift er einen unserer Mitbürger an – das kann ich als Stadtoberhaupt nicht dulden! Morgen machen wir ihm den Prozess!" 40
So geschah es auch. Der Krebs wurde in einer Sitzung vom Richter wegen Sachbeschädigung und versuchten Mordes angeklagt. Augenzeugen berichteten, was sich am Vortage zugetragen hatte. Der Verteidiger konnte ihm nicht 45
helfen. [...]
So zog sich der hohe Gerichtshof zur Urteilsfindung kurz zurück und verkündete anschließend folgenden harten, aber gerechten Spruch:
„Der Angeklagte ist schuldig. [...] Er wird zum 50
Tod verurteilt. Der Gerichtsdiener wird ihn ersäufen. [...]"

Noch am Nachmittag trug der Gerichtsdiener den Krebs in einem Korb zum See hinaus und warf ihn ins Wasser. Ganz Schilda nahm daran 55
teil. Den Frauen standen die Tränen in den Augen.
„Es hilft nichts", sagte der Bürgermeister. „Strafe muss sein."

2 Lest den Text. Vergleicht seinen Inhalt mit euren Vermutungen zur Überschrift.

3 Wie gefällt euch diese Geschichte? Begründet.

4 Prüft, ob ihr die Geschichte richtig verstanden
●●○ habt.

   a Schreibt in eure Hefte, wie man die folgenden
   drei Textstellen anders formulieren könnte:
    1. „stürtzten zu der Stelle" (Z. 7),
    2. „das kann ich [...] nicht dulden" (Z. 39–40),
    3. „Der Gerichtsdiener wird ihn ersäufen."
    (Z. 51–52)

   b Formuliert in jeweils einem Satz, worum es in
   den vier Textabschnitten geht, z. B.:
   *Erster Abschnitt: Die Schildbürger wundern sich
   über ...*

   c Erklärt, wieso der Krebs von den Schildbürgern angeklagt wird.
   Nennt die passende Textstelle.

▷ Eine Hilfe zu Aufgabe 4a findet ihr auf
  Seite 97.

▷ Hilfe zu 4b, Seite 97

▷ Hilfe zu 4c, Seite 97

5 Bereitet die Geschichte für eine Nacherzählung
●●● vor (▶ S. 91).

   a Notiert in Stichwörtern die Handlung der
   Geschichte.
   Tipp: Behaltet die Reihenfolge der Ereignisse
   und die Zeitform des Textes (Präteritum) bei.

   b Erzählt die Geschichte mit eigenen Worten
   nach. Verwendet abwechslungsreiche Satzanfänge als Zeitangaben, z. B.:
   anschließend, zuerst, danach, da, schließlich ...

▷ Hilfe zu 5, Seite 97

6 Erläutert, an welchen Stellen die Geschichte
●●● komisch sein soll.

   a Legt eine Tabelle wie folgt in euren Heften an.
   b Ergänzt in der ersten Spalte die Zeilenangaben für komische Textstellen.
   c Findet für mindestens vier Textstellen Begründungen, warum diese komisch wirken.

▷ Hilfe zu 6, Seite 97

Zeilenangabe	Begründung: Die Geschichte wirkt komisch, weil ...
Z. ...	... die Schildbürger Krebse nicht kennen und vor dem Krebs erschrecken.

7 Spielt die Geschichte in Gruppen. Den Krebs könnt ihr euch einfach vorstellen.
   Besorgt euch notwendige Requisiten, z. B. ein Stück Stoff und eine Schere.

8 Stellt euch vor, ein Schildbürger schreibt in sein Tagebuch, was er erlebt hat.
   Verfasst diesen Tagebucheintrag. Beginnt z. B. so:
   Heute kam ein merkwürdiger Schneider in unser Dorf. Er hatte zwei große ..., aber ...

●○○   **Aufgabe 4 mit Hilfe**

Prüft, ob ihr die Geschichte richtig verstanden habt.

a Wie könnte man das, was im Text steht, anders formulieren? Wählt aus.

„stürzten zu der Stelle" (Z. 7)	*Sie liefen schnell zu der Stelle.*	*Sie fielen an der Stelle hin.*	*Sie schlugen um sich.*
„das kann ich [...]nicht dulden" (Z. 39–40)	*Darauf kann ich nicht warten.*	*Das kann ich nicht erlauben.*	*Das kann ich nicht erklären.*
„Der Gerichtsdiener wird ihn ersäufen." (Z. 51–52)	*Der Gerichtsdiener geht mit ihm in eine Kneipe.*	*Der Gerichtsdiener wirft ihn ins Wasser, um ihn zu töten.*	*Der Gerichtsdiener gibt ihm einen Schluck Wasser.*

b Ordnet die nachfolgenden Sätze den vier Textabschnitten zu. Ergänzt Satz D.

> A Der Krebs wird zuerst für einen Schneider und schließlich für einen Mörder gehalten.
> B Das Gericht in Schilda verurteilt den Krebs zum Tode.
> C Die Schildbürger wundern sich über den fremden Besucher in ihrer Stadt.
> D Der Gerichtsdiener ...

c Erklärt, wieso der Krebs von den Schildbürgern angeklagt wird. Lest die Zeilen 18–36.

●○○   **Aufgabe 5 mit Hilfe**

Bereitet die Geschichte für eine Nacherzählung vor (▶ S. 91).

a Notiert die Erzählschritte in der richtigen Reihenfolge in eurem Heft.

– Der Krebs kam vor Gericht und wurde zum Tod verurteilt.
– Ein Krebs kam nach Schilda. Die Bürger wunderten sich über den fremden Besucher.
– Die Schildbürger versuchten, den Beruf des Krebses zu erraten.
– Der Gerichtsdiener warf den Krebs ins Wasser.
– Um das Schnittmuster für eine Jacke zu finden, ließen sie ihn über einen Stoff krabbeln.
– Der Stoff wurde zerschnitten, doch die Bürger waren enttäuscht über das Ergebnis.
– Der Krebs wurde wegen Sachbeschädigung angeklagt.
– Ein Bürger wurde vom Krebs gezwickt.

b Erzählt die Geschichte mit eigenen Worten nach.

●○○   **Aufgabe 6 mit Hilfe**

Erläutert, an welchen Stellen die Geschichte komisch sein soll.
Notiert in eurem Heft zu den folgenden Begründungen die passenden Textstellen.

Zeilenangabe	**Begründung:** Die Geschichte wirkt komisch, weil ...
Z. 1–...	*1. ... ein Tier vor Gericht angeklagt wird.*
Z. ...–...	*2. ... der Krebs wegen seiner Scheren für einen Schneider gehalten wird.*
Z. ...–...	*3. ... ein Zwicken dazu führt, dass der Krebs für einen Mörder gehalten wird.*
Z. ...–...	*4. ... die Bestrafung für einen Krebs, der im Wasser lebt, keine ist.*

6.3 Fit in ...! – Eine komische Geschichte untersuchen

Wie Eulenspiegel auf dem Seil tanzte und den Leuten die Schuhe abschwatzte

Nach dem Tod des Vaters mussten sich Eulenspiegel und seine Mutter selbst versorgen. Das war nicht leicht, denn Tills Mutter war arm und Till wollte kein ordentliches Handwerk
5 lernen. Viel lieber vertrieb er sich die Zeit mit verrückten Dingen und lernte Seiltanzen. [...] Irgendwann hatte er eine tolle Idee: Er wohnte mit seiner Mutter direkt an der Saale, einem großen Fluss. Till zog ein Seil vom Dachboden-
10 fenster aus quer über den Fluss hinüber zum Dachboden des gegenüberliegenden Hauses. Die Leute fragten sich verwundert, was Till nun schon wieder im Sinn habe. Männer, Frauen und Kinder – alle liefen sie herbei und reck-
15 ten die Hälse.
„Heute werde ich euch ein ganz besonderes Kunststück vorführen", sagte Till. „Aber dafür brauche ich eure Hilfe: Jeder von euch muss mir seinen linken Schuh geben, dann werde
20 ich euch in Staunen versetzen!"
Da waren die Leute neugierig und sogleich zogen sie, einer nach dem anderen, die linken Schuhe aus und gaben sie Till. So kamen 120 Stück zusammen. Till band sie aneinander, um
25 sie alle auf einmal tragen zu können. Als er endlich auf dem Seil stand, warteten die einen auf das versprochene Kunststück, die anderen jedoch fürchteten langsam um ihre Schuhe. Man muss wissen, dass Schuhe damals etwas
30 sehr Kostbares waren. Die Menschen konnten froh sein, wenn sie überhaupt ein Paar besaßen.

Als Till die Unruhe unter den Leuten bemerkte, setzte er sich auf das Seil und rief: „Jetzt ist es Zeit, dass ihr eure Schuhe zurückbekommt!" 35
Dann warf er einen Schuh nach dem anderen hinunter. Es regnete Schuhe über den Köpfen der Zuschauer! Sie purzelten wild durcheinander und keiner landete dort, wo er landen sollte. Nun brach ein schrecklicher Tumult aus. 40
Ein jeder stürzte sich auf die Schuhe und schnappte sich einen. Gleich, ob er ihm gehörte oder nicht.
„Das ist meiner!", schrie einer. „Du lügst!", brüllte ein anderer. „Er gehört mir!" 45
Sie zankten und stritten sich und rissen sich die Schuhe gegenseitig aus den Händen, bis sie schließlich schreiend und prügelnd über den Boden rollten und sich an den Haaren zogen.
Till Eulenspiegel aber schaute sich das bunte 50 Treiben mit dem größten Vergnügen von oben an.
„Passt auf, dass ihr die Schuhe nicht vertauscht!", rief er und machte sich schnell aus dem Staub. 55

Stellt euch vor, ihr bekommt in der nächsten Klassenarbeit folgende **Aufgabe:**

> Untersuche die Geschichte von Till Eulenspiegel. Gehe so vor:
> 1. Beschreibe kurz die Hauptfigur. Wer ist sie? Wie verhält sie sich?
> 2. Gib kurz wieder, was in der Geschichte geschieht.
> 3. Prüfe, ob der Text eine komische Geschichte ist, und begründe dein Ergebnis.

Die Aufgabe richtig verstehen

1 a Was müsst ihr tun, um die Aufgabe zu lösen?
Welche der folgenden Aussagen treffen zu? Notiert die Buchstaben.
Tipp: Wenn ihr die Buchstaben hintereinanderlest, ergeben sie ein Lösungswort.

b Auch die falschen Aussagen ergeben ein Lösungswort. Wie heißt es?

	Wir sollen …
T	… den Text nur ganz kurz überfliegen.
S	… wichtige Textstellen herausfinden.
I	… ein Bild zu dem Text malen.
C	… erklären, was an der Geschichte lustig ist.
H	… den Text mindestens zweimal sorgfältig lesen.
U	… die Hauptfigur beschreiben.
L	… einen Zeitungsartikel zu der Geschichte verfassen.
H	… beschreiben, worum es in der Geschichte geht.
L	… ein neues Ende zum Text formulieren.
E	… die Reihenfolge der Ereignisse beibehalten, wenn wir die Handlung kurz wiedergeben.

Planen

2 Klärt, ob ihr den Text richtig verstanden habt. Vervollständigt die Notizzettel in eurem Heft.

Wer die Hauptfigur ist:
– Vater ist früh
  verstorben.
– Till ist arm, will
  aber keinen Beruf
  lernen.
– …

Was in der Geschichte
geschieht:
– Till will Bürgern
  Kunststück auf dem
  Seil vorführen.
– …

Was an der Geschichte lustig ist:
– Till spielt Leuten Streich; etwas, womit
  niemand gerechnet hat.
– fordert jeweils den linken …
– sagt, dass sie staunen werden und dass …
– sagt, die Leute sollen aufpassen, dass sie
  ihre Schuhe nicht vertauschen. Dabei …

Schreiben

3 Um die Stichwörter von den Notizzetteln in einen zusammenhängenden Aufsatz umzuwandeln, können euch folgende Textbausteine helfen.
Trefft eine Auswahl und schreibt mit ihrer Hilfe einen vollständigen Text.

Wer die Hauptfigur ist:
– Die Hauptfigur ist ein Schelm. Er heißt …
– Man erfährt über Till, dass er …
– Er ist …
– Er überlegt sich folgenden Streich: …
Mit dem will er die/den … hereinlegen.

Was in der Geschichte geschieht:
– Die Hauptfigur geht so vor: …
– Die Handlung spielt an/in …
– In der Einleitung erfahren wir …
Zunächst … Dann … Schließlich …
– Am Schluss …
– Der Schluss zeigt, wie …

Was an der Geschichte lustig ist:
– An der Geschichte ist lustig, dass …
– Man kann darüber lachen, weil …
– Witzig ist auch, dass …
– Am lustigsten ist …

Überarbeiten

4 a Prüft mit Hilfe der Checkliste, wie ihr euren Aufsatz noch verbessern könnt.
  b Überarbeitet euren Aufsatz mit Hilfe der Checkliste.

Eine komische Geschichte untersuchen
- Habt ihr **beschrieben, wer** die **Hauptfigur** der Geschichte ist?
- Habt ihr **beschrieben,** wie sich die **Hauptfigur verhält?**
- Habt ihr die **Reihenfolge der Handlung** beachtet?
- Habt ihr **begründet,** wie die Hauptfigur **den Leser zum Lachen** bringt?
- Habt ihr alle Fragen in **ganzen Sätzen** beantwortet?
- Habt ihr alle Sätze mit einem **Satzzeichen** (Punkt, Fragezeichen, Ausrufezeichen) abgeschlossen?
- Habt ihr die Geschichte in der **richtigen Zeitform** (Präsens) wiedergegeben?
- Habt ihr eure **Rechtschreibung** überprüft?

Schreibwörter			▶ S. 212
das Missverständnis	der Schelm	nacherzählen	hereinlegen
der Spaßvogel	der Streich	komisch	wörtlich
der Narr	die Hauptfigur	lustig	ausdrucksvoll

Verzauberte Welt –
Märchen lesen und erfinden

1   Nennt die Titel der Märchen, die ihr im Bild erkennt.

2   Sucht euch eines der Märchen aus und erzählt es euren Mitschülerinnen und Mitschülern.

3   Was ist ein Märchen? Nennt typische Merkmale.

4   Welche Märchen kennen eure Eltern und Großeltern? Lasst sie euch erzählen.

In diesem Kapitel ...

– lernt ihr Märchen aus Deutschland und anderen Ländern kennen,
– findet ihr heraus, welche Merkmale für ein Märchen typisch sind,
– schreibt ihr Märchen weiter und erfindet eigene Märchen.

7.1 Von Prinzessinnen, Bösewichten und Wundern – Märchen lesen

Märchenmerkmale erkennen

Jakob und Wilhelm Grimm

Prinzessin Mäusehaut

Ein König hatte drei Töchter. Weil er wissen wollte, welche Tochter ihn am liebsten hätte, ließ er die drei Prinzessinnen rufen und fragte sie.

Die älteste sprach, sie habe ihn lieber als das

5 ganze Königreich.

Die zweite meinte, sie habe ihn lieber als alle Edelsteine und Perlen auf der Welt.

Die dritte aber sagte, sie habe ihn lieber als das Salz.

10 Der König regte sich sehr darüber auf, dass die dritte Tochter ihre Liebe zu ihm mit einer so geringen Sache verglich. Er befahl einem Diener, sie in den Wald zu führen und zu töten.

Wie sie in den Wald gekommen waren, flehte

15 die Prinzessin den Diener an, er solle sie am Leben lassen. Dieser war ihr treu und wollte sie nicht töten. Der Diener sagte auch, er wolle mit ihr gehen und ihr gehorchen.

Die Prinzessin verlangte aber nichts als ein Kleid von Mäusehaut. Als er ihr das geholt hat- 20 te, wickelte sie sich hinein und ging fort.

Sie ging an den Hof eines benachbarten Königs, gab sich für einen Mann aus und bat den König, ihm dienen zu dürfen. Der König sagte es zu. 25

Abends musste sie ihm die Stiefel ausziehen. Die Stiefel aber warf er ihr jedes Mal an den Kopf.

Einmal fragte er, woher sie sei.

„Aus dem Lande, wo man den Leuten die Stie- 30 fel nicht an den Kopf wirft."

Danach beobachtete der König Mäusehaut besonders aufmerksam.

Endlich brachte ihm ein anderer Diener einen Ring: Mäusehaut habe ihn verloren. Der sei zu 35 kostbar, den müsse er gestohlen haben.

Der König ließ Mäusehaut rufen und fragte, woher der Ring sei.

Da konnte sich Mäusehaut nicht länger ver-
40 bergen. Sie wickelte sich aus der Mäusehaut. Ihre goldgelben Haare quollen hervor, und sie trat heraus, und zwar so schön, dass der König gleich die Krone von seinem Kopf abnahm und sie ihr aufsetzte und sie für seine Gemahlin er-
45 klärte.

Zu der Hochzeit wurde auch der Vater der Mäusehaut eingeladen. Der glaubte, seine Tochter sei schon längst tot. Deshalb erkannte er sie nicht wieder.

50 Auf der Tafel aber waren alle Speisen, die ihm vorgesetzt wurden, ungesalzen. Da wurde er ärgerlich und sagte: „Ich will lieber nicht leben, als solche Speise essen!"

Wie er das gesagt hatte, sprach die Königin zu
55 ihm: „Jetzt wollt ihr nicht leben ohne Salz und doch habt ihr mich einmal töten lassen wollen, weil ich sagte, ich hätte euch lieber als Salz!" Da erkannte er seine Tochter und küsste sie und bat sie um Verzeihung.

Jetzt, nachdem er sie wiedergefunden hatte, 60 wusste er, dass er sie lieber hatte als sein Königreich und alle Edelsteine der Welt.

1 Entscheidet, welche Aussage zum Inhalt des Märchens passt (A, B, C oder D?).

> **A** Der König liebt seine dritte Tochter eigentlich gar nicht. Er will sie nur loswerden.
> **B** Die dritte Tochter hat die Frage des Königs nicht verstanden. Daher sagt sie etwas Falsches.
> **C** Die dritte Tochter will ihre Liebe nicht einfach mit Schmuck vergleichen. Sie weiß, dass ihr Vater Salz liebt, mag Salz auch weniger wertvoll erscheinen. Nur mit Salz schmeckt das Essen.
> **D** Die dritte Tochter heißt Mäusehaut, weil sie schon immer so aussah wie eine Maus.

2 Diskutiert das Verhalten des Vaters.
Was, glaubt er, hat seine dritte Tochter falsch gemacht? Warum bestraft er sie so hart?

3 Woran erkennt ihr, dass der Text „Prinzessin Mäusehaut" ein Märchen ist?
Bearbeitet Aufgabe a oder b.
●●● a Nennt in Partnerarbeit drei Merkmale, die typisch für ein Märchen sind.
●○○ b Sucht aus den folgenden Märchenmerkmalen drei heraus, die zu „Prinzessin Mäusehaut" passen:
   – Das Märchen spielt zu einer unbekannten Zeit an unbekannten Orten.
   – Das Märchen beginnt mit: „Es war einmal ..."
   – Im Märchen kommen typische Figuren vor wie Könige und Prinzessinnen.
   – Im Märchen gibt es Zaubersprüche.
   – Im Märchen siegt am Ende meist das Gute.

Jacob und Wilhelm Grimm

Der Wolf und die sieben jungen Geißlein

Es war einmal eine alte Geiß, die hatte sieben junge Geißlein. Diese hatte sie lieb, wie eine Mutter ihre Kinder lieb hat. Eines Tages wollte sie in den Wald gehen und Futter holen. Also
5 rief sie alle sieben herbei und sprach:
„Liebe Kinder, ich will hinaus in den Wald. Hütet euch vor dem Wolf. Wenn er hereinkommt, so frisst er euch alle mit Haut und Haar. Der Bösewicht verstellt sich oft, aber an seiner rau-
10 en Stimme und an seinen schwarzen Füßen werdet ihr ihn gleich erkennen."
Die Geißlein sagten: „Liebe Mutter, wir wollen schon aufpassen. Du kannst ohne Sorge fortgehen."
15 Da meckerte die Alte und machte sich beruhigt auf den Weg.
Es dauerte nicht lange, so klopfte jemand an die Haustür und rief: „Macht auf, ihr lieben Kinder! Eure Mutter ist da und hat jedem von
20 euch etwas mitgebracht."
Aber die Geißlein hörten an der rauen Stimme, dass es der Wolf war. „Wir machen nicht auf", riefen sie, „du bist nicht unsere Mutter. Die hat eine feine und liebliche Stimme, aber
25 deine Stimme ist rau. Du bist der Wolf."

Da ging der Wolf fort, um ein großes Stück Kreide zu kaufen. Er aß die Kreide und machte damit seine Stimme fein. Dann kam er zurück, klopfte an die Haustür und rief: „Macht auf, ihr lieben Kinder! Eure Mutter ist da und hat je- 30 dem von euch etwas mitgebracht."
Der Wolf hatte seine schwarze Pfote in das Fenster gelegt. Das sahen die Kinder und riefen: „Wir machen nicht auf! Unsere Mutter hat keinen schwarzen Fuß wie du. Du bist der 35 Wolf."
Da lief der Wolf zu einem Bäcker und sprach: „Ich habe mich an den Fuß gestoßen, streich mir Teig darüber."
Und als ihm der Bäcker die Pfote bestrichen 40 hatte, so lief er zum Müller und sprach: „Streu mir weißes Mehl auf meine Pfote."
Der Müller dachte: „Der Wolf will jemanden betrügen", und weigerte sich.
Aber der Wolf sprach: „Wenn du es nicht tust, 45 so fresse ich dich."
Da fürchtete sich der Müller und machte ihm die Pfote weiß. Ja, das sind die Menschen.
Nun ging der Bösewicht zum dritten Mal zu der Haustüre, klopfte an und sprach: „Macht 50

mir auf, Kinder! Euer liebes Mütterchen ist heimgekommen und hat jedem von euch etwas aus dem Walde mitgebracht."

Die Geißlein riefen: „Zeig uns erst deine Pfote, damit wir wissen, dass du unser liebes Mütterchen bist."

Da legte er die Pfote ins Fenster. Und als sie sahen, dass sie weiß war, so glaubten sie, es wäre alles wahr, was er sagte, und machten die Türe auf.

Wer aber hereinkam, das war der Wolf. Sie erschraken und wollten sich verstecken.

Das eine sprang unter den Tisch, das zweite ins Bett, das dritte in den Ofen, das vierte in die Küche, das fünfte in den Schrank, das sechste unter die Waschschüssel, das siebente in den Kasten der Wanduhr.

Aber der Wolf fand sie alle: Eins nach dem andern schluckte er; nur das jüngste in dem Uhrkasten, das fand er nicht. Als der Wolf satt war, trollte er sich fort, legte sich draußen auf der grünen Wiese unter einen Baum und fing an zu schlafen.

Nicht lange danach kam die alte Geiß aus dem Walde wieder heim. Ach, was musste sie da erblicken! Die Haustüre stand weit auf: Tisch, Stühle und Bänke waren umgeworfen, die Waschschüssel lag in Scherben, Decke und Kissen waren aus dem Bett gezogen.

Sie suchte ihre Kinder, aber sie waren nirgends zu finden. Sie rief sie nacheinander bei Namen, aber niemand antwortete. Erst als sie das Jüngste rief, antwortete eine feine Stimme: „Liebe Mutter, ich stecke im Uhrkasten."

Sie holte es heraus, und es erzählte ihr, dass der Wolf gekommen wäre und die anderen alle gefressen hätte. Da könnt ihr denken, wie sie über ihre armen Kinder geweint hat. Endlich ging sie in ihrem Jammer

hinaus, und das jüngste Geißlein lief mit. Als sie auf die Wiese kam, so lag da der Wolf an dem Baum und schnarchte, dass die Äste zitterten. Sie betrachtete ihn von allen Seiten und sah, dass in seinem angefüllten Bauch sich etwas regte und zappelte.

„Ach Gott", dachte sie, „sollten meine armen Kinder, die er zum Abendbrot hinuntergewürgt hat, noch am Leben sein?"

Da musste das Geißlein nach Hause laufen und Schere, Nadel und Zwirn holen. Dann schnitt die Mutter dem Ungetüm den Bauch auf. Kaum hatte sie einen Schnitt getan, so streckte schon ein Geißlein den Kopf heraus. Und als sie weiterschnitt, so sprangen nacheinander alle sechs heraus, und waren noch alle am Leben und hatten nicht einmal Schaden gelitten, denn das Ungetüm hatte sie in der Gier ganz hinuntergeschluckt. Das war eine Freude!

Die Alte aber sagte: „Jetzt geht und sucht schwere Steine. Mit diesen Wackersteinen wollen wir dem gottlosen Tier den Bauch füllen, so lange es noch im Schlafe liegt."

Da schleppten die sieben Geißlein in aller Eile die Steine herbei und steckten

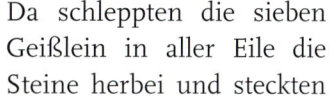

sie ihm in den Bauch, so viel sie hineinbringen konnten. Dann nähte die Alte ihm in aller Geschwindigkeit den Bauch wieder zu, dass er nichts merkte und sich nicht einmal regte.

Als der Wolf endlich ausgeschlafen hatte, machte er sich auf die Beine, und weil ihm die Steine im Magen so großen Durst erregten, so wollte er zu einem Brunnen gehen und trinken. Als er aber anfing zu gehen und sich hin und her zu bewegen, so stießen die Steine in seinem Bauch aneinander und rappelten. Da rief er:

„Was rumpelt und pumpelt in meinem Bauch herum? Ich meine, es wären sechs Geißlein, aber es fühlt sich an, als wären es lauter Wackersteine."

Und als er an den Brunnen kam und sich über das Wasser bückte und trinken wollte, da zogen ihn die schweren Steine hinein, und er musste jämmerlich ersaufen.

Als die sieben Geißlein das sahen, da kamen sie herbeigelaufen und riefen laut: „Der Wolf ist tot! Der Wolf ist tot!", und tanzten mit ihrer Mutter vor Freude um den Brunnen herum.

1 Gebt mit eigenen Worten wieder oder lest die entsprechenden Textabschnitte vor:
a Wie überlistet der Wolf die Geißlein?
b Auf welche Weise kann sich ein Geißlein vor dem Wolf retten?
c Wie bekommt die Mutter ihre Kinder wieder?

2 In einem Märchen siegt meist das Gute und das Böse wird bestraft.
Begründet, ob dieses Märchenmerkmal auch für dieses Märchen zutrifft.

3 Wen möchtet ihr am Ende des Märchens noch etwas mitteilen lassen? Bearbeitet a oder b.
a Schreibt auf, was die Mutter nach dem Freudentanz ihren Kindern sagt.
b Schreibt auf, was der Wolf denkt, während er in den Brunnen stürzt.

4 Nennt weitere Merkmale, die diesen Text zu einem Märchen machen:
a Lest die folgende Information.
b Arbeitet zu zweit. Notiert in euer Heft unter der Überschrift „Der Wolf und die sieben jungen Geißlein", welche Merkmale diesen Text zu einem Märchen machen, z. B.:
– *Die Figuren: Im Text können die Tiere sprechen ...*

Information   **Merkmale von Märchen**

Die Figuren
- In vielen Märchen treten typische Figuren auf wie
  Königinnen und Könige, Prinzessinnen und Prinzen, (böse) Stiefmütter oder Handwerker.
- In Märchen kommen auch fantastische Gestalten vor wie
  Feen, Zauberer, Hexen, Riesen, Zwerge sowie sprechende Tiere und Gegenstände.

Die Handlung
- Meistens treffen im Märchen Gegensätze aufeinander wie
  gut und böse, jung und alt, schön und hässlich, schlau und dumm oder fleißig und faul.
- Am Ende wird in der Regel das Gute belohnt und das Böse bestraft.
- Eine Figur muss meist Prüfungen bestehen oder schwierige Aufgaben erfüllen (häufig drei).
- Oft passieren wundersame Dinge, die in der Wirklichkeit nicht vorkommen.

Die Erzählweise
- Viele Märchen beginnen mit: *„Es war einmal ..."* und enden mit:
  „Und wenn sie nicht gestorben sind, dann leben sie noch heute."
- Die Zahlen 3, 7, 12 spielen oft eine Rolle, z. B.: *drei Wünsche, sieben Zwerge, zwölf Brüder.*
- Häufig kommen Reime und Zaubersprüche vor, die im Text mehrmals wiederholt werden.

Der Ort und die Zeit
- Ort und Zeitpunkt der Handlung bleiben ungenau, z. B.: *vor langer Zeit, hinter den Bergen ...*

Märchen spielerisch und sprachlich erschließen

Ein Märchen aus Italien

Von den drei Brüdern, die in die Welt gingen

Es war einmal ein armer Mann, der hatte drei Söhne. Wegen seiner großen Armut konnte er sie nicht ernähren. In dieser Not beschlossen die drei Brüder, ihrem alten Vater zu helfen.
5 Sie wollten ihre Sachen packen und in die Welt ziehen, um zu sehen, ob sie woanders etwas verdienen könnten.

Sie baten also den Vater um seinen Segen und um die Erlaubnis, ihr Glück in der Welt zu ver-
10 suchen. Und sie gaben ihm das Versprechen, nach zehn Jahren zu ihm zurückzukehren.

Als sie eine Zeitlang miteinander gereist waren, wollten sie sich trennen.

Der Älteste ging zu einer Armee, die gerade
15 kämpfte, bekam Geld und wurde in kurzer Zeit ein so geschickter und mutiger Kämpfer, dass er besser als alle seine Kameraden wurde. Ja, er war so geschickt, dass er mit einem Dolch in jeder Hand die höchste Festungsmauer hin-
20 aufklettern konnte.

Der Zweite kam zu einem Hafen, wo man Schiffe baute. Er ging in die Lehre bei einem der Schiffbauer, der besonders gut in seinem Beruf war. Und es dauerte nicht lange, da wurde der
25 Junge der beste Schiffbauer im ganzen Land.

Der Dritte endlich verliebte sich ganz in die süßen Lieder der Nachtigall und wanderte ihren Tönen durch dunkle Täler, über Seen und durch öde, widerhallende Wälder nach. So sehr freute
30 es ihn, in dieser Einsamkeit, wo keine menschliche Spur zu finden war, den lieblichen Vögeln zuzuhören, dass er darüber die Rückkehr vergaß und ein Waldmann wurde. Auf diese Weise lebte er zehn Jahre ohne irgendein Zuhause
35 und bekam ganz das Aussehen eines Wilden. Und durch lange Gewohnheit und stete Aufmerksamkeit hatte er die Sprache aller Vögel gelernt, sodass er zu seinem großen Vergnügen alles verstand, was sie sagten.

40 Die Zeit war nun gekommen, in der sie heimkehren sollten.

Die beiden Ältesten trafen sich am bestimmten Tage zuerst an dem Ort, wo sie sich verabredet hatten, und erwarteten ihren dritten Bruder. Wie staunten sie aber, ihn unbekleidet
45 und ganz mit Haaren bewachsen ankommen zu sehen! Sein Anblick rührte sie zu Tränen, sie liefen ihm entgegen, umarmten und küssten ihn und gaben ihm Kleidung. Als sie nun mittags miteinander aßen, setzte sich ein Vo-
50 gel auf einen nahen Baum und sang. Der Inhalt des Liedes war:

„Ihr Brüder, wisst, in dem Winkel dieses Hauses liegt ein großer Schatz verborgen, der euch seit langer Zeit bestimmt ist. Geht hin, ihn zu
55 heben!" So sang der Vogel und flog davon.

Der jüngere Bruder erklärte den beiden andern, was der Vogel gesagt hatte. Sie gruben an dem bezeichneten Ort nach, fanden den Schatz und kehrten vergnügt und sehr reich zu ihrem
60 Vater zurück.

Nachdem die erste Freude des Wiedersehens vorüber war und sie viele Feste gefeiert hatten, hörte der jüngste der Brüder eines Tages einem Vogel zu, der sang:

65 „Im Mittelmeer liegt eine Insel, die Chios heißt. Auf dieser erbaute die Tochter des Gottes Apollon eine Burg, deren Eingang von einer Schlange bewacht wird. Diese Schlange spuckt Feuer und Gift. Dort ist Aglaja, die schönste
70 Jungfrau der Welt, und ein großer Schatz verborgen. Wer die Burg einnehmen kann, gewinnt den Schatz und Aglaja."

Darauf flog der Vogel davon, und der Jüngste teilte, was er gehört hatte, seinen Brüdern mit.
75 Sie beschlossen, sofort loszufahren.

Der Älteste versprach, mit zwei Dolchen die Mauer zu ersteigen, und der Zweite wollte ein

schnell segelndes Schiff bauen. Dieses Schiff
80 war auch in kurzer Zeit fertig. Sie segelten los
und erreichten glücklich die Insel Chios.
Es war Nacht, als sie ankamen, und ehe noch
der Tag anbrach, erkletterte der älteste Bruder
die Mauer, wobei er zwei Dolche mit sich führ-
85 te. Er holte Aglaja und ließ sie an einem Strick
zu den Brüdern hinab. Dann stahl er alle Edelsteine und Kostbarkeiten und einen Berg von
Gold, den er dort fand. Nachdem er das Schloss
ausgeplündert hatte, stieg er lustig wieder hinunter. 90
So kehrten sie gesund in ihr Vaterland zurück.
Wegen der Jungfrau aber, die sie nicht teilen
konnten, gerieten sie in Streit. Jeder der Brüder behauptete, sie gehöre ihm. Sie stritten
sich viel und lange darüber, wer sie am meisten 95
verdiene. Die Frage ist bis jetzt noch nicht entschieden. – Entscheidet ihr, ob sie einem der
drei Brüder mit Recht gehört.

1 Jeder der drei Brüder entwickelt eine bestimmte Fähigkeit. Notiert in euer Heft, wie jeder diese
Fähigkeit einsetzt, um die Jungfrau Aglaja und den Schatz zu rauben, z. B.:

> *Der jüngste Bruder kann verstehen, … Er erfährt, wo …*
> *Der zweite Bruder ist … Diese Fähigkeit setzt er dazu ein, um …*
> *Der älteste Bruder kann besonders gut … Deshalb ist er fähig, …*

2 Die drei Brüder kehren zu ihrem Vater zurück und berichten ihm, was geschehen ist.
Spielt vor, wie sie sich darüber streiten, wem Aglaja gehört:
a Verteilt die Rollen: drei Brüder, der Vater, Aglaja.
b Notiert für jede Rolle, was ihr sagen wollt.
   Tipp: Bedenkt auch, was die anderen Figuren sagen könnten.
c Spielt die Szene.

3 Nennt Merkmale, die diesen Text zu einem Märchen machen (▶ Information, S. 106).

4 a Lest den folgenden Text laut vor.
b Vergleicht die markierten Zeitformen mit den Zeitformen im Text, S. 107, Z. 26–35.
   Beschreibt den Unterschied.

> Der dritte Bruder endlich <u>hat</u> sich ganz in
> die süßen Lieder der Nachtigall <u>verliebt</u>. Er
> <u>ist</u> ihren Tönen durch dunkle Täler, über
> Seen und durch öde, widerhallende Wäl-
> 5 der <u>nachgewandert</u>. So sehr <u>hat</u> er sich <u>ge-
> freut</u>, in dieser Einsamkeit den lieblichen
> Vögeln zuzuhören, dass er darüber seine
> Rückkehr <u>vergessen hat</u>. Also <u>ist</u> er ein
> Waldmann <u>geworden</u>. Auf diese Weise <u>hat</u>
> er zehn Jahre ohne irgendein Zuhause <u>ge-
> lebt</u> und <u>hat</u> ganz das Aussehen eines Wil- 10
> den <u>bekommen</u>.

| **Information** | **Schriftlich erzählen – Das Präteritum** (die Zeitform der Vergangenheit) ▶ S. 165 |

- Wer **mündlich** erzählt, benutzt meist als Zeitform das **Perfekt:** *„Er **hat** sich **verliebt**.“*
- Wer **schriftlich** erzählt, verwendet meist die Zeitform des **Präteritums:** *„Er **verliebte** sich.“*

Teste dich!

Ein Märchen aus Estland

Die Tochter und die Stieftochter

Eine Mutter hatte zwei Töchter, eine Stieftochter und eine leibliche Tochter. Die Stieftochter war fleißig und gehorsam, die leibliche Tochter dagegen faul und verwöhnt.

5 Einmal befahl die Stiefmutter der Stieftochter, Wolle zu spinnen. Die Stieftochter arbeitete so lange, bis ihre Finger und das Gesponnene blutig waren. Die Stiefmutter wurde darüber sehr böse und schickte sie zum Brunnen, die

10 Spindel zu waschen.

Als sich die Stieftochter über den Brunnen bückte, fiel die Spindel in den Brunnen. Da sie sich fürchtete, von der Stiefmutter ausgeschimpft zu werden, sprang sie der Spindel in

15 den Brunnen nach. Sie ertrank aber nicht in dem Brunnen, sondern gelangte in die unterirdische Welt. Dort unten kam sie zu einem Apfelbaum. Dieser bat das Mädchen, sie möchte seine Äpfel abschütteln. Sie kam auch zu ei-

20 nem Backofen, der sie anflehte, die Brote herauszuziehen.

Nachdem sie das alles freudig verrichtet hatte, kam sie zu einem alten Mütterchen. Dort blieb sie drei Tage und half ihr, die Betten zu schüt-

25 teln und zu klopfen.

Nach drei Tagen bekam die Stieftochter ihre Spindel zurück. Außerdem regnete ein Goldregen auf sie herab, sodass sie ganz vergoldet nach Hause kam.

Die Stiefmutter wurde wütend vor Neid und 30 schickte nun auch ihre eigene Tochter in die unterirdische Welt, damit auch sie solches Glück hat.

Die eigene Tochter warf die Spindel in den Brunnen und sprang ihr dann selbst nach. Sie 35 achtete nicht auf die Bitten des Apfelbaumes und des Backofens, sondern eilte sofort zu dem Mütterchen, bei dem sie wie ihre Stiefschwester drei Tage lang blieb.

Nachdem sie drei Tage dort geschlafen hatte, 40 verlangte sie ihre Spindel und bekam sie auch zurück. Als die leibliche Tochter zum Tor hinausging, regnete es aber Teer, und sie wurde ganz schwarz.

Nun war die Mutter ganz unglücklich. Sie ließ 45 neun Zauberinnen kommen, kaufte neun Wagenladungen Seife und heizte neun Tage lang das Bad. Neun Tage lang wuschen die neun Zauberinnen die leibliche Tochter der Stiefmutter, aber sie bekamen das Mädchen nicht 50 sauber.

Eines Tages fuhr an dem Haus ein Prinz vorbei, erblickte die Stieftochter und heiratete sie.

1 Ordne in deinem Heft zu: Welche Figuren sind gut und böse, welche fleißig und faul?
Die Stiefmutter ist …   Die Stieftochter ist …   Die leibliche Tochter ist …

2 Notiere mindestens zwei weitere Märchenmerkmale, die in diesem Märchen vorkommen.
Denke an weitere Figuren, das Ende der Handlung, die Erzählweise sowie an Ort und Zeit.

3 Entscheide, welche beiden Aussagen richtig sind:
A In Märchen spielen Zahlen keine Rolle.
B In Märchen kommen oft Prinzen und sprechenden Tiere oder Gegenstände vor.
C Märchen, die schriftlich wiedergegeben werden, stehen in der Zeitform Präteritum.
D Märchen spielen zu ganz bestimmten Zeiten an ganz bestimmten Orten.

7.2 Schreibwerkstatt – Märchen selbst erzählen

Ein Märchen zu Ende schreiben

Ein Märchen aus Frankreich

Die drei Wünsche

Es waren einmal ein Mann und eine Frau, die waren sehr arm und beklagten sich pausenlos über ihr Schicksal.
„Mein Gott, mein Gott!", sagten sie. „Es gibt
5 Leute, die sind so glücklich! Und wir laufen den ganzen Tag nach Holzkohlen umher."
Das hörte ein Greis, der durch den Wald ging. „Ich sehe, ihr seid mit eurem Schicksal nicht zufrieden. Nun! Ich möchte etwas für euch
10 tun. Wünscht euch drei Dinge; sie sollen in Erfüllung gehen."
Am Abend saß der Köhler[1] mit seiner Frau am Feuer. Sie dachten nach: „Was sollen wir uns wünschen?", fragten sie sich.
15 Plötzlich, beim Anblick der kleinen Holzscheite, die lustig knisterten, rief die gute Frau, ohne im Geringsten daran zu denken, dass sie einen Wunsch äußerte: „Ganz gleich, ein großes Stück Blutwurst auf dieser guten Kohlenglut,
20 das wäre eine Wohltat!"

Augenblicklich fiel ein großes Stück Blutwurst aus dem Kamin mitten in die Kohlenglut hinein.
Der Mann wurde zornig. „Bist du verrückt, altes Weib? Ist das dein Wunsch? Ich möchte 25 wahrhaftig, dass diese Blutwurst sich an deine Nase hängt!"
Sofort geschah, was er sagte. Die Blutwurst hängte sich an die Nasenspitze der alten Frau. Beide, der Köhler wie seine Frau in ihrer Feuer- 30 ecke, waren höchst betrübt. „Jetzt haben wir nur noch einen Wunsch frei." [...]

---

1 Köhler: jemand, der aus Holz Holzkohle herstellt.

---

1 Wie könnte das Märchen zu Ende gehen? Wie
●●○ lautet der dritte Wunsch? Notiert eure Ideen, z. B.:
Der Mann entscheidet sich dafür, … Die Frau will, …

▷ Eine Hilfe zu Aufgabe 1 findet ihr auf Seite 111.

2 Vergleicht in Partnerarbeit eure Ideen für das
●●○ Ende. Begründet, weshalb ihr das Märchen so und nicht anders enden lassen wollt.

▷ Hilfe zu 2, Seite 111

3 Schreibt das Ende des Märchens in euer Heft.
●●○ Beginnt z. B. so: *Sie überlegten lange. Die Blutwurst hing weiter an der Nase der unglücklichen Frau. Schließlich fanden die Eheleute den Mut für ihren letzten Wunsch. Der Mann/Die Frau sagte: „…!"*

▷ Hilfe zu 3, Seite 111

4 Hitparade: Lest eure Märchenenden vor. Stimmt ab, wer das beste Ende gefunden hat.

●○○ **Aufgabe 1 mit Hilfe**

Wie könnte das Märchen zu Ende gehen? Wie lautet der dritte Wunsch?

Wählt eine Idee aus, z. B.:

> **A** Der Mann entscheidet sich dafür, die Wurst an der Nase der Frau zu lassen.
> Stattdessen möchte er viel Geld haben. So könnte er wenigstens gut leben.
>
> **B** Der Mann entscheidet sich dafür, dass seine Frau von der Wurst an der Nase befreit wird.
> Schließlich liebt er sie. Er möchte mit ihr glücklich sein.
>
> **C** Die Frau will den Greis verwünschen, der sie mit den Wünschen in diese Lage gebracht hat.

●○○ **Aufgabe 2 mit Hilfe**

Vergleicht in Partnerarbeit eure Ideen für das Ende.

Wählt eine Begründung für euer Ende aus oder formuliert eine ähnliche Begründung, z. B.:

> **zu A** Ich habe mich für A entschieden, weil es nur normal ist, dass der Mann sich über den
> unbedachten Wunsch seiner Frau … Soll sie doch sehen, … Vielleicht haben sie ja dann
> so viel Geld, um die Wurstnase …
>
> **zu B** Ich habe mich für B entschieden, weil im Märchen am Ende in der Regel das … siegt.
> Zwar haben sie dann keine Wünsche mehr frei und sie bleiben … Dafür sind sie …
>
> **zu C** Ich finde, Lösung C passt, weil es den Greis doch gar nichts …, dass die beiden …
> Muss er sich in die Angelegenheiten anderer …?

●○○ **Aufgabe 3 mit Hilfe**

Schreibt das Ende des Märchens in euer Heft.

Ihr könnt den Text mit den folgenden Textbausteinen (A, B oder C), die ihr für sinnvoll haltet,
jeweils ergänzen und fortführen.

> Sie überlegten lange. Die Blutwurst hing weiter an der Nase der unglücklichen Frau.
> Schließlich fanden die Eheleute den Mut für ihren letzten Wunsch. Der Mann sagte:
>
> **A** „Warum wünscht du dir etwas, ohne …? Leb du nun mit deiner Wurst an der Nase.
> Was wir brauchen, ist … Und das wünsche ich mir jetzt."
>
> **B** „Ich muss dich aus dieser Lage befreien. Ich wünsche, dass die Blutwurst von deiner Nase
> verschwindet. Bleiben wir arm. Reichtum macht …"
>
> **C** Die Frau sagte: „Dieser dumme Greis. Er hat uns doch in die Lage gebracht. Ich wünsche, …"

> Der dritte Wunsch wurde erfüllt wie die anderen beiden Wünsche zuvor. Sofort …
>
> **A** … erschien ein großer Sack … Der Mann erklärte: „Jetzt müssen wir kein Holz mehr suchen.
> Wir können jetzt …" Und wenn sie nicht gestorben …, …
>
> **B** … verschwand die Wurst. Die Frau umarmte … ihren Mann. Und wenn sie nicht gestorben …, …
>
> **C** … erschien der Greis. Er hatte nun selbst eine … Und wenn sie nicht gestorben …, …

Ein Märchen nach Reizwörtern schreiben

 1 Märchen nach Reizwörtern schreibt ihr mit Hilfe vorgegebener Wörter (▶ S. 40).
Zu welchen Reizwörtern fällt euch gleich ein Märchen ein? Wählt A oder B aus.

● ○ ○
> **A** Reizwörter:
> böse Stiefmutter • schöne Stieftochter • verzauberter Besen • Schlaf • verwunschenes
> Schloss • Prinz • drei Aufgaben: Frosch entzaubern, Hexe versöhnen, Wolf zähmen • Hochzeit

● ● ●
> **B** Reizwörter:
> König • sieben Söhne • drei Schlösser zu
> vererben • Aufgaben • magische Kugel •
> Rabe • böser Zauberer • glückliches Ende

Tipp: Die folgenden Sätze kannst du auch in dein Märchen einbauen und vervollständigen:

> Es war einmal ... • Eines Tages befahl die Stiefmutter der Stieftochter, ... •
> Sie war schon ganz verzweifelt, da erschien vor ihr ein ... • Er sprach: „...“ •
> Da fiel das schöne Mädchen in tiefen Schlaf und ... • Hinter dichten Hecken verbarg sich ein ... •
> Dort lebte seit vielen Jahren ein einsamer ... • Der Prinz machte sich sofort daran, ... •
> Als alle Aufgaben erfüllt waren, ... • Und so lebten sie glücklich ...

 2 Verfasst mit möglichst allen Reizwörtern aus A oder B ein Märchen.
a Prüft, ob die Reizwörter bereits in einer sinnvollen Reihenfolge stehen.
  Die Reihenfolge der Reizwörter sollte grob die Handlung eures Märchens wiedergeben.
b Formuliert einen typischen Anfang, z. B.: *Es war einmal ... / Vor langer Zeit ...*
c Setzt eure Märchen mit Hilfe der Reizwörter fort. Schreibt in vollständigen Sätzen.
d Findet einen geeigneten Schluss, z. B.: *Und wenn sie nicht gestorben sind, ... / Und sie lebten glücklich ...*
e Formuliert eine passende Überschrift (▶ S. 38, Aufgabe 7).

 3 Überarbeitet eure Märchen in einer **Schreibkonferenz.**

Methode	**Texte überarbeiten – Eine Schreibkonferenz durchführen**

- Setzt euch in kleinen Gruppen zusammen.
- Einer von euch liest seinen Text vor. Die anderen hören aufmerksam zu.
- Die Zuhörer sagen, was ihnen gefallen hat. Danach machen sie Verbesserungsvorschläge wie:
  *Du musst die Zeitform des Präteritums verwenden. Dein Prinz löst nur eine Aufgabe. Warum
  siegt bei dir am Ende nicht das Gute? Du hast die Überschrift und einige Reizwörter vergessen.*
- Anschließend besprecht ihr den nächsten Text.
- Am Ende der Schreibkonferenz verbessern die Verfasser mit Hilfe der Vorschläge ihre Texte.

Die Märchenbastelmaschine

1 Erfindet ein Märchen mit Hilfe der Märchenbastelmaschine.

a Besorgt euch zwei Würfel.

b Würfelt für jedes Märchenmerkmal zweimal. Am Ende müsst ihr insgesamt acht
Märchenmerkmale gewürfelt haben, z. B.:
Merkmal „Figuren": 1. Wurf, Augenzahl 4 = Riese; 2. Wurf, Augenzahl 10 = Prinz
Merkmal „Handlung": 1. Wurf, Augenzahl 2 = gut und böse; 2. Wurf, Augenzahl 8 = Ein Riese wird
besiegt usw.

c Verfasst ein Märchen. Verwendet dazu die von euch gewürfelten Märchenmerkmale.

| Augen-zahl | Märchenmerkmale | | | |
	„Figu-ren"	„Handlung"	„Erzählweise"	„magische Zahlen, Orte, Gegenstände"
2	Zwerg	gut und böse	„Weh, weh, Windchen"	3, 7, 12
3	Fee	jung und alt	„Wie gut, dass niemand weiß, …"	ein Umhang
4	Riese	groß und klein	Damals, vor langer Zeit …	eine Hütte im Wald
5	Hexe	reich und arm	Und sie lebten glücklich bis …	eine Höhle
6	Zaube-rer	fleißig und faul	Und wenn sie nicht gestorben sind, …	ein tiefer Brunnen
7	Wolf	schön und hässlich	Es war einmal …	ein Zauberschlüssel
8	Frosch	Ein Riese wird besiegt.	Einst …	ein verwunschenes Schloss
9	Königin	Ein Prinz wird befreit.	Jahre vergingen	ein goldener Apfel
10	Prinz	Ein Zauber wird gelöst.	eines schönen Tages	ein laufender Tisch
11	Stief-mutter	Eine Hexe wird verflucht.	„Ich bin so satt, ich mag kein Blatt".	Gold und Teer
12	Rabe	Ein Fuchs wird gefangen.	„Was rumpelt und pumpelt …?"	Siebenmeilenstiefel

2 Gebt eurem Märchen eine passende Überschrift (▶ S. 42).

3 a Überarbeitet eure Märchen in einer Schreibkonferenz (▶ Methode, S. 112).

b Lest euer verbessertes Märchen in der Klasse vor.

Märchen in der richtigen Zeitform verfassen

1 Bearbeitet entweder die beiden Aufgaben a/b oder die Aufgaben c/d.

● ○ ○ **a** Welche zwei Verben gehören jeweils inhaltlich zusammen?
Übertragt die folgende Tabelle in euer Heft. Verbindet Verben, die zusammengehören, mit einer Linie.

b Formuliert sechs Märchensätze mit den Präteritumsformen, z. B.:
Eine Prinzessin fiel in einen Brunnen. Ein Prinz kam vorbei.

Präsens	Präteritum
haben	fiel
klopfen	ließ
halten	hatte
kommen	klopfte
lassen	kam
fallen	hielt

● ● ● **c** Findet das Präteritum zu den folgenden sechs Präsensformen.
Tipp: Eine Liste von Verben im Präteritum findet ihr hinten auf der Umschlagseite innen.

d Schreibt damit je einen Satz in euer Heft, z. B.: *Der Riese hörte und …*

> lachen   gehen   sitzen   belauschen   sehen   finden

2 **a** Wer weiß, wie der Titel des folgenden Märchens lautet? Wie endet es?
b Setzt die unterstrichenen Verben in das Präteritum. Schreibt das Märchen weiter.

Eine Witwe <u>hat</u> zwei Töchter, davon <u>ist</u> die eine schön und fleißig, die andere hässlich und faul. Die Witwe <u>liebt</u> aber die hässliche und faule viel mehr. Deshalb <u>macht</u> nur die schöne Tochter die Hausarbeit.
5 Einmal <u>geht</u> das Mädchen hin, um Wasser zu holen. Und wie es sich <u>bückt</u>, um den Eimer aus dem Brunnen zu ziehen, <u>beugt</u> es sich zu tief und <u>fällt</u> hinein.
10 Und als es <u>erwacht</u>, <u>liegt</u> es auf einer schönen Wiese. Die Sonne <u>scheint</u> und überall <u>blühen</u> Blumen.
Sie <u>steht</u> auf, <u>geht</u> ein Stück und <u>kommt</u> zu einem Backofen. Der <u>ist</u> voller Brot; das

Brot aber <u>ruft</u>: „Ach! Zieh mich heraus, sonst verbrenne ich. Ich bin schon längst fertig gebacken!" 15
Da <u>eilt</u> das Mädchen fleißig herbei und <u>holt</u> das Brot heraus.

Information   **Die einfache Vergangenheitsform – Das Präteritum** (▶ S. 108, 165)

Schriftlich erzählte Märchen stehen in der Regel in der einfachen Vergangenheitsform **(Präteritum).** Das heißt, die meisten Verben im Märchen stehen in dieser Zeitform.
Verben im **Präteritum** drücken aus, dass etwas in der **Vergangenheit** geschehen und vorbei ist.

7.3   Fit in ...! – Ein Märchen fortsetzen

Stellt euch vor, ihr bekommt in der nächsten Klassenarbeit die folgende Aufgabe gestellt.

Aufgabe
Schreibe das Märchen „Die beiden Söhne des Holzfällers" zu Ende.
Die weitere Handlung und der Schluss sollen für ein Märchen typisch sein.
Lass auch typische Märchenfiguren auftreten.

Die beiden Söhne des Holzfällers

Es war einmal ein Vater, der hatte zwei Söhne. Der eine Sohn stellte sich immer krank. Weil der Vater ihn liebte, durfte er den ganzen Tag im Bett bleiben. Dafür musste der andere Sohn umso mehr arbeiten.
5   Nun geschah es, dass in einem Winter besonders viel Schnee fiel. Da der geliebte Sohn sagte, er habe einen schlimmen Schnupfen, musste der fleißige Sohn hinaus in die
10   eisige Kälte. Er sollte auf einem Schlitten Holz für das Feuer im Kamin holen.
Als er endlich seinen Schlitten voll mit Holz beladen hatte, beschloss er, zunächst noch ein Lagerfeuer zu machen. Er wollte sich nämlich aufwärmen, bevor er wieder nach Hause 15 ging. Um eine Feuerstelle freizulegen, fegte er ein wenig Schnee beiseite. Da fand er ein goldenes Schlüsselchen.
Er dachte, wo ein Schlüssel ist, muss es auch ein Türschloss geben. Also grub er 20 weiter und ...

Die Aufgabe richtig verstehen

1   Was verlangt die Aufgabe von euch? Wählt die beiden richtigen Aussagen aus:
A   Ich soll das Märchen zu einer spannenden Geschichte umschreiben.
B   Ich soll das Märchen fortsetzen und zu Ende schreiben.
C   Ich soll zu dem Märchen auch eine Vorgeschichte erfinden.
D   Ich soll in meiner Fortsetzung des Märchens typische Merkmale von Märchen verwenden.

Planen

2   Sammelt Ideen für die Fortsetzung des Märchens. Schreibt nicht los, ohne zu planen.
Notiert Stichworte zu folgenden Fragen:
– Was entdeckt der fleißige Sohn alles mit dem goldenen Schlüsselchen?
– Welche typischen Figuren oder fantastischen Gestalten trifft er?
– Welche und wie viele Aufgaben besteht er?
– Geht das Märchen gut aus? Was geschieht im Märchen mit dem faulen Bruder?

Schreiben

3 Während ihr schreibt, hilft euch ein Schreibplan, gute Ideen nicht zu vergessen und eine sinnvolle Reihenfolge beizubehalten. Bringt eure Ideen in eine Reihenfolge, z. B.:

Schreibplan

Figuren: *der fleißige Sohn, ein Zauberer, ein Einhorn*
Gegenstände: *das goldene Schlüsselchen, ein magischer Spiegel*

Handlung:
Fortsetzung: *Der fleißige Sohn findet eine Tür im Boden. Eine Treppe führt in eine unterirdische Welt. Er findet ein verletztes Einhorn und einen kaputten Spiegel. Das Einhorn ... Den Spiegel ...*
    Dann trifft er einen Zauberer: Dieser hat im Kampf gegen einen bösen Geist das Schlüsselchen verloren. Auch wurde sein Einhorn verletzt und ...
Schluss: *Der fleißige Sohn kehrt reich beschenkt nach Hause zurück. Dem Bruder hält er den Zauberspiegel vor. Daraufhin wird dieser ...*
Schlusssatz: *Und wenn sie nicht gestorben sind, dann ...*

---

4 Schreibt mit Hilfe eures Schreibplans die Fortsetzung des Märchens in euer Heft.

Überarbeiten

5
a Prüft in Partnerarbeit eure Märchenfortsetzungen. Nutzt die Checkliste.
b Verbessert eure Fortsetzungen mit Hilfe eurer Verbesserungsvorschläge.

Checkliste

Ein Märchen fortsetzen

- Treten in eurem Märchen **typische Märchenfiguren** (z. B. Hexe, Zauberer, Prinz) oder sprechende Tiere auf?
- Muss die Hauptfigur (der fleißige Sohn) **Aufgaben oder Prüfungen** bestehen?
- Kommen in eurem Märchen **magische Orte oder Zahlen** (3, 7, 12) vor?
- **Endet** euer Märchen **gut?** Gibt es einen **typischen Schlusssatz** wie: *Und wenn sie nicht ...*
- Habt ihr das Märchen in der Zeitform **Präteritum** fortgesetzt?

Schreibwörter	▶ S. 212
die Prinzessin	der kaputte Spiegel
die Schönheit	fleißig, hässlich, gut und böse
die Stiefmutter	verwunschen
der Zauberer	verzaubert
das Schlüsselchen	boshaft

Ein tierisches Vergnügen –
Gedichte vortragen und gestalten

1 Zeichnet euren persönlichen Dichterkoffer in euer Heft.
Tipp: Der Koffer wird euch durch dieses Kapitel begleiten.
Gebt euch deshalb beim Zeichnen besonders viel Mühe und zeichnet ihn richtig groß.
In den Koffer sollen noch viele neue
Begriffe hinein.

2 Schreibt alles in den Koffer hinein,
was ihr über Gedichte wisst.

In diesem Kapitel ...

– tragt ihr Gedichte wirkungsvoll vor,
– lernt ihr reimen und selbst Gedichte
  schreiben,
– organisiert ihr ein Gedichtfest.

8.1   Das kribbelt und wibbelt – Gedichte vortragen

Denke an dein Publikum, wenn du dich auf den Vortrag eines Gedichtes vorbereitest.

1 Diskutiert, ob es stimmt, was in der Sprechblase steht.
Ja, ich muss an mein Publikum denken, da ...
Nein, ich muss nicht an mein Publikum denken, weil ...

2 Erstellt eine Liste: Was sollte bei einem wirkungsvollen Gedichtvortrag berücksichtigt werden?

Frantz Wittkamp

Warum sich Raben streiten

Weißt du, warum sich Raben streiten?
Um Würmer und Körner und Kleinigkeiten,

um Schneckenhäuser und Blätter und Blumen
und Kuchenkrümel und Käsekrumen

und darum, wer recht hat und unrecht, und dann
auch darum, wer schöner singen kann.

Mitunter streiten sich Raben wie toll,
darum, wer was tun und lassen soll,

und darum, wer Erster ist, Letzter und Zweiter
und Dritter und Vierter und so weiter.

Raben streiten um jeden Mist.
Und wenn der Streit mal zu Ende ist,

weißt du, was Raben dann sagen?
Komm, wir wollen uns wieder vertragen!

1 Führt ein Leseexperiment durch. Besprecht nach jedem Experiment, wie es auf euch gewirkt hat.
   a Lest das Gedicht laut.
   b Tragt es in Robotersprache vor: **Weißt-du-wa-rum-sich-Ra-ben-...**
   c Nuschelt den Text oder sprecht so deutlich wie ein Nachrichtensprecher.
   d Spielt mit eurer Stimmlautstärke: Flüstert das Gedicht. Steigert eure Stimmlautstärke bis zu einem bestimmten Satz und flüstert dann wieder.

2 In dem Gedicht wird behauptet „Raben streiten um jeden Mist" (Vers 11).
   a Um was streiten sie?
   b Worüber streiten sich Kinder?

Wilhelm Busch

Fink und Frosch

Im  ? pfeift ein Fink
sein: pinkepink!
Ein Laubfrosch klettert mühsam ?
bis auf des Baumes ?
5 und bläht sich auf und ? : „Ja, ja!
Herr Nachbar, ik bin och noch da!"

Und wie der Vogel frisch und süß
sein ? erklingen ließ,
gleich muss der Frosch in rauen ?
10 den Schusterbass dazwischen ? .

„Juchheija, heija!", spricht der Fink,
„Fort ? ich flink!"
Und schwingt sich in die Lüfte ? .
„Wat!", ruft der ? . „Dat kann ik och!"

15 Macht einen ? Satz,
fällt auf den harten Gartenplatz,
ist platt, wie man die ? backt
und hat für ewig ? .

Wenn einer, ? mit Mühe kaum
20 gekrochen ist auf einen ? ,
schon ? , dass er ein Vogel wär
so ? sich der.

1 Aus dem Gedicht sind ein paar Wörter in das Bild daneben gehopst.
Setzt die Wörter wieder ein. Schreibt das ganze Gedicht in Schönschrift in euer Heft.

2 Lest das Gedicht mit verteilten Rollen. Spielt dabei mit dem Sprechtempo:
a Sprecht einmal so langsam wie eine Schnecke oder so schnell wie eine Maus.
b Was sagen die Zuhörer zu der Wirkung?

3 Markiert in dem abgeschriebenen Gedicht Sprechpausen mit einem Querstrich, z. B.:
Im Apfelbaume / pfeift ein Fink

4 Wenn ihr z. B. Wut empfindet, dann hört man das auch an eurer Stimme.
a Mit welchen Gefühlen sprechen wohl Fink und Frosch?
Tragt die Sätze, die sie sprechen, in diesem Ton vor (Verse 5–6, 11–12, 14).
b Begleitet ihre Sätze mit einer Körperhaltung, Mimik und Gestik, die zu den Gefühlen passen.
c Spielt das Gedicht. Ein weiteres Tier mischt sich ein. Was könnte es sagen?

Ich gebe dir ein Feedback …

Ein Feedback ist mehr als: „Das hat mir gut gefallen."
Bei einem Feedback zu einem Gedichtvortrag beachtet und bewertet ihr genau die Punkte, die für einen wirkungsvollen Vortrag wichtig sind.

James Krüss

Küken-Kindergarten

Das huschelt und kuschelt
Und trippelt und kippelt
Und kribbelt und wibbelt,
Das pickt und das piept,
5 Das huselt und wuselt.
Man wird ganz beduselt,
Wenn man auf dem Hofe
Die Küken erblickt.

Aufs Picken und Nicken
10 Der Küken zu blicken
Macht Kinder nicht minder
Wie Große konfus.
Das schlägt sich, verträgt sich,
Das zieht sich, das liebt sich
15 Und kommt mit Gerenne
Zur Henne am Schluss.

Doch friedlich und niedlich
Hockt schließlich gemütlich
Die flauschige, bauschige,
20 Lauschige Schar,
Geborgen vor Sorgen,
Im Schutze der Glucke,
Die früher genau so
Ein Kükenkind war.

1 a Vergleicht den Feedback-Bogen mit eurer Liste (▶ S. 118, Aufgabe 2 oben).
b Übt das Gedicht so zu lesen, dass der Küken-Kindergarten durch eure Stimme lebendig wird. Beachtet eure Liste und die Merkmale des Feedback-Bogens.

2 a Tragt das Gedicht in der Klasse vor.
b Gebt für jeden Vortrag mit Hilfe des Bogens ein Feedback.

Feedback-Bogen – Merkmale für einen wirkungsvollen Gedichtvortrag

– Wird **deutlich** gesprochen?
– Wird die **Stimmlautstärke** sinnvoll eingesetzt (laut und leise)?
– Wird mit dem **Sprechtempo** gespielt (langsam oder schnell)?
– Werden sinnvolle **Sprechpausen** gemacht?
– Passt der **Tonfall** (z. B. wütend, aufgeregt …) zum Gedicht?

Reime entdecken

Frantz Wittkamp

Tierfamilien unter sich

Wenn beide Eltern Enten sind,	→ Vers
ein ganz normaler Fall,	→ Vers
dann kriegen sie ein Entenkind	→ Vers
und keine Nachtigall.	→ Vers

eine Strophe, die aus vier **Versen** besteht

1 Entwerft ein neues „Tierfamilien"-Gedicht. Es soll ebenfalls aus einer Strophe mit vier Versen bestehen, z. B.: *Wenn beide Eltern Mäuse sind,*
das löst sich elegant,
dann kriegen sie
...

Robert Gernhardt

Seit Wochen suchen wir ein Haus

Seit Wochen suchen wir ein Haus, wir müssen aus dem alten raus.
Das neue sollte nicht zu klein und etwa so beschaffen sein: acht Zimmer zum Hausen, acht Küchen zum Schmausen, acht Wannen zum Duschen, acht Flure zum Huschen, acht Öfen zum Wärmen, acht Treppen zum Lärmen, acht Fenster zum Gucken, acht Ecken zum Spucken, acht Türen zum Schlagen, acht Wände zum Nagen –; rundherum ein Riesenpark, Preisvorstellung: Eine Mark. Wer hilft uns aus der Wohnungsnot? Wir warten auf Ihr Angebot!
Familie Erdmännchen

1 Lest das Gedicht laut vor. Was stimmt hier nicht?

2 **a** Schreibt das Gedicht so ins Heft, dass an den Enden der Verse Wörter stehen, die gleich klingen:
Seit Wochen suchen wir ein **HAUS**,
wir müssen aus dem alten **RAUS**.
Tipp: Gestaltet die Wörter, die gleich klingen, besonders schön.
b Aus wie vielen Versen besteht das Gedicht?

Information	**Der Reim (Plural: die Reime)**

Wörter **reimen** sich, wenn die Vokale und die folgenden Buchstaben gleich klingen, z. B.:
gut – Mut, klingen – singen, Baum – Traum.
Meist stehen die Wörter, die sich reimen, am Ende des Verses. Man kennzeichnet die Reime alphabetisch mit Kleinbuchstaben. Jeder Reim, der gleich klingt, bekommt denselben Buchstaben. So erhält man das **Reimschema** und den **Namen** des Reimes, z. B.: *aa bb = Paarreim.*

Teste dich!

Heinz Erhardt

Das Finkennest

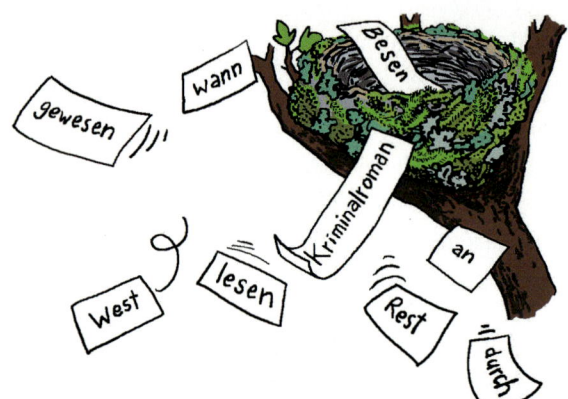

Ich fand einmal ein Finkennest,	a
und in demselben lag der ❓	a
von einem ❓.	b
Nun sieh mal ❓:	b
der Fink konnt ❓!	c
Kein Wunder, es ist ein Buchfink ❓.	c

1 Welches Reimwort kommt wohin? Schreibe das Gedicht in dein Heft.
Aufgepasst: Es gibt im Wortspeicher mehr Reimwörter, als du benötigst.
Tipp: Die Information auf S. 121 kann dir helfen, die richtigen Reimwörter auszuwählen.

2 Da stimmt etwas nicht. Welche Buchseiten gehören zusammen?
a Übertrage die Buchseiten richtig in dein Heft.
b Wähle ein Reimschema aus und verfasse ein eigenes Gedicht.

Heinz Erhardt

Der Schmetterling

Es war einmal ein buntes Ding,
und guckte nicht nach hinten.
der war wie alle Falter,
dass was von hinten kommen kann.
5 ein so genannter Schmetterling,
Er nippte hier und nippte dort,
verwundert war, als man ihn fing.
recht sorglos für sein Alter.
flog zu den Hyazinthen[1]
10 und war er satt, so flog er fort,
Er dachte nämlich nicht daran,
So kam's, dass dieser Schmetterling

---

1 Hyazinthe: eine Blume

1 Bei diesem Gedicht stimmt nur der Anfang. Schreibe die Verse in der richtigen Reihenfolge in dein Heft und trage es vor. **Tipp:** Das Gedicht ist in Paarreimen verfasst.

2 a Notiere alle Begriffe, die du in diesem Kapitel dazugelernt hast mit einer neuen Farbe in deinem Dichterkoffer (▶ S. 117, Aufgaben 1, 2).
b Tauscht eure Dichterkoffer und erklärt euch gegenseitig den Inhalt.

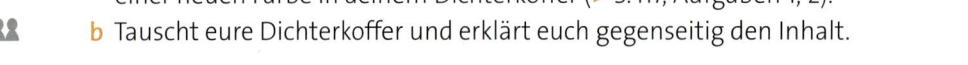

8.2 Schreibwerkstatt – Selbst dichten

Station 1: Reimwörter finden

B	I	E	N	E	X	M	E	I	N
I	H	H	I	L	E	Y	I	E	L
T	I	G	U	M	Ü	C	K	E	U
K	R	Ü	C	K	E	J	E	T	Z
L	E	F	E	Z	V	E	R	H	E
V	X	R	G	H	U	M	M	E	L
A	S	L	I	K	J	E	H	I	G
B	Y	F	U	T	T	E	R	N	O
M	I	E	N	E	W	O	L	M	I
O	M	U	T	T	E	R	N	O	L
G	E	B	S	C	H	W	E	I	N
R	U	M	M	E	L	Z	D	M	V

1 In dem Kasten befinden sich zehn Reimwörter.
Sie sind waagerecht eingetragen.
Die zehn Reimwörter ergeben fünf Reimpaare.
Entdeckt sie und tragt sie in einer Tabelle in
euer Heft ein.

reimt sich auf	
Biene	...
...	...

2 Findet eigene Reimpaare. Ergänzt sie in eurer Tabelle.

reimt sich auf	
Hund	*gesund*
bellen	...

3 Verfasst mit einigen der Reimwörter ein eigenes
Gedicht. Entscheidet euch für einen Paarreim oder
für einen Kreuzreim.
Tipp: Du kannst auch diese Schreibhilfe nutzen:

> Gestern warf Otto nach Max mit 'nem **Ei.**
> Das gab vielleicht ein **Geschrei!**
> Die Sonntagshose einst hübsch **weiß**
> ziert nun ein dottergelber **Kreis.**
> Was glaubst du wohl, was dann **geschah** ...

4 **a** Malt zu eurem Gedicht ein Bild.
b Arbeitet zu zweit. Tauscht eure Bilder und
bewertet sie.
Passt das Bild zu dem Gedicht?

Station 2: Dazwischenreden oder antworten

Welche Gedanken gehen euch durch den Kopf, wenn ihr ein Gedicht lest?
Schreibt sie einfach zwischen die Verse. Eure Zwischenrede muss sich nicht reimen, z. B.:

Das Gedicht **ohne** Zwischenrede	Das Gedicht **mit** Zwischenrede
Jürgen Spohn	
Idee	**Idee**
	Welche Idee?
Fragt sich ein Huhn:	Fragt sich ein Huhn:
	Na, was denn nun?
Was kann ich für die Nachwelt tun	Was kann ich für die Nachwelt tun
	Ein Huhn, das was vererben will?
in diesem Alltagseinerlei?	in diesem Alltagseinerlei?
	Das ist ja allerhand!
Ach ja, ich hab's,	Ach ja, ich hab's,
	Da bin ich aber mal gespannt.
ich leg ein Ei.	ich leg ein Ei.
	Au wei!

1 Sucht euch aus diesem Kapitel ein Gedicht aus, bei dem ihr dazwischenreden möchtet. Verwendet für die Originalverse eine andere Schrift oder eine andere Farbe.

Max Kruse

Schafsgedanken

Einem Schaf
macht es kein Vergnügen
zu sehen, dass
die Vögel fliegen.
5 Manche Schafe
grübeln drum:
Warum
fliegen die Vögel
herum?
10 Während
ein Schaf
nur geht
oder liegt –
aber nie fliegt!

15 Offenbar gibt es
auf diesem Gebiet
einen betrüblichen
Unterschied.
Und natürlich
20 denkt es dann:
Meine Eltern
sind schuld daran!

Du liebes Schaf!
Es macht dir also kein Vergnügen
zu sehen, dass
die Vögel fliegen
und du denkst tatsächlich dann,
deine Eltern
sind schuld daran?
Dazu will ich dir sagen,
vielleicht kannst du's vertragen
...

2 Was sagt ihr dem Schaf, wenn es euch begegnet?
 a Spielt ein Gespräch.
 b Verfasst ein Antwortgedicht. Beginnt z. B. so:

Station 3: Ein Lautgedicht schreiben

Bei einem Lautgedicht könnt ihr mit Vokalen (a, e, i, o, u) oder anderen Buchstaben experimentieren, so wie es euch Spaß macht.

Ernst Jandl

ottos mops

ottos mops trotzt
otto: fort mops fort
ottos mops hopst fort
otto: soso

5 otto holt koks
otto holt obst
otto horcht
otto: mops mops
otto hofft

10 ottos mops klopft
otto: komm mops komm
ottos mops kommt
ottos mops kotzt
otto: ogottogott

1 Welche Bildreihe rechts oder links stellt die Handlung des Gedichtes richtig dar?

2 Übt das Gedicht für einen Vortrag ein.
Experimentiert mit der Stimme, dem Ton, der Lautstärke, dem Tempo und den Pausen.

3 Schreibt ein eigenes Lautgedicht.
a Sammelt mindestens zehn Wörter mit gleichem Vokal, z. B.:

A: Hahn, Harald, zahlt, malt, …	*J: Jltis, Wind, lieb, Sieb, gibt, …*
E: Esel, Meere, lesen, beten, …	*U: Uhu, Wut, hupt, lugt, …*

b Entwerft ein Gedicht, in dem nur ein Vokal vorkommt, z. B.:
Haralds Hahn sagt …   oder: *Muzuls Uhu rutscht*
Tipp: Ihr könnt auch Wörter mit anderen Buchstaben sammeln und daraus ein Lautgedicht machen, z. B.:
Schnecken erschrecken …   oder: *Krächzende Krähen …*

Station 4: Wörter verdrehen

Mira Lobe

Der verdrehte Schmetterling

Ein Metterschling
mit flauen Blügeln
log durch die Fluft.

Er war einem Computer entnommen,
5 dem war was durcheinandergekommen,
irgendein Drähtchen,
irgendein Rädchen.

Und als man es merkte, da war's schon zu spätchen,
da war der Metterschling schon feit wort,
10 wanz geit.
Mir lut er teid.

1 Was ist denn hier passiert?
a Repariert das Gedicht so, dass kein Wortverdreher mehr vorkommt.
b Tragt zuerst das verdrehte Gedicht und danach euer überarbeitetes vor.

2 Wie sieht das Gedicht „Der verdrehte Schmetterling" wohl gemalt aus?
Zeichnet in euer Heft.

Das Gedicht **ohne** verdrehte Wörter

Joseph Guggenmos

Der Maulwurf

Der Maulwurf, schwärzer als die Nacht,
ist wie aus lauter Samt gemacht.
In dunkler Erde ist sein Reich.
Wie's droben ausschaut, ihm ist's gleich.

Das Gedicht **mit** verdrehten Wörtern

Der Waulmurf

Der Waulmurf, närzer als die Schwacht,
ist wie aus ...

1 Werdet selbst zum Wortverdreher. Verdreht das Gedicht „Der Maulwurf".

2 Ihr könnt auch in einem Gedicht, das ihr selbst geschrieben habt, die Wörter verdrehen, z. B.:

Ein Goldfisch   →   Ein Foldgisch
mit roten Schuppen ...   →   mit schoten Ruppen ...

Station 5: Elfchen und Stufengedichte

Elfchen

> Schwarz
> eine Fliege
> fliegt zur Fensterscheibe
> über meinem müden Ohr
> Sommerbrummer
>
> *Tobias, 11 Jahre*

> Weiß
> meine Katze
> schmiegt sich an
> läuft durch meine Beine
> schmusig
>
> *Helena, 10 Jahre*

> Hellbraun
> ein Regenwurm
> umkringelt die Erde
> bringt alle zum Quietschen
> Spaß
>
> *Hassan, 10 Jahre*

1 Elfchen sind Mini-Gedichte, die nur aus elf Wörtern bestehen.
Die Elfchen von Tobias, Helena und Hassan sind nach einer ganz bestimmten Regel „gebaut".
Vervollständigt in Partnerarbeit den folgenden Elfchen-Bauplan. Schreibt in eure Hefte.

Elfchen-Bauplan		
1. Vers	ein Wort	eine Farbe
2. Vers	zwei Wörter	ein Tier, das zu dieser Farbe passt
3. Vers	drei Wörter	
4. Vers	...	...
5. Vers	...	...

2 Schreibt nach diesem Bauplan ein eigenes Elfchen.

Stufengedicht

> **Igel**
> Igel kugeln
> Igel kugeln sich
> Igel kugeln sich rund
> Igel kugeln sich rund und
> Igel kugeln sich rund und träumen
> Igel kugeln sich rund und träumen vom
> Sommer
>
> *Leon, 10 Jahre*

> **Krähen**
> Krähen krächzen
> Krähen krächzen Krawall
> Krähen krächzen Krawall und
> Krähen krächzen Krawall und kreischen
> davon
>
> *Hatice, 11 Jahre*

3 Leon und Hatice haben Stufengedichte verfasst.
Erklärt einem Mitschüler den Bauplan für ein Stufengedicht.

4 Schreibt selbst ein Stufengedicht, z. B. über Elefanten, Kühe, Katzen oder andere Tiere.

Station 6: Ein Parallelgedicht schreiben

Christina Zurbrügg

Einmal

Einmal
verwandle ich mich in ein Tier,
das ? wie ein Frosch,
? wie eine Schnecke
5 und ? wie ein Reh.
Ich ? die Augen von einem Uhu
und kann den Kopf
? wie ein Falke.
Ich ? mich wie eine Raupe tief
10 in die Erde
und lasse mich an einem Faden
vom Wind durch das Land ? .
Ich werde Räder ? wie ein Pfau,
? wie eine Taube
15 und ? wie ein Rabe.
Und einmal kommt der Jäger,
und der ? mich nicht.

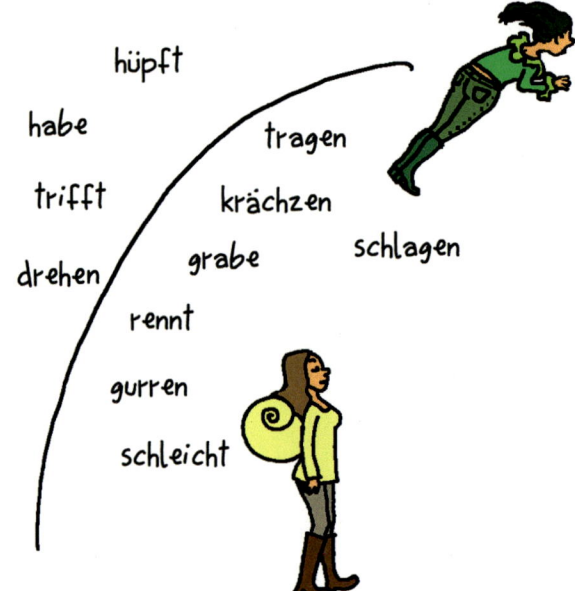

hüpft
habe
tragen
trifft
krächzen
drehen
grabe
schlagen
rennt
gurren
schleicht

1 a Vervollständigt in eurem Heft das Gedicht. Nutzt die Wörter, die neben dem Gedicht stehen.
   b Ersetzt das letzte Verb durch eines, das ebenfalls zum Sinn der Verse 16–17 passt.

2 Verfasst zum Gedicht „Einmal" ein Parallelgedicht. Geht so vor:
   a Beginnt mit den ersten beiden Versen. Schreibt sie entweder genau ab oder überlegt euch etwas anderes, in das ihr euch verwandeln möchtet, z. B.:

Einmal	oder:	*Einmal*
verwandle ich mich in ein Tier,		*verwandle ich mich in einen Fußballprofi,*

   b Ersetzt in den Versen 3–15 Wörter zu dem Wesen (Tier, Mensch, Gegenstand), das ihr sein möchtet. Ihr könnt auch Verse unverändert übernehmen.
   c Endet wie in den Versen 16–17:
   Und einmal kommt der Jäger/Schiedsrichter,
   und ...

   Information Das Parallelgedicht

   Das Wort **parallel** bedeutet „gleich, ähnlich, verwandt".
   In einem Parallelgedicht stellt ihr etwas ähnlich wie im Originalgedicht dar.
   Vor allem die **Form** bleibt gleich (z. B. Paarreim, Strophenzahl).

8.3 Projekt – Rund um Gedichte

Ein Gedichtfest feiern

Auf einem Gedichtfest können eigene und andere Gedichte vorgetragen, euer Klassengedichtbuch
(▶ S.130) präsentiert werden oder …

1 Habt ihr auch Lust, ein Gedichtfest zu feiern? Diskutiert die Idee.

2 Beachtet die folgende Checkliste, wenn ihr ein Gedichtfest organisieren wollt.
Tipp: Erstellt ein großes Organisationsplakat.
Tragt darauf eure Ergebnisse zur Checkliste ein und hängt es gut sichtbar auf.

Checkliste

Ein Gedichtfest organisieren
- **Wann** soll das Fest stattfinden? *Auf einem Elternabend, während eines Schulfestes, …*
- **Schmücken** wir für das Fest den Klassenraum?
- Wie stellen wir während des Festes z. B. unser **Klassengedichtbuch** vor? *Zur Ansicht oder zum Verkauf, Gedichtwand im Klassenzimmer, …*
- Brauchen wir **Einladungen?** Wer schreibt die Einladungen? Wie werden sie verteilt?
- Wie soll das **Programm** aussehen? Wer erstellt das Programm?
- Wer übernimmt welchen Gedichtvortrag? Wer übt mit wem den Vortrag?
- Wer stellt die **Vortragenden** vor?
- Wie sieht der **Zeitplan** aus?

3 Bildet verschiedene Gruppen, um das Gedichtfest zu organisieren, z. B.:
– Gruppe: Einladungskarten
– Gruppe: Programm
– Gruppe: Vortragende
– Gruppe: Klassenraumgestaltung
– Gruppe: Zeitplan

Ein Gedichtbuch anlegen & gestalten

Ein Gedichtbuch anlegen
- **Wann** soll das Buch fertig sein?
- Wie soll das **Titelblatt** aussehen? Wer entwirft es?
- **Welche Gedichte** sollen in das Buch? Nehmen wir nur eigene oder auch andere Gedichte?
- **Wie gestalten** wir die Gedichte?
- Wie kann das ganze Gedichtbuch **vervielfältigt** werden? Wer trägt die **Kosten?**

1 Habt ihr Lust, ein eigenes Gedichtbuch anzulegen? Diskutiert die Idee.

2 Besprecht und ergänzt die Checkliste, wenn ihr ein Gedichtbuch anlegen wollt.

3 Überlegt, wie ihr eure Gedichte besonders schön gestaltet.
a Beachtet die Hinweise, die bei dem folgenden Beispiel stehen.
b Wählt weißes oder buntes, einfaches oder besonderes Papier.
c Schreibt mit einer Farbe oder mit mehreren.

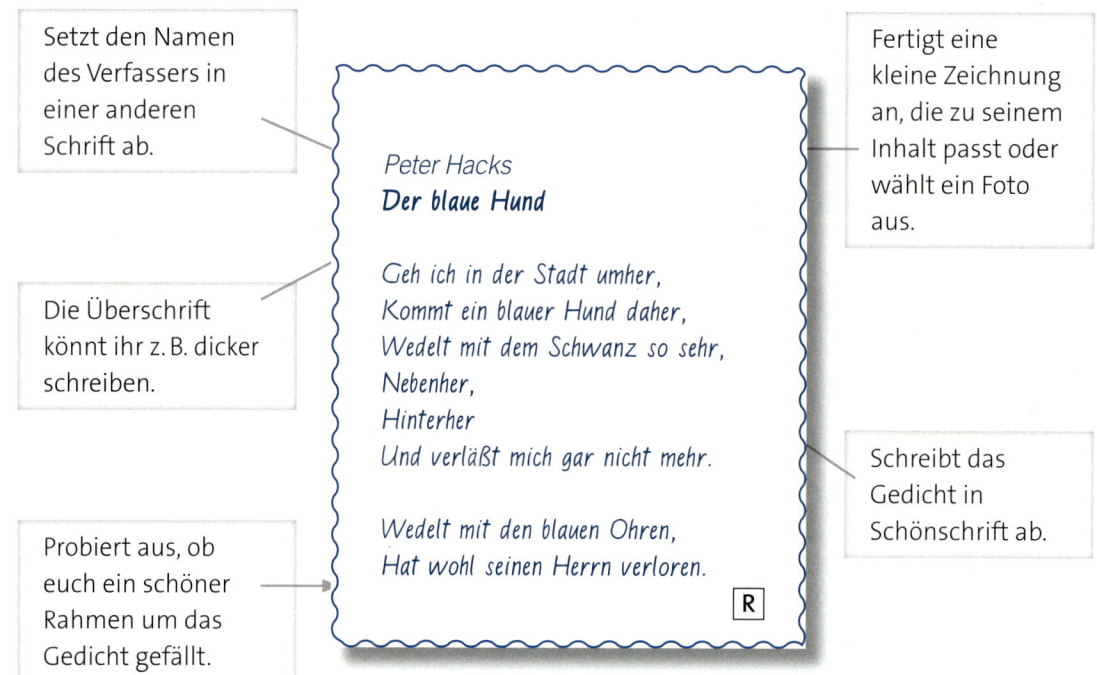

Setzt den Namen des Verfassers in einer anderen Schrift ab.

Fertigt eine kleine Zeichnung an, die zu seinem Inhalt passt oder wählt ein Foto aus.

Die Überschrift könnt ihr z. B. dicker schreiben.

Peter Hacks
Der blaue Hund

Geh ich in der Stadt umher,
Kommt ein blauer Hund daher,
Wedelt mit dem Schwanz so sehr,
Nebenher,
Hinterher
Und verläßt mich gar nicht mehr.

Wedelt mit den blauen Ohren,
Hat wohl seinen Herrn verloren.

R

Schreibt das Gedicht in Schönschrift ab.

Probiert aus, ob euch ein schöner Rahmen um das Gedicht gefällt.

Schreibwörter			
der Reim, die Reimwörter	die Strophe	dichten	lebendig
der Paarreim	der Vers	vortragen	auswendig
der Kreuzreim	das Programm	betonen	deutlich
der umarmende Reim	der Vortrag	gestalten	langsam

130

Vorhang auf! –
Theaterszenen spielen

1 Habt ihr schon einmal ein Theaterstück gesehen oder in einem mitgespielt? Berichtet davon.

2 Beschreibt das Bild oben:
a Wie ist die Bühne gestaltet?
b Welche Kleidung tragen die Kinder?
c Welche Körperhaltungen nehmen
die Kinder ein?
d Welche Gefühle zeigen sie?

In diesem Kapitel …

– lernt ihr einen Text für die Bühne
kennen,
– übt ihr, wie man sich auf der Bühne
bewegt und spricht,
– führt ihr ein Puppenspiel auf.

9.1 Ein Mensch vor dem Gericht der Tiere – Einen Bühnentext erschließen

Im Gegensatz zu Erzählungen oder Sachtexten werden Bühnentexte geschrieben, um sie vor einem Publikum aufzuführen. Deswegen sind sie ein bisschen „anders".

Helen Gori

Ein Mensch vor dem Gericht der Tiere

(Im Gerichtssaal sind fast alle Tiere versammelt. Der angeklagte Mensch wird vom Schwein hereingeführt.)

LÖWE: Darf ich Sie um Ihre Personalien bitten?

5 **MENSCH:** Mensch, geborener Affe, auf die Welt gekommen vor etwa 40 000 Jahren, wohnhaft überall auf der Welt.

TINTENFISCH: Mensch, Sie sind angeklagt, eine unermesslich große Zahl von unschuldigen Tie-
10 ren umgebracht, gefressen, gequält, geschlachtet, hingerichtet, gejagt, erschossen und überfahren zu haben. Wegen Ihrer untierischen Quälereien und Massenmorde stehen Sie vor dem Gericht der Tiere.

15 **LÖWE:** Bekennen Sie sich schuldig?

MENSCH: Nicht schuldig.

LÖWE: Dann wollen wir die Zeugen hören. Herr Staatsanwalt, darf ich bitten?

FUCHS: Mein erster Zeuge ist der Igel.

20 **IGEL:** *(weinerlich)* Ich wollte eigentlich gar nicht zu dieser Gerichtsverhandlung kommen. Gerade in der heutigen Nacht ist mein lieber Mann, der unvergessliche Kasimir, von einem Eisenteufel überfahren worden. Und ein
25 Mensch saß darin und kümmerte sich überhaupt nicht um ihn.

LÖWE: Wir werden Sie in der Gerichtsverhandlung schonen, wenn es möglich ist. *(zur Katze,*

Verteidiger) Haben Sie noch Fragen an unseren Igel?
30 **KATZE:** Nein.

LÖWE: Wer ist der nächste Zeuge, Herr Staatsanwalt?

FUCHS: Der Frosch.

FROSCH: Es ist doch wirklich eine Schweinerei 35
...

SCHWEIN: Ich protestiere, mein Name darf nicht so missbraucht werden!

FROSCH: Entschuldigung, ich wollte niemanden beleidigen. Es ist doch wirklich eine Men- 40
scherei, wie die Menschen unsere Gewässer und kleinen Seen verschmutzen! In diesem Waschmittelschaum kann doch niemand mehr leben! Aber noch schlimmer ist, dass jedes Frühjahr Millionen von Fröschen überfahren 45
werden von diesen merkwürdigen Blechbüchsen, in denen Menschen sitzen.

FUCHS: Das ist ja schrecklich! Und was passiert sonst noch mit deinen Freunden und Verwand-
ten? 50

FROSCH: Ach ja, die schlimmste Quälerei habe ich doch beinahe vergessen. Diese gemeinen Hunde ...

HUND: Also, ich bin mit diesem Wort wohl kaum gemeint ... 55

1 Notiert, was euch an dem Bühnentext „Ein Mensch vor dem Gericht der Tiere" auffällt:
a Worum geht es in dem Textauszug?
b Sind die Vorwürfe der Tiere berechtigt? Begründet.
c Welche besondere Form hat der Text? Was unterscheidet ihn z. B. von einer Erzählung?

2 Lest den Text ein zweites und drittes Mal und bearbeitet folgende Aufgaben:
a Welche Rollen (Aufgaben) nehmen die Tiere und der Mensch im Gericht ein?
Ordnet in eurem Heft dem Menschen und den Tieren ihre Rollen zu, z. B.: *Hund = Publikum, ...*

Löwe		Verteidiger
Mensch		Zeuge (2x)
Tintenfisch		Angeklagter
Fuchs		Staatsanwalt/ Ankläger
Igel		
Katze		Richter
Frosch		Schreiber
Schwein		Gerichtsdiener
Hund		Publikum

b Wählt jeweils eine Tierrolle aus und legt dazu eine Mindmap in euren Heften an, z. B.:

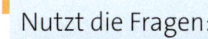

Nutzt die Fragen:
– Was wirft mein Tier dem Menschen vor?
– Wie soll sich mein Tier verhalten?
– Welche Eigenschaften hat es?
– Wie spricht es? Wie bewegt es sich?

Eigenschaften — *Verhalten* — *Vorwurf* — **Tier** — *Bewegung/Sprechweise*

3 Findet ihr, dass die Tiere im Bühnentext für die Rollen gut ausgewählt wurden? Begründet eure Meinung, z. B.: *Ich finde, der Löwe passt (nicht) zu der Rolle des ..., weil ...*

Information **Die Rolle**

Rolle nennt man die Figur oder die Gestalt, die eine Schauspielerin oder ein Schauspieler auf der Bühne oder im Film darstellt.

133

Helen Gori

Ein Mensch vor dem Gericht der Tiere (Fortsetzung)

FROSCH: Oh, Entschuldigung, diese gemeinen Menschen reißen uns Fröschen bei lebendigem Leib die Beine aus und braten sie, um sie dann als so genannte Delikatesse zu verspei-
60 sen. Wir armen Frösche müssen in einem stundenlangen Todeskampf zu Grunde gehen. Ich bin dafür, dass man auch einem Menschen alle seine Beine ausreißt ...

LÖWE: Den Strafantrag stellt später der Staats-
65 anwalt, dazu haben Sie nichts zu sagen! *(zur Katze)* Sind noch Fragen an den Zeugen Frosch?

KATZE: *(Die Katze steht von ihrem Platz auf. Sie läuft mit verschränkten Armen hin und her. Sie*
70 *macht vor dem Frosch halt.)* Haben Sie auch schon die kleinen Zäune gesehen, die von den Menschen nur darum gemacht wurden, damit die Frösche nicht überfahren werden?

FROSCH: *(verunsichert)* Ja schon, aber die sind
75 doch nur da, weil die Menschen uns lieber essen als überfahren! [...]
1 ←
FUCHS: Meine nächste Zeugin ist die Schnecke.

SCHWEIN: Die Schnecke ist leider noch nicht da. Ich glaube, sie hat sich ein wenig verspätet.

FUCHS: Gut, dann rufe ich zuerst die Schlange 80
in den Zeugenstand. [...] ————→ 2

SCHLANGE: Dass ich jetzt noch lebe und zu Ihnen sprechen kann, und dass ich nicht schon in Form eines Geldbeutels oder einer Damenhandtasche vor Ihnen stehe, habe ich nur mei- 85
ner Intelligenz zu verdanken, sonst hätten mich die Menschen schon längst umgebracht ...

KATZE: Aber Sie waren doch einst sehr gut befreundet mit dem Menschen, wenn man so an 90
Eva im Paradies denkt ...

SCHLANGE: [...] Das war nur ein Trick von mir, sonst hätten die Menschen auch aus dem Para- ————→ 3
dies einen Schweinestall gemacht!

SCHWEIN: [...] Ich protestiere ... 95 ————→ 4

SCHLANGE: [...] Ja natürlich, ich entschuldige ————→ 5
mich in aller Form. Ich meine natürlich einen Menschenstall!

1
a Kennt ihr das Wort „Delikatesse" (Z. 59)? Was bedeutet es?
b Wer kennt die Geschichte von „Eva im Paradies" (Z. 91)? Erzählt die Geschichte.

2 Sprecht den Text mit verteilten Rollen. Wie viele Sprecher benötigt ihr?

3 Einige Regieanweisungen fehlen.
a Ergänzt den Text: Ordnet die Regieanweisungen den Zahlen im Text zu.
Tipp: Richtig zugeordnet, ergeben die Buchstaben vor den Regieanweisungen ein Lösungswort.
b Überlegt eigene Regieanweisungen, z. B. für die Zeilen 56, 64 und 89.

Regieanweisungen

E *(nickend)*
R *(Die Katze geht zurück an ihren Platz. Der Fuchs erhebt sich.)*
G *(zischend)*
E *(Der Fuchs setzt sich. Die Schlange tritt vor das Gericht.)*
I *(sehr verärgert)*

Information	**Die Regieanweisungen**

Hinweise darauf, wie die Figuren miteinander reden und sich verhalten, nennt man
Regieanweisungen. Sie stehen in Klammern hinter den Rollen oder zwischen zwei Rollen.

Helen Gori

Ein Mensch vor dem Gericht der Tiere (Fortsetzung)

(Der Fuchs erhebt sich.)

100 **Katze:** Ich bitte das Huhn in den Zeugenstand.
(Der Fuchs setzt sich. Das Huhn tritt vor das Gericht.)
Huhn: *(aufgeregt)* Ja, ich warte schon lange darauf, endlich einmal auszupacken! Ich lebe
105 unter unhühnischen Verhältnissen in einer Geflügelbatterie. Meine ungeborenen Kinder werden mir weggenommen und von den Menschen als Eier gegessen. Mit fünf anderen Hühnern bin ich in einem kleinen Käfig einge-
110 sperrt. *(schluchzend)* Ich hoffe nur, möglichst bald als Brathuhn gegessen zu werden, damit diese Qual ein Ende hat.
Katze: Aber wer bringt dir jeden Tag das Futter?
Huhn: Die Menschen natürlich, aber die füt-
115 tern mich nicht aus Nächstenliebe, sondern weil sie nicht gern zu Skeletten abgemagerte Hühner essen!
Fuchs: Mein nächster Zeuge ist der Blaubock.
(Niemand erscheint. Die Tiere werden unruhig. Gemurmel.) 120
Löwe: Ich glaube, Herr Staatsanwalt, es ist ihrer Aufmerksamkeit entgangen, dass der Blaubock von den Menschen ausgerottet wurde.
(Entrüstungssturm, die Tiere sprechen durcheinander.) 125

1 Überlegt, wie das Bühnenstück weitergehen könnte. Wählt Aufgabe a oder b.
- **a** Schreibt in Partnerarbeit eure eigenen **Dialoge** (▶ Information).
  Tipp: Ihr könnt auch weitere Tiere auftreten lassen, z. B. Hai, Affe, Leopard, Schnecke …
- **b** Listet untereinander auf, welche weiteren Tiere noch auftreten sollten.
  Schreibt hinter die Tiere, was sie dem Menschen vorwerfen könnten, z. B.:
  Hai: Der Mensch hält mich für ein Monster und jagt mich mit seinen großen Schiffen.

2 Wie könnte das Bühnenstück enden? Bearbeitet Aufgabe a oder b.
- **a** Ist der Mensch schuldig oder nicht schuldig?
  Verfasst das Urteil des Löwen als **Monolog** (▶ Information).
- **b** Überlegt, ob der Löwe den Menschen schuldig oder nicht schuldig sprechen soll.
  Verfasst dann sein Urteil mit Hilfe der folgenden Satzanfänge:
  - *Im Namen des Tiervolkes …*
  - *Nachdem sämtliche Zeugen gehört wurden, …*
  - *Die Beweise zeigen, dass …*
  - *… wird der Mensch verurteilt zu … / … wird der Mensch freigesprochen.*

Information   **Der Dialog, der Monolog**

- Wenn sich zwei oder mehrere Personen im Alltag oder als Figuren auf einer Theaterbühne unterhalten oder streiten, nennt man das einen **Dialog.**
- Im Unterschied dazu spricht man von einem **Monolog,** wenn jemand mit sich selbst spricht oder längere Zeit alleine redet.

9.2 Proben wie die Profis –
Sitzen, Stehen, Sprechen, Atmen

Im Alltag bereiten uns das Stehen, Sprechen und Atmen meist keine großen Schwierigkeiten. Auf der Bühne allerdings sind Bewegungen und Sprechweisen bewusst einzusetzen. Das muss man üben.

Übungen zum Sitzen und Stehen

1
a Beschreibt gegenseitig eure Körperhaltungen.
b Beschreibt die zwei nebenstehenden Bilder.
Welche Haltungen nehmen die Kinder auf dem Bild ein?
c Welche Unterschiede könnt ihr zu eurer eigenen Körperhaltung feststellen?

2
a Probt mindestens eine Minute lang das Sitzen und Stehen wie auf den Bildern.
Tipp: Legt zusätzlich eure Hände auf den Bauch. Atmet so ein und aus, dass nur der Bauch sich hebt und senkt. Versucht, Schultern und Brustkorb dabei nicht zu bewegen.
b Berichtet, wie ihr euch dabei gefühlt habt.

Methode	Grundhaltungen üben – Das Sitzen

1 Drei Schüler verlassen den Klassenraum.
2 Ein vierter Schüler setzt sich in der Klasse auf einen Stuhl und nimmt für mehrere Minuten eine ganz besondere Sitzhaltung ein.
3 Ein Schüler wird wieder hereingebeten.
Er hat eine halbe Minute lang Zeit, sich diese besondere Haltung zu merken.
4 Danach wechselt er mit dem „Original" den Platz und übernimmt möglichst genau dessen Sitzhaltung.
5 Jetzt werden nacheinander die anderen beiden Schüler hereingebeten. Auch sie schauen sich die Sitzhaltung an und ahmen sie anschließend möglichst genau nach.
6 Am Ende setzt sich das „Original" daneben, sodass die Sitzhaltungen miteinander verglichen werden können.

Übungen zum Sprechen

Verrückte Wortpaare

Baumschaden – Schaumbaden	Kinderrunde – Rinderkunde	Landhaus – Handlaus
Sturmgewalt – Wurmgestalt	Wiesenrand – Riesenwand	Heidekraut – Kreidehaut

1 a Sprecht die Wörter langsam und deutlich.
b Erläutert, wie die Wortpaare gebildet werden.

2 Wählt Aufgabe a/b oder c/d.
●●● a Ordnet die folgenden Wortpaare einander richtig zu.
Schreibt sie danach in eure Hefte, z.B.: *Baumschaden – Schaumbaden*, ...
👥 b Übt die Wortpaare zu zweit, bis ihr sie flüssig sprechen könnt.

~~Baumschaden~~	Katzenspur	Kleistermasse	Spatzenkur	Bein gerissen
Meisterklasse	reingebissen	Großmotte	~~Schaumbaden~~	Moosgrotte

●○○ c Schreibt die zehn Wörter oben auf einzelne Karten.
Mischt die Karten und spielt mit den Wortpaaren Memory.
👥 d Übt die Wortpaare zu zweit, bis ihr sie flüssig sprechen könnt.

Zungenbrecher

Menschen mögen Möwen leiden, während sie die Löwen meiden.

Es klapperten die Klapperschlangen, bis ihre Klappern schlapper klangen.

Sieben Riesen niesen, weil Nieselwinde bliesen. Ließen die Winde dieses Nieseln, ließen die Riesen auch das Niesen.

Der Potsdamer Postkutscher putzt den Potsdamer Postkutschwagen. Der Cottbusser Postkutscher putzt den Cottbusser Postkutschkasten.

3 a Arbeitet zu zweit. Wählt je einen Zungenbrecher aus und tragt ihn euch gegenseitig abwechselnd vor, bis ihr ihn fehlerfrei und auswendig aufsagen könnt.
b Wechselt euer Sprechtempo. Sprecht einmal langsam und ein zweites Mal schneller.
Tipp: Probiert verschiedene Sprechweisen. Sprecht z.B. einmal langsam und dann schnell.

Monologe und Dialoge proben und aufführen

Am Telefon	*Grundhaltung: stehen*
Hallo? ...	*einatmen; die Stimme heben; Pause*
Haaaaallo!	*einatmen; „aaaaaa" laut sprechen und langsam das ganze Wort*
...	*Pause*
Haaaaaaaaaaallo!	*einatmen; „aaaaaa" laut sprechen und langsam das ganze Wort*
...	*Pause*
Hallo-oooohhhh? ...	*einatmen; leise beginnen und langsam lauter werden; Pause*
Hallo, hallo, hallo! ...	*einatmen; sehr schnell sprechen; Pause*
Na, dann eben nicht!	*einatmen; leise und schnell; kurze Pause; Verbeugung*

4 a Übt den kleinen Monolog „Am Telefon" ein. Nutzt die Regieanweisungen rechts.

b Nehmt auch die Grundhaltung „Sitzen" ein und übt den Monolog.

Text 1	Text 2	Text 3
A: Hmmm!	**A:** Bist du endlich fertig im Bad?	Wer mit wem?
B: Was?	**B:** Fertig? Was meinst du damit?	Die mit dem!
A: Hmmm ...	**A:** Rate mal!	Der mit der?
B: Hä?	**B:** Wenn du *das* meinst, schon lange.	Bitte sehr!
A: Hmmm?	**A:** Und was sitzt du da noch?	Sie und er?
B: Hahaha!	**B:** Ich überlege.	Der und er?
A: Hmmm!	**A:** Was?	Wer ist wer?
	B: Warum man so selten in Ruhe	Wir mit ihr?
	gelassen wird, wenn man mal einen	Sie mit dir!
	Moment für sich allein ist.	Am Klavier!
		Du mit ihm!
		Sie mit ihm!
		Ich und du?
		Who is who?

5 Wählt Aufgabe a oder b. Beachtet die Methode „Dialoge einüben".

 a Arbeitet zu zweit. Wählt Text 1 oder 2 und übt ihn für eine Aufführung ein.

●●● b Bildet eine Dreiergruppe und übt Text 3 für eine Aufführung ein.

Tipp: Ihr könnt Text 3 auch fortsetzen, z. B. in einer anderen Sprache.

Methode	**Dialoge einüben**

- Überlegt euch gemeinsam eine **Situation,** in der das Gespräch geführt wird.
- Verteilt eure Rollen und übt die Dialoge ein. Probiert **verschiedene Sprechweisen.**
- Einigt euch, welche Sprechweisen und **Körperhaltungen** ihr einnehmen wollt.
- Übt euren Dialog mehrmals hintereinander, bis ihr ihn **auswendig** könnt.

9.3 Projekt – Ein Puppenspiel gestalten

Die Aufgaben verteilen und einen Projektplan erstellen

1 Das Bühnenstück „Ein Mensch vor dem Gericht der Tiere" habt ihr bereits kennen gelernt (▶ S. 132, 134, 135).
Besprecht, welche Textabschnitte (Szenen) ihr für ein Puppenspiel einüben wollt.

2 a Bildet verschiedene Gruppen, die unterschiedliche Aufgaben übernehmen, z. B.:
Gruppe „Bühnenbild", Gruppe „Regie", ...
b Besprecht in euren Gruppen, welche Arbeiten und Termine erledigt werden müssen.
c Erstellt als Klasse einen Projektplan, in dem alle Gruppenmitglieder, alle Aufgaben und alle Termine aufgelistet sind, z. B.:

Projektplan — „Ein Mensch vor dem Gericht der Tiere"			
	Gruppenmitglieder: Wer?	Aufgaben: Was?	Termine: Wann und wo?
Gruppe „Sprechrollen/Regie"	...	...	...
Gruppe „Puppen basteln"	...	...	...
Gruppe „Bühnenbild"	...	...	...
Gruppe „Technik"	...	...	...
Gruppe „Werbung"	...	...	...

Tipp: Besetzt alle Sprechrollen doppelt, z. B. für Krankheitsfälle.

Die Puppen basteln

Methode	Die Handpuppen herstellen – Eine Bastelanleitung

Ihr benötigt:
- einen alten Socken,
- ein Stück Pappe,
- zwei Wattekugeln oder Knöpfe für die Augen,
- eine Kugel für die Nase (Durchmesser: 2–4 cm),
- Watte, Woll-, Papier- und Stoffreste, evtl. Federn,
- eine Schere,
- Bunt- oder Textilstifte,
- Bastelkleber.

1 **Schneidet** ein Stück Pappe so zurecht, dass es ein längliches Oval ergibt. Dreht die Socke auf links und klebt dieses Oval in den Fuß der Socke (▶ Bild 1). Wenn der Kleber getrocknet ist, knickt ihr die Pappe in der Mitte und dreht die Socke wieder auf rechts. Greift ihr mit der Hand in die Socke, könnt ihr den späteren Mund der Puppe bewegen.

2 **Klebt** von außen ein passendes Stück Filz oder Pappe in den Mund, sodass er als Tiermaul erkennbar ist. Ihr könnt auch mit Papier Zunge und Zähne hinzufügen (▶ Bild 2).

3 **Gestaltet** Fell oder Federn. Schneidet dazu Wollfäden auf eine bestimmte Länge. Klebt diese Wollfäden an den Kopf der Puppe oder näht sie an. Befestigt auch die Augen (▶ Bild 3).

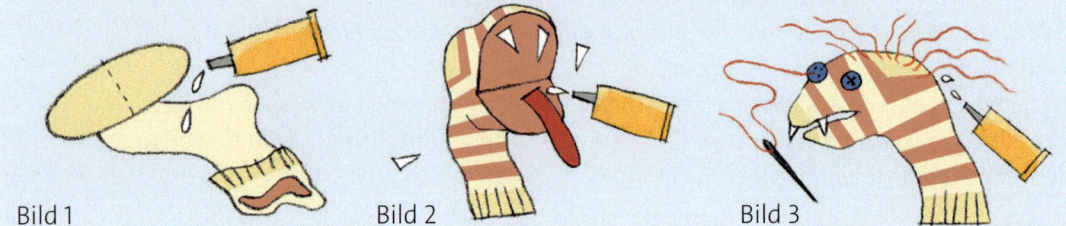

Bild 1   Bild 2   Bild 3

Ein Bühnenbild bauen

Um die fertigen Handpuppen richtig in Szene zu setzen, benötigt ihr eine passende Auftrittsmöglichkeit: Eine Bühne!

1 Auf dem Bild rechts seht ihr ein Bühnenbild für ein Puppentheater.
  a Beschreibt das Bühnenbild.
  b Besprecht, wie euer Bild aussehen soll. Welche Materialien benötigt ihr?

2 Gestaltet eine eigene Bühne.

Den Auftritt vorbereiten

1 Bereitet euren Auftritt wie folgt vor:
  a Überlegt euch passende Geräusche oder Musik, die euren Auftritt begleiten sollen.
  b Wählt einen Schüler, der euch den Text vorsagt, falls ihr eure Sätze vergessen solltet.
  c Gestaltet Werbe- und Informationsplakate, auf denen euer Auftritt angekündigt wird (Titel des Stückes, Namen der Spieler, Termine, Ort usw.).

2 Veranstaltet mit allen Gruppenmitgliedern eine Generalprobe, das heißt: Spielt das Stück mindestens einmal ganz ohne Unterbrechungen durch.

Schreibwörter				▶ S. 212
die Gerichtsverhandlung	anklagen	verteidigen	das Theater	die Rolle
die Bühne	der Dialog	der Monolog	aufführen	die Puppe

10 Was siehst du? –
Fernsehsendungen untersuchen

1 Welche Figuren oder Menschen kennt ihr aus dem Fernsehen?
   a Nennt die Namen der Figuren oder Menschen und die Titel der Fernsehsendungen.
   b Beschreibt, um was für eine Sendung es sich handelt, z. B.:
   Die Figur heißt ... Ich kenne sie aus der Fernsehsendung ...
   Bei dieser Sendung handelt es sich um
   eine Comicserie/einen Krimi ...

2 Welche Fernsehsendung seht ihr am liebsten? Beschreibt sie kurz und erklärt, was euch an dieser Sendung gefällt.

3 Welche Sendungen gefallen euch nicht? Nennt ein Beispiel und erklärt, warum ihr die Sendung nicht mögt.

In diesem Kapitel ...

- informiert ihr euch über Fernsehsendungen,
- untersucht ihr eine Fernsehserie und erfahrt, wie die Kamera Geschichten erzählt,
- lernt ihr, einen Sachtext über das Thema „Fernsehen" zu erschließen,
- denkt ihr über eure Fernseh- und Mediengewohnheiten nach.

10.1 Von den „Pfefferkörnern" bis „logo!" – TV-Sendungen bewusst sehen

Fernsehsendungen unterscheiden

18.¹⁰ PRO 7	19.⁵⁰ KIKA	8.⁴⁰ ARD	15.²⁵ SUPER RTL
Die Simpsons	**„logo!"**	**Die Pfefferkörner**	**Hannah Montana**

Ben

Ich schaue mir regelmäßig meine beiden Lieblingsserien an. Beide sind sehr spannend. In der einen Serie sind die Kinder Detektive. In der anderen Serie geht es um ein Mädchen, das gleichzeitig Schülerin und Popstar ist. Es gefällt mir, dass ich so richtig in die Handlung eintauchen kann. Ich versetze mich auch gern in die Figuren. Ich kann deren Probleme verstehen und bin immer gespannt darauf, wie sie sie lösen werden.

Lea

Ab und zu schaue ich mir auch mal eine Serie an. Comicserien finde ich besonders gut. Doch eigentlich interessieren mich vor allem Sendungen, die mir aktuelle Nachrichten liefern und Wissen vermitteln. Deshalb mag ich „logo!".

1 Lea und Ben interessieren sich für unterschiedliche Fernsehsendungen.
  a Ordnet Lea und Ben die Sendungen zu, die oben genannt werden.
  b Warum schauen Lea und Ben diese Sendungen gern? Nennt ihre Gründe.

2 a Stellt Vermutungen darüber an, welche weiteren Sendungen Lea und Ben gefallen könnten.
  b In welchen Sendungen werdet ihr eher informiert, welche unterhalten euch?

3 Stellt kurz weitere Sendungen vor, die Wissen vermitteln.

> **Information** | Unterhaltungssendungen und Informationssendungen
>
> Fernsehsendungen haben verschiedene Ziele. Sie können **informieren** oder **unterhalten**.
> - Zu den Sendungen, die informieren, zählen z. B. Nachrichtensendungen wie „logo!", „Tagesschau", „heute" oder „Expeditionen ins Tierreich".
> - Zu den Sendungen, die vor allem unterhalten, gehören Spielfilme, Shows („Das Supertalent") und Fernsehserien, in denen eine Geschichte erzählt wird.

Fernsehsehzeitschriften lesen

In Fernsehzeitschriften könnt ihr euch über das tägliche Sendeangebot informieren.

1 Lest die Angaben zur Sendung „Horseland, die Pferderanch". Wählt Aufgabe a oder b.

●●● **a** Formuliert, was ihr alles über die Sendung erfahrt.

●○○ **b** Worüber erhaltet ihr Informationen? Wählt die richtigen Stichwörter aus:

> Art der Sendung   Inhalt   Sendezeit   Alter der Schauspieler   Sendung wird wiederholt
> Name der Sendung   Länge der Sendung   Länder, in denen die Sendung gezeigt wird

2 Bearbeitet Aufgabe a und c oder b und c.

●●● **a** Schreibt aus der Fernsehzeitschrift oben heraus:
mindestens 3 Sendungen, die unterhalten, und 2, die informieren (▶ S. 144).

●○○ **b** Schreibt aus der folgenden Liste die Sendungen heraus, die informieren.

c Fügt den Sender (den Kanal), die Sendezeit und die Dauer hinzu:

> „Die Simpsons"   „Galileo"   „Huhu Uhu"   „Die beste Klasse Deutschlands"
> „Nachrichten"   „Niedrig und Kuhnt – Kommissare ermitteln"   „logo!"

3 Zwei Fernsehbeiträge werden durch diese Zeichen hervorgehoben: .
Erklärt, was diese Zeichen bedeuten könnten.

„Die Pfefferkörner" – Eine Fernsehserie untersuchen

Eine bei Kindern und Jugendlichen beliebte Krimiserie heißt „Die Pfefferkörner".

1 a Beschreibt die Internetseite der „Pfefferkörner". Was erfahrt ihr über „Die Pfefferkörner"?

b Schaut euch eine Folge der Serie an. Ihr könnt euch auch eine Folge aus einer anderen Serie ansehen. Notiert, worum es in der Folge geht.

Tipp: Falls ihr eine Folge im Fernsehen verpasst, könnt ihr sie auch im Internet anschauen.

Fernsehbilder erzählen eine Geschichte

In der „Pfefferkörner"-Folge „Auf und davon" geht es um ein kleines Segelboot. Das Boot ist sehr selten und deshalb sehr wertvoll. Gleich mehrere Personen interessieren sich für das Boot. Da sind zunächst einmal die „Pfefferkörner" Lina und Rasmus, die sich das Boot „ausleihen". Und dann tauchen auch noch andere Interessenten für das teure Boot auf …

A

B

C

D

E

F

1 Die Bilder zeigen sechs verschiedene Ausschnitte aus der Folge „Auf und davon" mit Lina und Rasmus. Bearbeitet Aufgabe a oder b.

●●● **a** Gebt jedem Bild eine Bildunterschrift. Was ist auf den Bildern zu sehen?
Stellt Vermutungen darüber an, was zwischen den Bildern geschieht.

●○○ **b** Ordnet in euren Heften die folgenden Bildunterschriften den Bildern zu: *A = 1, …*

> **1** Lina und Rasmus haben sich das Boot für einen Ausflug ausgeliehen. Sie planen ein Picknick.
>
> **2** Die Diebe werden doch noch überwältigt. Die Polizei führt einen Mann ab.
>
> **3** Lina und Rasmus haben die anderen „Pfefferkörner" informiert. Zwar kommen die „Pfefferkörner" den Dieben auf die Spur, werden aber von den Dieben entdeckt.
>
> **4** Als Lina und Rasmus mit ihren Einkäufen an die Anlegestelle zurückkehren, erleben sie eine böse Überraschung: Das Boot ist weg.
>
> **5** Lina und Rasmus legen an, um für ihr Picknick einzukaufen. Ein Mann spricht sie an. Das Boot interessiert ihn sehr.
>
> **6** Der Mann möchte das Boot kaufen und bietet den beiden Geld an. Lina und Rasmus lehnen das Angebot ab.

2 Erzählt die ganze Geschichte so spannend wie möglich (▶ S. 39, 40, 42).
Macht euch zunächst Notizen. Überlegt insbesondere,
– was der Mann sagen könnte (Bild B),
– mit welchen Gründen Lina und Rasmus das Geld ausschlagen (Bild C),
– wie sie die anderen „Pfefferkörner" informieren und von den Dieben entdeckt werden (Bild E),
– wie die Polizei den Dieben auf die Spur kommt.

Fernsehbilder stellen Figuren vor

Fernsehbilder sagen auch viel über die Figuren, ihre Gefühle und Beziehungen aus.

1 Stellt in Partnerarbeit eines der beiden Bilder so genau wie möglich nach.
Beachtet die Körperhaltungen und die Gesichtsausdrücke.

2 a Stellt Vermutungen darüber an, wie sich die Figuren auf den Bildern gerade fühlen.
   b Beschreibt, wie die Beziehung zwischen den Figuren gerade aussieht.

Kameraeinstellungen kennen lernen

Information	Kameraeinstellungen unterscheiden

In Spielfilmen oder Fernsehserien werden verschiedene Kameraeinstellungen verwendet.
- **Halbnah:** Personen werden von der Hüfte aufwärts gezeigt. Der Gesichtsausdruck (die Mimik) ist erkennbar. Auch die unmittelbare Umgebung ist zu sehen.
- **Nah:** Man sieht Kopf und Schultern von Personen. Der Gesichtsausdruck ist sehr gut zu erkennen. Man kann leicht auf besondere Gefühle schließen.
- **Detail:** Ein bestimmter Ausschnitt wird groß dargestellt, z. B. Augen, Mund oder ein Gegenstand. Das Detail hat eine besondere Bedeutung.

1 Ordnet die drei Bilder den drei Kameraeinstellungen (▶ Information) richtig zu.

2 Beschreibt, welche Wirkung die verschiedenen Kameraeinstellungen auf euch haben, z. B.:
Die halbnahe Kameraeinstellung gibt mir einen Eindruck von der Situation. Ich sehe den Mann, wie er ... Ich kann aber nicht erkennen, wie sich der ...

Teste dich!

ARD

18.25 Marienhof   8-862-630
Serie, Dtl. 10 – Jutta bedroht Charlys Schwester Lea. Die süße Sabina verdreht Dino und Marlon den Kopf. Stefano zertritt versehentlich das Diabetes-Spritzbesteck von Carlos.
18.50 Großstadtrevier HD 5-848-543
Dtl. 2010. Home Sweet Home

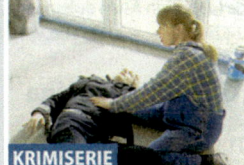

KRIMISERIE

Jutta (Katja Danowski, r.) findet Anna (Dorothea Schenck) leblos

Diebstahl auf der Baustelle: Der Parkettfußboden ist weg. Die hochschwangere Jutta Kramer rastet aus und verdächtigt ihre Schwester Beate.
19.50 Wetter / Börse   9-890-388
20.00 Tagesschau   61-746

PRO 7

18.00 Newstime   61-055
18.10 Die Simpsons (ab 10)   81-239
Zeichentrick, USA 94. Barts Komet
18.40 Die Simpsons (ab 10)   68-332
Zeichentrick. Homie der Clown
19.10 Galileo Wissensmagazin   5-205-090
Geplant: Do It Yourself – Bad / „Wer war eigentlich?" – Goethe

20.15 Harry Potter und der Gefangene von Askaban

TIPP

FANTASY

Hermine (Emma Watson) und Harry (Daniel Radcliffe) schweben in Gefahr

(Harry Potter and the Prisoner of Azkaban) GB / USA 04 – Das dritte Ausbildungsjahr in Hogwarts steht bevor. Harry muss sich angeblich vor Sirius Black fürchten.   78-936-158

KIKA

19.00 Astrid Lindgrens   26-539-245
Pippi Langstrumpf (ab 4)
Trickserie. Die Perlendiebe
19.25 pur+ (ab 8) Magazin, Dtl. 11   24-145-413
Mama und Papa trennen sich
19.50 logo! (ab 8) Nachrichten   57-504-054
20.00 Willi will's wissen –   38-675-351
Von A bis Z (ab 6) Reihe, Dtl. A
Moderation: Willi Weitzel
20.10 Meine peinlichen Eltern   69-928-413
(ab 8) Comedyserie, Austr. 06. Party mit Kakerlaken / Das Regelchaos
20.55 Bernd & Friends (ab 8)   26-539-245

---

1   **a**   Schreibe aus der Fernsehzeitschrift die Serien heraus, die unterhalten sollen.
     b   Welche Wissenssendungen kündigt die Fernsehzeitschrift an? Notiere sie.

2   Um was für Sendungen handelt es sich bei den folgenden? Ordne zu, z. B.: *„Mr Bean": Comedy*, …

„Schloss Einstein"	„logo!"	Krimi	Wissenssendung
„Wer wird Millionär?"	„Tatort"	Comedy	Quiz
„Mr. Bean"	„Quarks & Co"	Nachrichten	Jugendserie

3   **a**   Bestimme für die drei Bilder die jeweilige Kameraeinstellung:
        Ist sie *halbnah*, *nah* oder zeigt sie ein *Detail*?
     b   Welche Wirkung hat die jeweilige Kameraeinstellung auf dich? Beschreibe sie.

4   Vergleicht in Partnerarbeit eure Lösungen.

10.2 „Da schaust du!" – Einen Sachtext mit der Fünf-Schritt-Lesemethode erschließen

Götz Hamann

Da schaust du! (2007)

Im Dezember des Jahres 1952 begann in Deutschland ein neues Zeitalter: Die ersten Fernsehsendungen flimmerten über die Bildschirme! Gerade einmal 4 000 Familien besaßen damals ein Fernsehgerät. Nachrichten, Fußballspiele und Dokumentationen waren damals zum ersten Mal in der „Glotze" zu sehen – für kurze Zeit am Tag. Und auf nur einem einzigen Programm.

Heute sitzen Kinder im Durchschnitt mehr als eineinhalb Stunden täglich vor dem Bildschirm und wählen aus 30 oder mehr Kanälen.

Ihre Großeltern sehen sogar fast fünf Stunden fern, Tag für Tag.

Ohne Fernsehen leben die wenigsten Menschen in unserem Land. Die meisten Kinder wachsen heute mit dem Kinderkanal „KI.KA" und mit „SUPER RTL" auf.

Und wer nicht zu Hause schaut, wird es früher oder später bei Freunden tun […].

Wie beeinflusst uns das Fernsehen?

Dass Kinder und Jugendliche so viel Zeit mit dem Fernsehen verbringen, verändert sie natürlich. Aber wie? Was macht das Fernsehen mit uns? Essen wir, was uns die Werbung zeigt? Kaufen wir, was Sandra Koltai (als Toni) in „Marienhof" trägt? Und machen wir nach, wie Jaqueline Aichinger (als Jack) in der „Lindenstraße" ihre Konflikte mit Erwachsenen bewältigt? Die meisten haben sicher schon manchmal gedacht: Find' ich super, mache ich das nächste Mal auch so.

Fernsehen kann Gefühle auslösen. Man freut sich und leidet mit seinen Lieblingsfiguren. Die

Fanpost an die Stars von „Gute Zeiten, Schlechte Zeiten" zeigt, wie die Zuschauer mitfiebern. Sie vergleichen sich mit den Hauptpersonen, und so kann Fernsehen zum Vorbild werden.

Macht Fernsehen dumm?

Es gibt eine große Anzahl von Menschen, die Fernsehen gefährlich finden. […] Ganz falsch ist das jedenfalls nicht. Wissenschaftler haben viele Hundert Kinder und Jugendliche über Jahre begleitet und dabei herausgefunden: Wer zu viel fernsieht, schadet sich. Jahrelange Dauergucker wissen am Ende weniger als diejenigen, die kaum fernsehen. Ihr Gehirn ist weniger leistungsfähig. Gründe dafür gibt es viele.

Erstens: Wer viel fernsieht, hat weniger Zeit zum Lesen.

Zweitens ist aber gerade das Lesen für das Lernen wichtig. Beim Lesen bleibt mehr im Gedächtnis hängen als beim Fernsehen, es trainiert das Gehirn besser.

Drittens können aufregende Fernsehbilder ausradieren, was man morgens in der Schule gelernt hat.

Die schädliche Wirkung des Fernsehens trifft alle, sagen die Wissenschaftler (vor allem aber solche Kinder, denen das Lernen ohnehin schwerfällt). Mit Fleiß lässt sich einiges ausgleichen – aber nicht alles.

1. und 2. Schritt: Worum geht es in dem Sachtext?

1 Lest den Text zügig. Tauscht euch mit einem Lernpartner über den Text aus:
a Was wusstet ihr bereits über das Fernsehen?
b Was ist euch neu?
c Worüber möchtet ihr gerne mehr wissen?

2 Worum geht es in dem Text? Findet die richtige Aussage:
A In dem Text geht es um Fernsehserien.
B Der Text sagt, dass das Fernsehen für Zuschauer völlig harmlos ist.
C Der Text zeigt, dass das Fernsehen insbesondere auf Kinder und Jugendliche eine große Wirkung ausübt.
D Im Text erfahren wir nur etwas über die Anfänge des Fernsehens.

3. Schritt: Den Text ein zweites Mal lesen und wichtige Wörter unterstreichen

3
●●○
a Legt eine Folie über den Text und lest den Text ein zweites Mal. Umkreist die Wörter, die zum Verstehen des Textes besonders wichtig sind.
b Vergleicht in Partnerarbeit, welche Wörter ihr umkreist habt.
Tipp: Einigt euch für jeden Textabschnitt auf einige wenige Wörter.

▷ Eine Hilfe zu Aufgabe 3 findet ihr auf Seite 150.

Fernsehgerät um 1950

4. Schritt: Zwischenüberschriften finden

4
a Wählt für die drei Teile des Textes drei passende Zwischenüberschriften aus. Ihr könnt auch eigene Zwischenüberschriften formulieren.
A Fernsehwerbung beeinflusst uns.
B Erst gab es 4000 Fernsehfamilien, jetzt gibt es viele Fernsehfamilien.
C Wirkung 2: Fernsehen kann gefährlich sein.
D Wer fleißig ist, darf auch viel fernsehen.
E Wirkung 1: Fernsehen kann Gefühle auslösen.
F Immer nur ein Fernsehprogramm war zu sehen.

b Vergleicht in Partnerarbeit eure Auswahl. Begründet sie.

5. Schritt: Den Inhalt wiedergeben

5
●●●
a Ein Flussdiagramm veranschaulicht den Gedankengang eines Textes (▶ S.150). Erstellt in euren Heften ein Flussdiagramm zu dem Text „Da schaust du!".

▷ Hilfe zu 5a, Seite 150

b Gebt den Inhalt des Textes mit eigenen Worten wieder. Nutzt euer Flussdiagramm.

▷ Hilfe zu 5b, Seite 150

● ○ ○ **Aufgabe 3 mit Hilfe**

Legt eine Folie über den Text und lest den Text ein zweites Mal. Umkreist die Wörter, die zum Verstehen des Textes besonders wichtig sind und vergleicht eure Ergebnisse, z. B.:

Im Dezember des Jahres (1952) begann in (Deutschland) ein neues Zeitalter: Die (ersten Fernsehsendungen) flimmerten über die Bildschirme! Gerade einmal (4 000 Familien) besaßen damals ein (Fernsehgerät.) Nachrichten, Fußballspiele und Dokumentationen waren damals zum ersten Mal in der „Glotze" zu sehen – für kurze Zeit am Tag. Und auf nur einem einzigen Programm.
(Heute) sitzen (Kinder) im Durchschnitt mehr als (eineinhalb Stunden täglich) vor dem Bildschirm und wählen aus (30 oder mehr Kanälen.) Ihre Großeltern sehen sogar fast fünf Stunden fern, Tag für Tag.
Ohne Fernsehen leben hingegen die wenigsten Menschen in unserem Land. Die meisten Kinder wachsen heute mit dem Kinderkanal „KI.KA" und „SUPER RTL" auf.
Und wer nicht zu Hause schaut, wird es früher oder später bei Freunden tun […].

● ○ ○ **Aufgabe 5a mit Hilfe**

Erstellt in euren Heften ein Flussdiagramm zu dem Text „Da schaust du!", z. B.:

Götz Hamann: Da schaust du! (2007)

Anfänge des Fernsehens:
1952 gab es nur ein … Es gab nur wenige …
↓
Fernsehen heute:
Heute können … aus mehr als … wählen.
Besonders … verbringen … Zeit vor dem …
↓
Wirkung des Fernsehens:
Es kann erstens … auslösen und lässt Fernsehfiguren …
↓
Gefahren des Fernsehens:
Es kann … sein: Zu viel Fernsehen trainiert … genug und erschwert …

● ○ ○ **Aufgabe 5b mit Hilfe**

Gebt den Inhalt des Textes mit eigenen Worten wieder. Nutzt euer Flussdiagramm, z. B.:

1952 wurde bei uns das Fernsehen eingeführt. Es gab nur ein Fernsehprogramm mit einem kleinen Angebot und nur wenige Zuschauer. Heute spielt das Fernsehen in den meisten Familien eine wichtige Rolle. Seine Wirkung ist sehr groß. Man kann aus mehr als 30 Programmen wählen. Besonders Kinder und Jugendliche …
Wer fernsieht, sollte die Wirkung des Fernsehens kennen. Es kann erstens …
Die Gefahren … sind: …

10.3 Projekt – Mediengewohnheiten untersuchen

Ein Fernsehtagebuch führen

1 Im Laufe einer Woche seht ihr sicher mehrmals fern.
Untersucht eure Fernsehgewohnheiten mit Hilfe eines Fernsehtagebuchs.
a Besorgt euch ein DIN-A5-Heft und gestaltet den Umschlag.
b Legt für jeden Wochentag eine Doppelseite an.
Fügt passende Zeichnungen oder Zeitungsausschnitte hinzu. Tragt Folgendes ein:

Montag, 10. 5.			
Wann?	**Welche Sendung?**	**Sendedauer?**	**Gedanken/Gefühle?**
18:10–19:10 Uhr	Die Simpsons	60 Minuten	lustig, unterhaltsam
19:50–20:00 Uhr	„logo!"	10 Minuten	gute Informationen
		insgesamt: 1 Stunde, 10 Minuten	

2 Rechnet aus, wie viel Zeit ihr in einer Woche vor dem Fernseher verbringt.
a Addiert zunächst, wie viele Minuten ihr an den einzelnen Wochentagen fernseht.
b Nehmt anschließend alle sieben Wochentage zusammen und errechnet, wie viel ihr in einer
Woche insgesamt fernseht (Stunden/Minuten).

3 Stellt in einem Schaubild dar, wie viel Zeit ihr mit dem Fernsehen verbringt.
Zeichnet in euer Fernsehtagebuch für jede Woche ein Säulendiagramm, z. B. so:

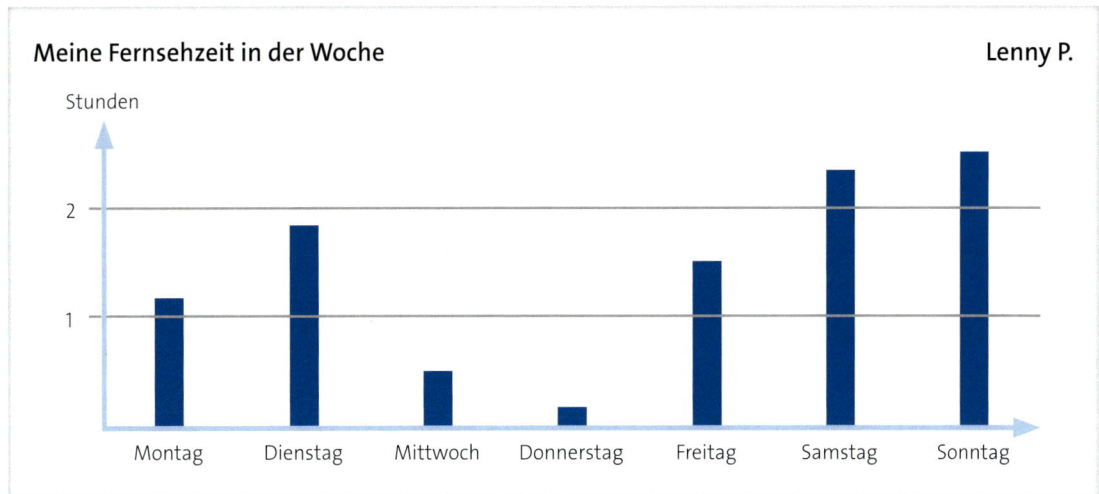

4 a Notiert einen Satz zur Frage: Warum ist mir das Fernsehen wichtig?
b Diskutiert über einen sinnvollen Umgang mit dem Fernsehen.

Über weitere Mediengewohnheiten nachdenken

1 Wahrscheinlich nutzt ihr täglich verschiedene Geräte (Medien), wie z. B. einen MP3-Player, ein Handy usw.

a Listet die Geräte auf, die ihr nutzt.

b Welche Geräte nutzt ihr wenig oder häufig? Erstellt für eure Klasse eine Rangliste, z. B.:
   MP3-Player: ₥ //, Handy: ...

c Haltet das Ergebnis in einem Säulendiagramm fest, z. B.:

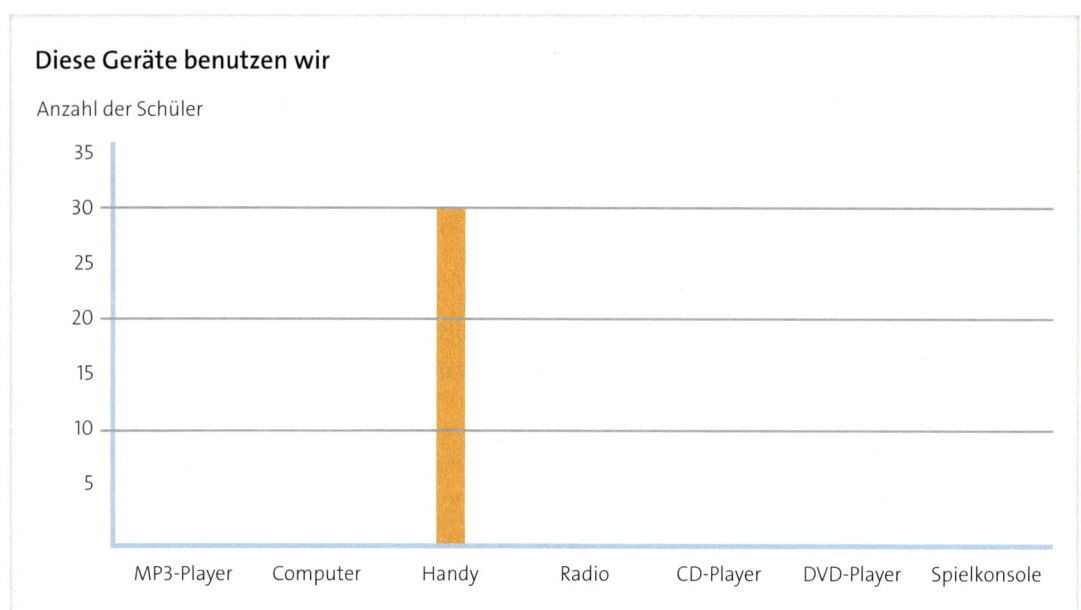

Diese Geräte benutzen wir
Anzahl der Schüler

2 Welche Rolle spielen für euch gedruckte Medien wie Zeitschriften und Bücher?

a Sprecht in Gruppen darüber, was ihr gerne lest.

b Erklärt den Gruppenmitgliedern, warum euch Bücher interessieren/nicht interessieren.

3 a Probiert einmal aus, einen Tag ohne eure Geräte zu verbringen. Geht so vor:
   – Haltet in eurem Fernsehtagebuch (▶ S. 151) eine Doppelseite für Eintragungen frei.
   – Legt einen Samstag oder Sonntag fest, an dem ihr auf eure Geräte verzichtet.
   – Notiert an diesem Tag, was ihr tut, wen ihr trefft und wie ihr euch fühlt.
   – Fasst am Ende des Tages zusammen, wie der Tag für euch war.

b Tauscht euch in eurer Klasse über eure Erfahrungen aus.

Information **Medien unterscheiden**

Medien und deren Inhalte werden **gedruckt** oder **gesendet**.
Zu den Medien zählen **Zeitungen und Zeitschriften, Radio und Fernsehen.** Auch der **Computer** und andere **elektronische Geräte** (z. B. MP3-Player, Handy) zählen dazu.
Durch diese Medien werden Texte, Bilder und Filme vervielfältigt und verbreitet.
Medien erreichen sehr **viele Menschen.**

---

11 Grammatiktraining –
Wortarten und Satzglieder unterscheiden

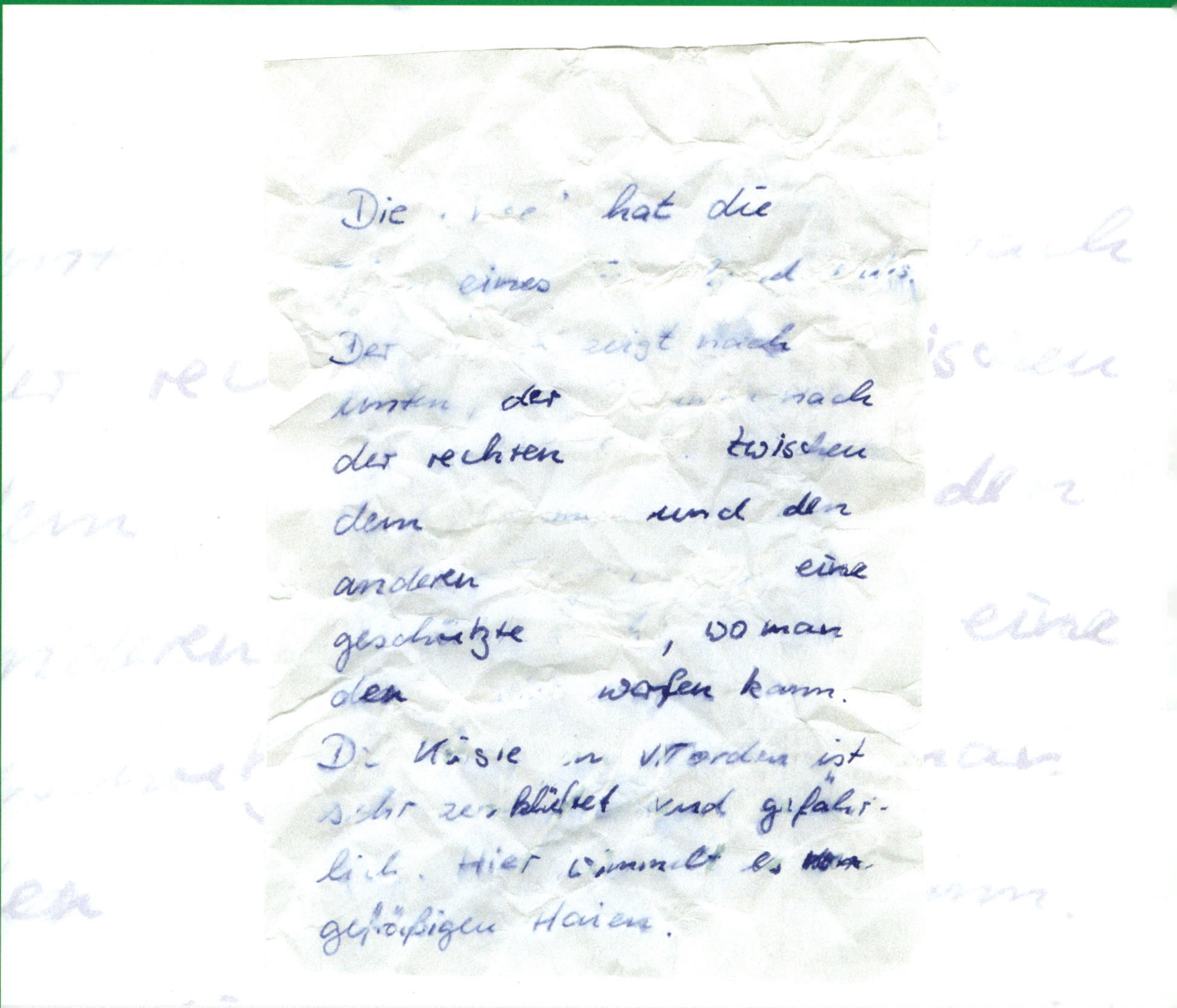

Die ... ... hat die
... eines ... ...
Der ... zeigt nach
unten, der ... nach
der rechten ... zwischen
dem ... und der
anderen ... eine
geschützte ..., wo man
den ... werfen kann.
Di... Küste in V...Torden ist
sehr zerklüftet und gefährlich. Hier tummelt es ...
gefräßigen Haien.

1   Lest den Text: Was könnte er mitteilen?

 2   a   Versucht in Partnerarbeit, den Text
           wieder zu reparieren.
       b   Vergleicht eure Ergebnisse in der
           Klasse. Welche Wörter habt ihr
           eingesetzt?

In diesem Kapitel ...

– lernt ihr die wichtigsten Wortarten
   kennen und unterscheiden,
– übt ihr die richtige Verwendung der
   Wortarten im Satz,
– trainiert ihr, die wichtigsten Satzglieder zu erkennen und vollständige
   Sätze zu bilden.

11.1 Auf Schatzsuche – Wortarten kennen lernen

Rund um das Nomen und seine Artikel

Die Schatzinsel (1)

Der [?] auf der [?] war sterbenslangweilig.
Tims [?] wollte immer nur sonnenbaden.
„[?]" nannte sie das.
[?] fragte sich, wie er sich wohl erholen
sollte. Im [?] wohnten nur junge [?] und
ihre kleinen [?]. Tim begann, mit seinem [?]
die [?] zu erforschen.

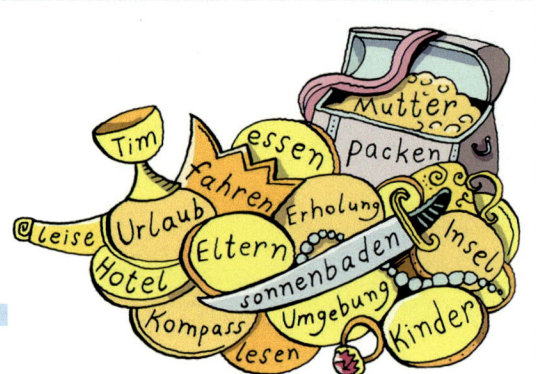

---

1 Versucht, die Lücken sinnvoll zu füllen. Nutzt die passenden Wörter aus der Schatzkiste.

2 a Welche Wörter aus der Schatzkiste habt ihr eingesetzt? Vergleicht eure Ergebnisse.
   b Bildet drei Gruppen: 1. Lebewesen, 2. Dinge, 3. Gedanken und Ideen.
   Jede Gruppe sucht sich die Wörter aus der Schatzkiste heraus, die zu ihr gehören.

3 Was haben die Wörter gemeinsam, die ihr eingesetzt habt? Stimmt ab:
   A Die eingesetzten Wörter bezeichnen ein Ding, einen Gedanken oder ein Lebewesen.
   B Die eingesetzten Wörter bezeichnen alle eine Tätigkeit.
   C Man kann „der", „die" oder „das" vor diese Wörter setzen.
   D Die eingesetzten Wörter werden alle kleingeschrieben.
   E Die eingesetzten Wörter heißen „Nomen".

Information	**Nomen erkennen** (das Nomen, die Nomen) – **Artikel verwenden**

Ein Satz wird verständlich, wenn er **Nomen** (Hauptwörter) enthält. Nomen bezeichnen:
- **Lebewesen,** z. B. die *Mutter,* das *Kind, Tim,*
- **Dinge,** die man anfassen kann, z. B. die *Insel,* das *Hotel,* der *Kompass,*
- **Gedanken und Ideen,** z. B. der *Urlaub,* die *Erholung.*
- Alle Nomen werden **großgeschrieben.**
- Vor ein Nomen kann man *der, die* oder *das* setzen. Diese kleinen Begleiter nennt man
  bestimmte Artikel.

---

4 In der deutschen Sprache werden drei bestimmte Artikel verwendet *(der, die, das).*
   a Ergänzt: *In der englischen Sprache gibt es ... Artikel.*
   b Sprecht ihr noch andere Sprachen in der Klasse? Wie viele Artikel gibt es in diesen Sprachen?

5 a Übernehmt die folgende Tabelle in euer Heft.
Tipp: Benutzt dazu eine ganze Seite, damit ihr noch weitere Wörter hineinschreiben könnt.

der	die	das
Urlaub	…	…

b Findet die Nomen in der Wörterschlange und schreibt sie in die richtige Spalte.

c Habt ihr alle Wörter aus der Wörterschlange großgeschrieben?
Begründet eure Antwort, z.B.: *Es sind …, vor die man … setzen kann.*

d Berichtigt eure Tabelle, falls ihr Wörter falsch geschrieben oder falsch eingeordnet habt.

6 a Baut eigene Wörterschlangen aus Nomen.

b Lasst euren Lernpartner die Nomen herausfinden und die richtigen Artikel hinzufügen.

Das grammatische Geschlecht der Nomen

Vielen Nomen ist nicht anzusehen, ob sie einen männlichen (der), weiblichen (die) oder sächlichen (das) Artikel haben. Mit einem Wörterbuch könnt ihr es herausfinden.

Schar, *die:* mehrere Personen oder Tiere, z.B.: *Die Kinder kamen in Scharen zum Zirkus.*
Scharlach, *der:* 1. ein kräftiger, hellroter Farbton 2. eine gefährliche, ansteckende Krankheit
Scharlatan, *der:* ein Schwindler
Scharnier, *das:* ein Drehgelenk, z.B. an Türen. *Die Scharniere quietschten, als die Tür aufging.*

Schaschlik, *der* oder *das:* ein Gemüse- oder Fleischspieß
Schatten, *der:* z.B.: *Der Schirm spendet Schatten.*
Schatulle, *die:* kleiner, verschließbarer Kasten für Geld oder Schmuck
Schatz, *der:* eine Sammlung von wertvollen Sachen, meist in Form von Schmuck oder Geld

1 a Beschreibt die Wörterbuchseite. Welche Informationen erhaltet ihr?

b Ordnet die fett gedruckten Nomen in eure Tabelle ein (▶ Aufgabe 5).

Information | ***der, die, das* – Das grammatische Geschlecht** (Genus) **unterscheiden**

Nomen werden nach ihrem **grammatischen Geschlecht** (das Genus) unterschieden. Das Geschlecht erkennt man an dem **Artikel,** der das Nomen begleitet. Ein Nomen ist entweder:

- **männlich** (Maskulinum), z.B.: *der Mann, der Wunsch, der Schornstein*
- **weiblich** (Femininum), z.B.: *die Frau, die Lampe, die Grammatik*
- **sächlich** (Neutrum), z.B.: *das Haus, das Leben, das Kaninchen*

2 **a** Bestimmt das grammatische Geschlecht der Wörter aus der Flaschenpost.
Tipp: Ihr könnt ein Wörterbuch nutzen (▸ S. 194–195).

b Kleine Rätselfrage: In der Flaschenpost finden sich die beiden Wörter „Kind" und „Schiff". Was haben diese beiden Wörter gemeinsam?

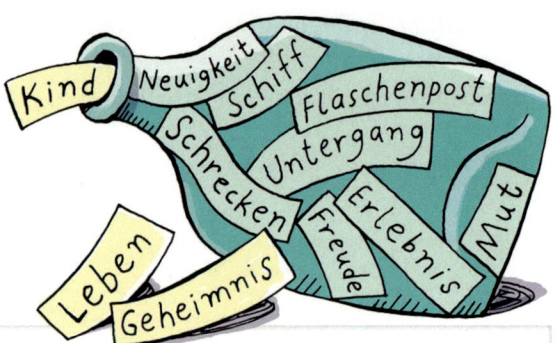

Die Schatzinsel (2)

Tim hatte in den Ferien nichts zu tun. Ziellos streifte er den Strand entlang. Da sah er plötzlich einen Flaschenhals auf den Wellen tanzen. Neugierig fischte er die Flasche aus dem Wasser und betrachtete das Glas. Es
⁵
war sehr trüb. Sah das Ding darin nicht wie ein Zettel aus? Mit zitternden Händen drehte Tim den Korken heraus und angelte nach dem Blatt. Er traute seinen Augen kaum: Es war eine Schatzkarte.
10

3 **a** Sucht aus dem Text die 9 Nomen heraus, vor denen ein bestimmter Artikel steht, z. B.:
den Wellen, ...

b Bestimmt das grammatische Geschlecht dieser 9 Nomen.

c **Für Profis:** Sucht die Nomen heraus, die von keinem bestimmten Artikel begleitet werden.

Nomen im Singular und Plural

Die Schatzinsel (3)

Was bisher geschah: Tim hat im Urlaub *eine* Flaschenpost *mit einer* Schatzkarte *gefunden.*
Tims Erfahrungen mit Schatzkarten hielten sich in engen Grenzen. Bisher hatte er nur in
⁵
einem Buch darüber gelesen. Aber nun hielt er wahrhaftig ein solches Exemplar in seinen Händen, die deswegen auch ordentlich zu zittern begannen. Sollte er der Sache nachgehen oder die Flasche lieber wieder in die Wellen werfen und sich ein Erdbeereis kaufen?
10

1 Warum sind manche Wörter blau und andere grün gekennzeichnet?
a Sortiert die Wörter in einer Tabelle an der Tafel.
b Sucht passende Überschriften für die beiden Spalten.

Überschrift: ...	Überschrift: ...
Urlaub	*Erfahrungen*
...	...

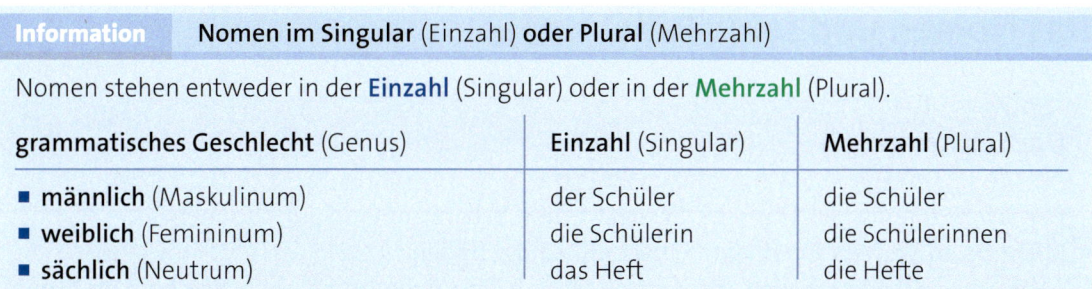

grammatisches Geschlecht (Genus)	Einzahl (Singular)	Mehrzahl (Plural)
■ **männlich** (Maskulinum)	der Schüler	die Schüler
■ **weiblich** (Femininum)	die Schülerin	die Schülerinnen
■ **sächlich** (Neutrum)	das Heft	die Hefte

2 a Zeigt nacheinander auf folgende Personen oder Gegenstände in eurer Klasse. Was passiert?

der Schüler ein Schüler die Schüler Schüler	das Heft ein Heft die Hefte Hefte

b Überlegt, warum die Artikel *der, die, das* „bestimmte" Artikel heißen.

Information   *ein, eine* – Nomen und ihre unbestimmten Artikel

Statt der **bestimmten Artikel *der, die, das*** können auch
die **unbestimmten Artikel**   *ein, eine, ein* vor einem Nomen stehen.
Der unbestimmte Artikel wird verwendet, **wenn etwas noch nicht näher bekannt ist.**
Auch beim unbestimmten Artikel unterscheidet man das grammatische Geschlecht (Genus).
Der unbestimmte Artikel kommt nur in der Einzahl (Singular) vor.

grammatisches Geschlecht (Genus)	Einzahl (Singular)	Mehrzahl (Plural)
■ **männlich** (Maskulinum)	ein Schüler	– Schüler
■ **weiblich** (Femininum)	eine Schülerin	– Schülerinnen
■ **sächlich** (Neutrum)	ein Heft	– Hefte

Die Schatzinsel (4)

 ? Flasche mit der Schatz-
karte versetzte Tim in große
Aufregung.
Leider hatte **?** Karte im
Wasser etwas gelitten.
Manches war kaum, ande-
res gar nicht mehr zu lesen.
Da stand:

> Lieber Finder dieser Flaschenpost!
> **?** Piraten haben mein Schiff überfallen und mich ganz allein
> auf **?** Insel ausgesetzt. Glücklicherweise war
> **?** wertvolle Perlenschatz, den ich an Bord hatte, so gut
> versteckt, dass **?** Verbrecher ihn nicht finden konnten.
> Mit den folgenden Zeilen beschreibe ich dir, wo **?** Insel
> liegt und wo **?** Schatz versteckt ist.

---

3 a Lest die Texte einmal still durch. Welche bestimmten oder unbestimmten Artikel würdet ihr in
die Lücken einsetzen? Begründet. **Tipp:** An einer Stelle muss kein Artikel eingesetzt werden.
b Schreibt die Texte vollständig in euer Heft.

Das Nomen und seine Fälle

Die Schatzinsel (5)

Der Schatz interessiert Tim sehr. Er möchte *dem* Schatz auf die Spur kommen.
Mit anderen Worten: Er will *den* Schatz unbedingt finden.
Ob ihn die fast unleserliche Karte in der Flaschenpost auf die Spur *des* Schatzes bringen kann?

1
a Überlegt, warum sich in den vier Sätzen der Artikel vor dem Wort „Schatz" ändert.

b Setzt die fehlenden Artikel in den folgenden Text richtig ein. Stellt eine passende Frage:
Wer oder **was? Wessen? Wem? Wen** oder **was?** und antwortet wie im Beispiel:

Beispiel:	? *Insel hat die Form eines Handschuhs.*
Frage:	*Wer oder was hat die Form eines Handschuhs?*
Antwort:	*die Insel*

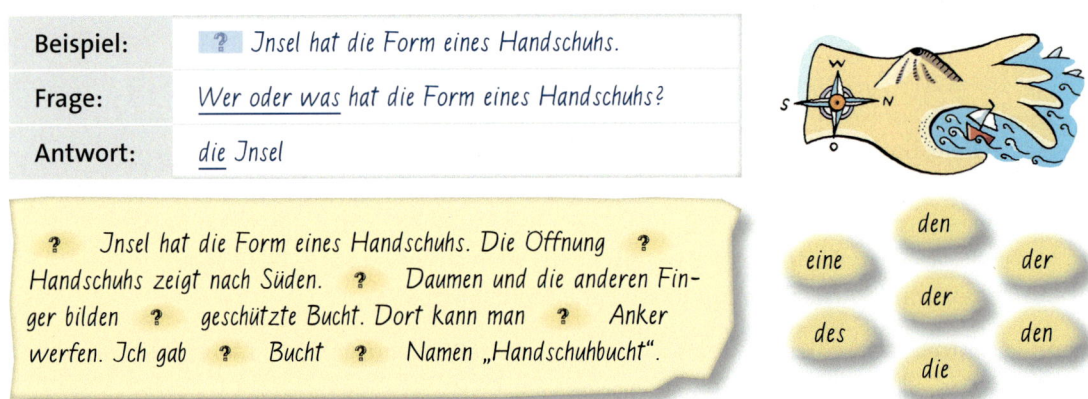

> ? *Insel hat die Form eines Handschuhs. Die Öffnung* ? *Handschuhs zeigt nach Süden.* ? *Daumen und die anderen Finger bilden* ? *geschützte Bucht. Dort kann man* ? *Anker werfen. Ich gab* ? *Bucht* ? *Namen „Handschuhbucht".*

den · eine · der · der · des · den · die

Information — **Die vier Fälle des Nomens – Die Kasus** (Einzahl: der Kasus)

Im Satz können die **Endung des Nomens und sein Artikel unterschiedliche Formen** annehmen.
Das Nomen wird **dekliniert** und steht in einem **Fall (Kasus).** Den Fall kann man erfragen.

Fall (Kasus)	Frage	Beispiel
1. Fall: Nominativ	Wer oder was ...?	Der Pirat spielt Klavier. Frage: Wer oder was spielt Klavier? Antwort: der Pirat
2. Fall: Genitiv	Wessen ...?	Das Klavier des Piraten ist alt. Frage: Wessen Klavier ist alt? Antwort: des Piraten
3. Fall: Dativ	Wem ...?	Dem Piraten gehört das Klavier. Frage: Wem gehört das Klavier? Antwort: dem Piraten
4. Fall: Akkusativ	Wen oder was ...?	Den Piraten sollte man ein Konzert geben lassen. Frage: Wen oder was sollte man ein Konzert geben lassen? Antwort: den Piraten

---

2 Vielleicht beherrscht ihr in der Klasse noch andere Sprachen.
Verändern sich in diesen Sprachen die Nomen bei Fragen mit Wessen? Wem? Wen oder was?

Die Schatzinsel (6)

... *Im Westen liegt <u>ein breiter Sandstrand</u>. Um <u>dem Wetter</u> zu entkommen, habe ich dort <u>eine kleine Hütte</u> gebaut. In der Mitte <u>der Insel</u> gibt es <u>einen hohen Berg</u>, aus dem <u>Rauch</u> aufsteigt. Ich glaube, dass es <u>ein Vulkan</u> ist. Oben ist <u>der Berg</u> kahl, aber an seinem Fuß wachsen <u>viele Bäume</u>, die mir <u>Brennholz</u> und <u>Baumaterial</u> liefern ...*

3 a Arbeitet zu zweit. Einer von euch fragt nach den unterstrichenen Nomen, der andere gibt die passenden Antworten. Wechselt euch ab.

Beispiel:	*Im Westen liegt <u>ein breiter Sandstrand</u>.*
Frage:	*Wer oder was liegt im Westen?*
Antwort:	*ein breiter Sandstrand.*

b Bestimmt gemeinsam den Fall (Kasus), in dem die Antworten stehen, z. B.:
Auf die Fragen Wer oder was? antwortet man im Nominativ.
Also steht „ein breiter Sandstrand" im Nominativ.
Tipp: 1 x D plus 5 x N plus 1 x G plus 4 x A.
Wenn ihr alle Fälle richtig bestimmt habt, könnt ihr mit dieser Formel etwas anfangen.

Die Schatzinsel (7)

Ich habe **?** *so gebaut, dass* **?** *genau auf* **?** *am Berg ausgerichtet ist. Du musst dir* **?** *zwischen Tür und Baum denken und auf* **?** *hundert Schritte gehen. Dort findest du* **?** *. Du musst unter* **?** *zwei Meter tief graben, dann stößt du auf* **?** *, die mit* **?** *gefüllt ist. Nimm sie und werde damit glücklicher, als ich es werden durfte.*

4 a Überlegt, welche Wörter vom Steinhaufen in die Lücken gehören.

b Schreibt den Text ab. Setzt dabei die fehlenden Wörter im richtigen Fall (Kasus) ein.
c Bestimmt den jeweiligen Fall. Fragt nach den Wörtern, die ihr eingesetzt habt.
Tipp: Beachtet die Farben der Fragezeichen in den Lücken.
Die Farben entsprechen den Farben der vier Fälle in der Information, ▶ S. 158.

Das Adjektiv beschreibt Nomen genauer

Unterschätzte Meeresschätze (1)

Meeresschildkröten haben sich in ihrem Aussehen gut an ihren <u>nassen</u> Lebensraum angepasst:
Die <u>keilförmige</u> Gestalt und die <u>paddelartigen</u>
Beine erleichtern eine <u>mühelose</u> Bewegung im
5 Wasser.
Die <u>kleinen</u> Nasenlöcher können verschlossen
werden und die <u>großen</u> Augen ermöglichen ein
<u>scharfes</u> Sehen unter Wasser. Meeresschildkrö-
ten erkennt man auch an dem <u>flachen</u> Panzer, in
den die <u>langen</u> Beine nicht eingezogen werden 10
können. Auch der <u>runde</u> Kopf und der <u>dünne</u>
Hals passen kaum darunter.

1 a Benennt einen Vorleser. Die anderen sind die Zuhörer.
   b Zuerst liest der Vorleser die Sätze ohne die unterstrichenen Wörter vor, z. B.:
      Meeresschildkröten haben sich in ihrem Aussehen gut an ihren Lebensraum angepasst.
      Danach liest er die Sätze mit den unterstrichenen Wörtern vor.
   c Die Zuhörer sagen, was ihnen aufgefallen ist.

2 a Beschreibt, was die unterstrichenen Wörter ausdrücken.
   b Was haben die unterstrichenen Wörter gemeinsam? Lest die richtigen Aussagen vor:
      A Sie beziehen sich auf das Nomen, das hinter ihnen steht.
      B Sie beschreiben das Nomen näher. Man bekommt zusätzliche Informationen.
      C Sie stehen in demselben Fall (Kasus) wie das Nomen.
      D Sie geben Antwort auf die Fragen „Wann?" oder „Wie lange?".
      E Diese Wörter heißen Eigenschaftswörter oder Adjektive.

3 Setzt in den folgenden Text passende Adjektive
   ein. Das Bild zum Text hilft euch.

Unterschätzte Meeresschätze (2)

Eine ? Art der Meeresschildkröten ist die
echte Karettschildkröte. Ihr ? Panzer enthält
das ? Schildpatt, aus dem früher ? Schmuck
hergestellt wurde.
Auch mancher ? Kamm entstand aus dem
 ? Material.

wertvoller
seltene
alter
dicker kostbare
einzigartigen

Information	**Das Adjektiv** (das Wie-Wort, das Eigenschaftswort; Plural: die Adjektive)

Adjektive beschreiben **Eigenschaften** von Lebewesen, Dingen, Gedanken und Ideen genauer.
- Adjektive stehen im Satz in der Regel **vor** ihrem **Nomen**. Sie stehen im gleichen Kasus, z. B.:
   1. Fall: *der **dicke** Pirat*; 2. Fall: *des **dicken** Piraten*; 3. Fall: *dem **dicken** Piraten*; 4. Fall: *den **dicken** Piraten*.
- Adjektive werden **kleingeschrieben**.

4 Wer findet die meisten Vergleiche für die Tiere? Verwendet die Adjektive „klein" und „groß", z. B.:
Die mittlere Schildkröte ist kleiner/größer als ... Die rechte Schildkröte ist am ...

5 **a** Sucht im Kreuzworträtsel alle 12 waagerecht und senkrecht geschriebenen Adjektive. Legt eine
Folie über das Rätsel, markiert die 12 Adjektive und listet sie untereinander in eurem Heft auf.
b Findet zu jedem Adjektiv die Steigerungsformen und schreibt sie daneben auf, z. B.:
groß – größer – am größten
Tipp: Nicht bei jedem Adjektiv ist die Steigerung sinnvoll.

p	s	W	l	p	e	i	n	l	i	c	h	V	L	G
k	e	F	X	q	e	s	t	o	l	z	g	W	m	V
i	n	t	e	r	n	a	t	i	o	n	a	l	F	K
Q	k	s	N	Z	g	A	o	h	x	E	A	J	z	p
D	r	a	u	l	y	o	l	O	F	O	N	a	l	t
z	e	u	Z	e	i	A	l	S	C	k	l	V	J	V
s	c	b	q	f	t	T	U	X	r	H	A	z	p	n
u	h	e	m	ä	c	h	t	i	g	K	I	M	y	e
P	t	r	A	k	h	b	e	r	ü	h	m	t	o	u
B	p	v	o	r	n	e	h	m	P	x	O	T	B	t

Unterschätzte Meeresschätze (3)

Max besitzt eine junge Schildkröte. Sie ist <u>so groß wie</u> seine Hand. Sie schläft viel.
Die Schildkröte schläft <u>länger als er</u>. Max glaubt, sie schläft <u>so fest wie</u> eine Katze.
Sicher wird seine Schildkröte mal <u>älter als</u> ein Baum werden. Jetzt ist sie <u>so alt wie</u> …

6 Seht euch die Adjektive vor „wie" und „als" an:
a Wann vergleicht man etwas mit dem Wort „wie"?
b Wann wird bei einem Vergleich das Wort „als" verwendet?

7 Bildet mit den Adjektiven aus Aufgabe 5 eigene Sätze und Vergleiche.

Information	Adjektive steigern

Adjektive lassen sich steigern. So kann man Vergleiche anstellen, z. B.:
*Die linke Schildkröte ist **dick**, die mittlere ist **dicker**, die rechte ist am **dicksten**.*
- Man vergleicht mit **„wie"**, wenn etwas ähnlich oder gleich ist, z. B.: *Du bist so groß wie ich.*
- Sind Dinge unterschiedlich, vergleicht man mit **„als"**, z. B.: *Mein Bruder ist älter als ich.*

Rund um das Verb und seine Personalformen

1

a **Ein Wettbewerb (Teil 1):** Bildet zwei Mannschaften.

b Stellt euch in Reihen hintereinander auf. Jede Mannschaft erhält ein Stück farbige Kreide.

c Die Ersten ihrer Mannschaft laufen zur Tafel. Mit ihrer Kreide schreiben sie auswendig die erste Zeile des folgenden Gedichtes an, also: *Die Bären*

d Die Ersten laufen zurück und übergeben die Kreide an die Zweiten in der Reihe.
Sie laufen ebenfalls zur Tafel und schreiben die zweite Gedichtzeile unter die erste Zeile.

e Die Mannschaft, die zuerst alle Gedichtzeilen angeschrieben hat, bekommt 14 Punkte.
Die zweite bekommt 13 Punkte usw. Für jeden Fehler wird ein halber Punkt abgezogen.

Josef Guggenmos:

Wenn das Kind nicht still sein will

Die Bären ? ,
Die Bienen ? ,
Die Katzen ? ,
Es ? die Pfauen,
Die Mäuse ? ,
5
Die Affen ? ,
Die Löwen ? ,
Es ? die Füllen.
Die Tauben ? ,
Die Hunde ? ,
10
Die Störche ? ,
Die Kinder ? .
Und ginge das nicht in einem fort,
Kämen die Fische auch zu Wort.

2

a **Ein Wettbewerb (Teil 2):** Seht euch das Bild zum Gedicht aufmerksam an.
Welches Wort passt wirklich zu welchem Tier? Merkt euch eure Lösungen.

b Mit einem Signal laufen nacheinander aus jeder Mannschaft einzelne Schüler an die Tafel.
Dort schreiben sie hinter das Tier das Wort, das zum Tier ihrer Meinung nach passt.
Achtung: Das Gedicht muss sich reimen! Jedes richtig erratene Geräusch gibt einen Punkt.

3

a Bestimmt: Welche Aufgabe haben die Wörter, die ihr eingesetzt habt, im Satz?

A Die Wörter haben die Aufgabe zu sagen, wem etwas gehört.

B Die Wörter geben an, was jemand tut oder was passiert.

C Die Wörter antworten auf die Frage „Wer oder was?".

b Einigt euch in der Klasse auf eine passende Bezeichnung für die eingesetzten Wörter.

4 Ergänzt das Gedicht: Welche anderen Tiere machen welche Geräusche oder Bewegungen?

> **Information** **Das Verb** (das Tätigkeitswort; Plural: die Verben)
>
> Mit Verben gibt man an, **was jemand tut** (z. B. *laufen, reden, lächeln*) oder **was geschieht** (z. B. *regnen, brennen*). Verben werden **kleingeschrieben.**

6 **a** Schreibt das Gedicht (▶ S. 162) um.
Jetzt sollen die Nomen nicht mehr im Plural, sondern im Singular stehen, also:
Die Bären brummen, → *Der Bär brummt,*
b Unterstreicht mit zwei Farben die unterschiedlichen Endungen der Verben:
Die Bären brumm<u>*en*</u>*,* → *Der Bär brumm*<u>*t*</u>*,*

> **Information** **Die Grundform** (der Infinitiv) **und die Personalform des Verbs**
>
> In ihrer **Grundform** enden die Verben auf **-(e)n.** Diese Grundform heißt **Infinitiv.**
> Oft verändern Verben im Satz ihre Form. Sie richten sich nach dem Wort, auf das sie sich beziehen. Man nennt diese Form auch die **Personalform,** z. B.:
>
> **Die Bären** *brummen*.   **Der Bär** *brummt*.   **Die Pferde** *wiehern*.   **Das Pferd** *wiehert*.
> Plural   Singular   Plural   Singular

Auch die Personalpronomen *ich, du, er/sie/es, wir, ihr, sie* verändern das Verb

1 Schreibt alle Verben von Zeile 1 bis 8 und die Wörter vor den Verben so an die Tafel:
Ich wische.
Du läufst.
...

Ich wische Staub.
Du läufst im Park.
Er kauft ein Brot.
Sie löffelt Quark.
5   Es raschelt Laub.
Wir sitzen krumm.
Ihr grillt ein Huhn.
Sie stehen 'rum:
Gibt's nichts zu tun?

2 **a** Gestaltet die folgende Tabelle als Lernplakat für eure Klasse.
b Ergänzt die fehlenden Verbformen.
c Erstellt in eurem Heft genau so eine Tabelle für das Verb „machen".

	Personalpronomen	wischen	laufen	kaufen
Singular	*1. Person: ich*	*ich wische*	...	...
Singular	*2. Person: du*	...	*du läufst*	...
Singular	*3. Person: er*	...	...	*er kauft*
	sie	...	...	...
	es	...	...	...
Plural	*1. Person: wir*	...	...	...
Plural	*2. Person: ihr*	...	...	...
Plural	*3. Person: sie*	...	...	...

> **Information**   **Verben konjugieren** (beugen)
>
> **Verben verändern sich im Satz.** Das nennt man **Konjugation** oder **Beugung,** weil sich das Verb
> im Satz nach der Personalform richten muss.
> Das Verb beugt sich also der Personalform und verändert sich.
> Sollt ihr ein Verb konjugieren, so sollt ihr die einzelnen Personalformen des Verbs aufsagen, z. B.
> für „lesen" in der Zeitform „Gegenwart": *ich lese, du liest, er/sie/es liest, wir lesen, ihr lest, sie lesen.*

3 Ordnet die folgenden Verben eurem Lernplakat (▶ S. 163, Aufgabe 2a) richtig zu.
Schreibt dazu die Verben auf Papierstreifen und heftet sie an die richtige Stelle.

| habe   habt   haben   hast   haben   hat | | bin   sind   bist   sind   ist   seid |

4 **a** Konjugiert (beugt) auch die folgenden Fantasiewörter:

| rhabarbern   longsen   spinatieren   beflossen   känguruhen |

b Überlegt euch eigene Fantasiewörter, konjugiert sie und schreibt einen Text damit, z. B.:
Die Raupe kulifaniert und die Bäume blatterrattern …

Die Zeitformen des Verbs

Frau Müller spaziert
jeden Morgen …

Das Präsens (die Gegenwart)

Frau Müller spaziert jeden Morgen mit ihrem Dackel Kunibert im Wald. Kunibert schnüffelt im
Laub immer mit großer Begeisterung nach Mäusen und gräbt große Löcher in den Waldboden.
Auch heute geht Frau Müller den gewohnten Weg. Kunibert hat an diesem Tag aber keine Lust
auf den Wald. Er guckt verdrießlich und beißt in die Leine. Da versteht Frau Müller: Kunibert
möchte jetzt lieber fressen. In diesem Augenblick fasst Frau Müller einen Entschluss:
Morgen bekommt Kuni seine erste Portion vor dem Spaziergang und eine zweite danach. Danach
macht er ein feines Verdauungsschläfchen.

1 **a** Sucht alle Verbformen im **grünen** Abschnitt. In welcher Zeitform stehen sie?
b Überlegt, welche Wörter noch auf die Zeit hinweisen. Schaut auf das Bild.
c Sucht alle Verbformen im **lila** und im **blauen** Abschnitt. In welcher Zeitform stehen sie?
d Gibt es weitere Wörter, die auf die Zeit hindeuten?

2 Alle drei Abschnitte stehen in der Gegenwartsform. Aber sie weisen auf drei unterschiedliche
Zeiten hin:
– auf etwas, das immer passiert,
– auf etwas, das jetzt im Augenblick geschieht,
– auf etwas, was in der Zukunft passieren wird.
Welcher Textabschnitt weist auf welche Zeit hin? An welchen Wörtern erkennt ihr das?

> **Information**   **Verben in der Gegenwartsform** (das Präsens)
>
> ■ Das **Präsens** wird meist verwendet, wenn man sagen will, dass etwas **jetzt geschieht**, z. B.:
>   *Auch **heute geht** Frau Müller den gewohnten Weg.*
> ■ Das Präsens wird auch benutzt, um **Gewohnheiten** oder **Dauerzustände** zu beschreiben, z. B.:
>   *Frau Müller **spaziert jeden Morgen** mit ihrem Dackel Kunibert im Wald.*
> ■ Mit dem Präsens kann man auch ausdrücken, dass etwas in der **Zukunft** liegt, z. B.:
>   ***Morgen bekommt** Kuni seine erste Portion vor dem Spaziergang.*

4　a Bildet eigene Sätze. Verwendet die Wörter: *heute, morgen, jetzt, immer, jeden Tag.*
　　b Lasst euren Lernpartner sagen, auf welche Zeiten eure Sätze hinweisen.

Das Präteritum (die einfache Vergangenheit)

Im 19. Jahrhundert sammelt man in Europa aus Spaß gerne Steine.
Auch versteinerte Knochen und Zähne von Dinosauriern befinden sich
unter den Fundstücken.
Nur weiß niemand, um was für eine Art von Knochen es sich handelt.

1　a Beschreibt, wie der Text auf euch wirkt.
　　b Begründet, ob die Zeitform der Verben und der Inhalt zusammenpassen.
　　c Macht Vorschläge, wie man den Text verändern könnte.

Im Jahr 1820 fand man in England zwei riesige versteinerte Zähne. Sie
ähnelten denen eines Leguans. Das Tier, dem diese Zähne gehörten, er-
hielt den Namen Iguanodon, was „Leguanzahn" bedeutete.
Der Leiter des Londoner Museums für Naturgeschichte interessierte sich
für das neu entdeckte Tier und sortierte es in eine Tierfamilie ein, die er
„Dinosaurier" oder auf Deutsch „schreckliche Echsen" nannte.

2　Schreibt alle Verben heraus. Ergänzt die passenden Grundformen (▶ S. 163), z. B.:

fand → finden　　　ähnelten → ähneln　　　ge...

> **Information**   **Verben in der einfachen Vergangenheit** (das Präteritum)
>
> ■ Das **Präteritum** beschreibt **vergangene Vorgänge, Handlungen** oder **Zustände.**
> ■ Wenn man über Vergangenes **schriftlich erzählt,** dann wird in der Regel das Präteritum
>   verwendet. Daher stehen auch die meisten **Erzählungen** im Präteritum, z. B.:
>   ***Es war einmal** eine Königin, die **wünschte** sich ein eigenes Kind.*

3　Übertragt in Partnerarbeit den Text „Frau Müller spaziert ..." (▶ S. 164) in die einfache Vergangenheit
(Präteritum). **Tipp:** Die Liste der Verben auf den hinteren Innenseiten des Buchumschlags hilft euch.

Starke und schwache Verben werden unterschieden

Vor 213 Millionen Jahren übernahmen die Dinosaurier die Herrschaft über die Erde.
Damals war das Klima anders. Es fiel mehr Regen, so dass auch trockene Gebiete fruchtbar wurden und dort mehr Pflanzen wuchsen. Die Dinosaurier entwickelten sich zu riesigen Tieren.

Es gab gigantische Pflanzenfresser wie den Brachiosaurus, aber auch Fleisch fressende Raubdinosaurier wie den Tyrannosaurus Rex, der bis zu 14 Meter lang wurde und bis zu 6000 kg wog. Es lebten auch Flugsaurier, aus denen viel später unsere heutigen Vögel entstanden.

1 Sicher wisst ihr noch mehr über Dinosaurier. Ergänzt einen weiteren Satz.

2 a Schreibt alle Verben heraus, die in der einfachen Vergangenheit (Präteritum) stehen.
   b Gestaltet die folgende Tabelle als Lernplakat für eure Klasse.
   c Ändert alle Verben in die 3. Person Singular und tragt sie in die ersten drei Spalten eurer Tabelle ein. Die letzte Spalte mit Namen „stark oder schwach" bleibt noch leer:

Grundform (Infinitiv)	Gegenwart (Präsens)	einfache Vergangenheit (Präteritum)	stark oder schwach
übernehmen	er/sie/es übernimmt	er/sie/es übernahm	...
sein	er/sie/es ist	er/sie/es war	...

3 a In welchen Verben ändert sich von der zweiten zur dritten Spalte der Vokal?
   b Schreibt in die letzte Spalte hinter die Verben, in denen sich ein Vokal stark verändert, den Begriff „starkes Verb".
   c Schreibt in die letzte Spalte hinter die Verben, in denen sich die Vokale nicht ändern, den Begriff „schwaches Verb".

Information   **Starke und schwache Verben unterscheiden**

- Einige Verben verändern je nach Zeitform und Person ihren Vokal. Diese Verben heißen **starke Verben,** weil sich einer ihrer Vokale stark verändert, z. B.:
  ich übernehme → ich übernahm
- Verben, die ihren Vokal stets behalten, heißen **schwache Verben,** weil sich ihre Vokale nicht verändern, z. B.: *ich lebe → ich lebte*
  Für diese Veränderungen gibt es **keine Regel.** Man muss vor allem die starken Verben auswendig lernen (▶ hintere Innenseiten des Buchumschlags).

---

4 Gestaltet mit Hilfe der folgenden starken Verben einen Rap. Beginnt z. B. so:

ringen – rang – gerungen
der Dino kam gesprungen

fliegen – flog – ...
...

springen – ...
...

beißen – biss – gebissen
...

schwimmen – schwamm – ...
...

Teste dich!

Fragen an Partner 1	richtig	falsch, gehe zu:
1 Welche Wortart bezeichnet Gegenstände?	das Nomen	Seite 154
2 Welches grammatische Geschlecht hat „der Affe"?	männlich	Seite 155
3 Ergänze: *der Mann – viele …* Wie nennt man in der Grammatik die Einzahl?	*Männer* Singular	Seite 157
4 Ordne den markierten Wörtern den richtigen Fall (Kasus) zu: **Der Hund** frisst **den Napf** *der Katze mit dem größten Vergnügen leer.*	*der Hund:* Nominativ; *den Napf:* Akkusativ	Seite 158
5 Bestimme die Wortart: *Der **dicke** Hund frisst ein Steak.*	Adjektiv	Seite 160
6 Ergänze richtig: *Der klein… Dino ist schwer… … ein Felsen.*	*klein**e** schwer**er als***	Seite 161
7 Konjugiere im Präsens: *lesen*	▶ Seite 163	Seite 163
8 In welcher Zeit steht dieser Satz? *Der Mann ging.*	Präteritum	Seite 165

Fragen an Partner 2	richtig	falsch, gehe zu:
1 Welche Wortart bezeichnet Lebewesen?	das Nomen	Seite 154
2 Welches grammatische Geschlecht hat „das Leben"?	sächlich	Seite 155
3 Ergänze: *die Katze – viele …* Wie nennt man in der Grammatik die Mehrzahl?	*Katzen* Plural	Seite 157
4 Ordne den markierten Wörtern den richtigen Fall (Kasus) zu: *Der Hund frisst den Napf **der Katze** mit **dem größten Vergnügen** leer.*	*der Katze:* Genitiv; *dem Vergnügen:* Dativ	Seite 158
5 Bestimme die Wortart: *Das ist ein **saftiges** Steak.*	Adjektiv	Seite 160
6 Ergänze richtig: *Die Zähne des alt… Dinos sind ausgefallen. Sie sind so … … Kohle.*	*alt**en** schwarz **wie***	Seite 161
7 Konjugiere im Präsens: *kaufen*	▶ Seite 163	Seite 163
8 In welcher Zeit steht dieser Satz? *Die Katzen bekommen Futter.*	Präsens	Seite 165

1 Testet euch gegenseitig: Jeder prüft seinen Lernpartner mit einem Fragebogen (Fragen an Partner 1 *oder* Partner 2). Deckt die Lösungen ab und notiert die Antworten.

2 Übe weiter: Hast du höchstens 3 Antworten falsch, dann bearbeite die Aufgaben Seite 170–171. Hast du mehr als 3 Antworten falsch, dann bearbeite die Aufgaben Seite 168–169.

Rund um Wortarten

●○○ Otfried Preußler

Die kleine Hexe

Es war einmal eine kleine Hexe, die war erst einhundertsiebenundzwanzig Jahre alt, und das ist ja für eine echte Hexe noch gar kein Alter. Sie wohnte in einem einsamen Hexenhaus,
5 das stand im tiefen Wald. Weil es nur einer kleinen Hexe gehörte, war auch das Hexenhaus nicht besonders groß. Der kleinen Hexe genügte es aber, sie hätte sich gar kein schöneres Hexenhaus wünschen können.

1 Schreibt aus dem Text für jede der folgenden Wortarten mindestens zwei Beispiele heraus:
A Nomen: *He...* **B** Verben: *wa...* **C** Adjektive: *kl...* **D** Artikel: *...* **E** Personalpronomen: *S...*

10 Die **?** Hexe besaß einen **?** Raben, der sprechen konnte. Das war der Rabe Abraxas. Er konnte nicht nur „Guten Morgen" und „Guten Abend" krächzen wie ein **?** Rabe, der sprechen gelernt hat, sondern auch alles andere.
15 Die **?** Hexe hielt **?** Stücke auf ihn, weil er ein ausnehmend **?** Rabe war, der ihr in **?** Dingen die Meinung sagte und nie ein Blatt vor den **?** Schnabel nahm.

Etwa sechs Stunden am Tage **?** die kleine Hexe damit, sich im Hexen zu üben. Das 20 Hexen **?** keine einfache Sache. Wer es im Hexen zu etwas bringen **?**, **?** nicht faul sein. Er **?** zuerst alle kleineren Hexenkunststücke lernen – und später die großen. Seite für Seite **?** er das dicke Hexenbuch durch- 25 studieren, und keine einzige Aufgabe **?** er dabei überspringen.

2 Schreibt den Text ab und setzt die folgenden Wörter an den passenden Stellen ein:

> vorlauten kleine schwarzen weiser ist gewöhnlicher große kleine
> allen verbrachte darf muss will muss darf

3 Erfindet mit Hilfe der Wörter drei Sätze (A–C) und bestimmt die Fälle (Kasus), z. B.:
Die kleine Hexe übte das Regenmachen nach der Seite 213 des Hexenbuchs.
Nominativ   Akkusativ   Dativ   Genitiv
A die Welt nicht mehr – verstand – der Rabe Abraxas
B die Seite 213 – den Regen – der kleinen Hexe – half – des Zauberbuchs – herbeizuzaubern
C die kleine Hexe – einen Regenschauer – zeigte – dem Raben – herbeizauberte – wie man

Die kleine Hexe ist erst auf Seite 213 des Hexenbuches. Sie übt gerade das Regenmachen.
30 Sie sitzt auf der blauen Bank vor dem Backofen, hat das Hexenbuch auf die Knie gelegt und hext. Der Rabe Abraxas sitzt neben ihr.

„Du sollst einen Regen machen", krächzt er vorwurfsvoll, „und was hext du? Beim ersten 35 Mal lässt du es weiße Mäuse regnen, beim zweiten Mal grüne Frösche."

4 Schreibt den Text in der Vergangenheitsform in euer Heft: *Die kleine Hexe w...*

Da versuchen die kleine Hexe beim nächsten Mal, einen Regen zu machen. Sie lassen eine
40 dicke Wolke am Himmel aufsteigen, winken sie näher und rufen, als die Wolke genau über ihr stehen: „Regen."
Die Wolken reißen auf, und es regnen – Buttermilch.

„Buttermilch!", kreischen Abraxas, „sein du 45 vollkommen übergeschnappt? Was wollen du denn noch alles regnen lassen? Wäscheklammern vielleicht? Oder Schusternägel? Wenn es doch wenigstens leckere Brotkrümel oder Rosinen wären." 50

5 Setzt die unterlegten Grundformen (Infinitive) in die einfache Vergangenheit (Präteritum) und die unterstrichenen Grundformen in die Gegenwartsform (Präsens).

6 Schreibt zu der Geschichte einen passenden Schluss.
Verwendet für euren Schluss mindestens 5 der folgenden Wörter.

> Glück Löffel Nebel Stimme Ziel endlich ruhig still anfangen aufpassen fragen helfen rühren sprechen hoffentlich zuletzt

7 Prüft mit Hilfe der folgenden Lösungen, ob ihr die Aufgaben 1–5 richtig gelöst habt.

noch …

„Buttermilch!", *kreischte* Abraxas, „*bist* du vollkommen übergeschnappt. Was *willst* du denn
Die Wolke rissen auf, und es *regnete* – Buttermilch.
„Regen."
Wolke am Himmel aufsteigen, *winkte* sie näher und *rief*, als die Wolke genau über ihr *stand*:
Da *versuchte* die kleine Hexe beim nächsten Mal, einen Regen zu machen. Sie *ließ* eine dicke
Lösung Aufgabe 5:

regnen, beim zweiten Mal grüne Frösche."
„Du sollst einen Regen machen", *krächzte* er vorwurfsvoll, „und was hext du? Beim ersten Mal lässt du es weiße Mäuse
Der Rabe Abraxas *saß* neben ihr.
Sie *saß* auf der blauen Bank vor dem Backofen, *hatte* das Hexenbuch auf die Knie gelegt und *hexte*.
Die kleine Hexe *war* erst auf Seite 213 des Hexenbuches. Sie *übte* gerade das Regenmachen.
Lösung Aufgabe 4:

C *Die kleine Hexe zeigte dem Raben, wie man einen Regenschauer herbeizauberte.*
B *Die Seite 213 des Zauberbuchs half der kleinen Hexe, den Regen herbeizuzaubern.*
A *Der Rabe Abraxas verstand die Welt nicht mehr.*
Lösung Aufgabe 3, z. B.:

vorlauten, verbrachte, ist, will, darf, muss, muss, darf
kleine, schwarzen, gewöhnlicher, kleine, große, weiser, allein,
Lösung Aufgabe 2:

E Personalpronomen: *Sie, es* (2x), *sie*
D Artikel: *Die, eine* (2x), *einem, einer, das, Der*
C Adjektive: *kleine* (2x), *kleinen* (2x), *alt, echte, einsamen, tiefen, groß, schöneres*
B Verben: *war* (3x), *ist, wohnte, stand, gehörten, genügte, hätte, wünschen, können*
A Nomen: *Hexe* (5x), *Jahre, Alter, Hexenhaus* (3x), *Wald*
Lösung Aufgabe 1:

Wolfgang Ecke

Die Geheimkonferenz

Als Eddi an jenem Abend Kurs auf die elterliche Wohnung nahm, war Mitternacht vorbei; der Freitag begann.

Mit furchtbarem Gedröhn aus dem kaputten Auspuff seines VWs mit dem Namen „Putzi" fuhr er vor dem fünfstöckigen Haus in der Hofstraße vor.

Neben der Haustür fand er einen freien Parkplatz.

1 Schreibt aus dem Text für jede der folgenden Wortarten alle Beispiele heraus:
A Nomen: *Ge...* **B** Verben: *na...* **C** Adjektive: *elt...* **D** Artikel: ... **E** Personalpronomen: *e ..*

Eddi schließen „Putzi" sorgfältig ab und werfen, wie er es immer tun, einen Blick an der Hausfassade hoch, hinauf in den fünften Stock, wo seine Eltern sicher noch beim heißgeliebten
5 Kartenspiel sitzen. Er bemerken, dass nicht nur im fünften Stock Licht brennen. Auch in der dritten Etage sein die Fenster erleuchtet, ebenso in der zweiten, wo sie sogar offen stehen. Dunkel sein es hinter dem geöffneten Fenster im vierten Stock, während im ersten die Jalou-
10 sien herabgelassen sein. Im Erdgeschoss brennen kein Licht, die Fenster sein aufgeklappt.

2 Setzt die unterlegten Grundformen (Infinitive) in die einfache Vergangenheit (Präteritum). Schreibt die veränderten Verbformen in euer Heft.

b	v	M	q	g	G	v	p	X	s	g
c	o	R	O	r	c	H	H	h	Z	H
a	l	t	m	o	d	i	s	c	h	S
K	I	S	Q	ß	h	e	f	t	i	g
f	ü	n	f	s	t	ö	c	k	i	g
e	C	X	U	h	q	l	a	u	t	L
o	x	a	X	r	i	e	s	i	g	r
N	J	H	g	B	J	E	g	O	y	N

Eddi wollte gerade die ? Haustür aufstoßen, als ihn ein ? , ? Schlag zusammenfahren ließ.
Sekunden später wusste er, was geschehen war: Aus einem Fenster des ? Hauses hatte jemand in ? Absicht einen ? Blumentopf samt ? Pflanze auf „Putzi" geschleudert.

3 **a** Markiert auf einer Folie die 7 im Wortgitter versteckten Adjektive.
b Schreibt den rechten Text ab. Ergänzt ihn sinnvoll durch Adjektive aus dem Wortgitter.

Im Dach ? (Fall: ?), unter Dreck, Scherben und ? (Fall: ?), entdeckte er ? (Fall: ?).
Wütend sah Eddi zum zweiten Mal in dieser Nacht an ? (Fall: ?) ? (Fall: ?) empor.
Aus ? (Fall: ?) war ? (Fall: ?) geworfen worden?

4 **a** Übertragt den Text in euer Heft. Setzt dabei die nebenstehenden Wörter nacheinander ein.
b Tragt in die Klammern jeweils den Fall (Kasus) ein, in den ihr die Wörter gesetzt habt.

der Wagen   eine Palme
eine gewaltige Delle   die Fassade
das Haus   welches Fenster   der Blumentopf

Nun, liebe Detektive, ? wir Eddi mit seinem Zorn und seinem Kummer über das kaputte Dach allein. Wir ?, den Fall zu klären. ? wir noch einmal:

5 Im Erdgeschoss ? kein Licht, aber die Fenster ? halb offen.
Die Jalousien im ersten Stock ? heruntergelassen.
Im zweiten Stock ? Licht aus den geöffneten
10 Fenstern auf die Straße.

Im dritten Stock ? ebenfalls Licht aus den Fenstern, die jedoch fest verschlossen ?.
Im vierten Stock ? hinter den offenen Fenstern völlige Dunkelheit.
Im fünften Stock ? Eddis Eltern immer 15 noch Karten.
In welchem Stockwerk ? nun die Person, von der man annehmen ?, dass sie den Blumentopf auf „Putzi" ? ? ? ihr auch ein Motiv für die ruchlose Tat? 20

5 Sucht aus der folgenden Wörterliste die passenden Verben für die Lücken heraus.
Setzt sie in die Gegenwart oder einfache Vergangenheit, wie in der Wörterliste angegeben.

Gegenwart (Präsens):	**einfache Vergangenheit (Präteritum):**
lassen, versuchen, überlegen, wohnen, dürfen, wissen	brennen, stehen, sein, dringen, scheinen, sein, herrschen, spielen, werfen

6 Verfasst einen Bericht für die Polizei. Teilt in diesem Bericht eure Beobachtungen und euren Verdacht mit. Ihr könnt folgende Wörter verwenden:

Eddi, Lärm, Haustür, Licht, Blumentopf, Beule, Verdacht, knattern, parken, hinaufsehen, feststellen, scheinen, offen stehen, werfen, kaputt, laut, quietschend, wütend, zuerst, danach, vielleicht

7 Prüft mit Hilfe der folgenden Lösungen, ob ihr die Aufgaben 1–5 richtig gelöst habt.

Lösung Aufgabe 1:
A Nomen: *Geheimkonferenz, Eddie, Kurs, Abend, Freitag, Cedrich, Mitternacht, Wohnung, Auspuff, VWs, Namen, „Putzi", Haus, Hofstraße, Haustür, Parkplatz*
B Verben: *nahm, war, begann, fuhr, fand*
C Adjektive: *elterliche, furchtbaren, kaputten, fünfstöckigen, Freien*
D Artikel: *Die, die, der (3x), dem (3x), einen*
E Personalpronomen: *er (2x)*

Lösung Aufgabe 2:
schloss, warf, fiel, saßen, bemerkte, brannte, waren, standen, war, waren, brannte, waren

Lösung Aufgabe 3:
Eddi wollte gerade die *altmodische* Haustür aufstoßen, als ihn ein *heftiger, lauter* Schlag zusammenfahren ließ. Sekunden später wusste er, was geschehen war: Aus einem Fenster des *fünfstöckigen* Hauses hatte jemand in *voller* Absicht einen *großen* Blumentopf samt *riesiger* Pflanze auf „Putzi" geschleudert.

Lösung Aufgabe 4:
des Wagens (Fall: Genitiv), *einer Palme* (Fall: Dativ), *eine gewaltige Delle* (Fall: Akkusativ), *der Fassade* (Fall: Dativ), *des Hauses* (Fall: Genitiv), *welchem Fenster* (Fall: Dativ), *der Blumentopf* (Fall: Nominativ)

Lösung Aufgabe 5:
Gegenwart (Präsens): *lassen, versuchen, überlegen, wohnt, darf, wisst*
Präteritum: *brannte, standen, waren, drang, schien, waren, herrschte, spielten, warf*

Lösung Aufgabe 6: *Der Blumentopf flog aus dem 4. Stock.*

11.2 Feuerstein und Co. – Satzglieder bestimmen

Satzarten unterscheiden und anwenden

Im Restaurant „Zum Neandertaler" kann man wie die Steinzeitmenschen essen.

1 a Welches Kind sagt es wie? Begründet, ob am Ende der einzelnen Sätze ein Punkt (.), ein Ausrufezeichen (!) oder ein Fragezeichen (?) stehen muss.

b Lest euch die Sätze der Kinder gegenseitig vor. Achtet auf die Betonung am Satzende. Zeichnet zu jedem Satz einen Stimmbogen und nennt das Satzschlusszeichen:

– wenn sich die **Stimme** am Satzende **senkt,**

– wenn sich die **Stimme** am Satzende **hebt,**

– wenn die **Stimme** am Satzende **lauter wird.**

2 Lest euch zu zweit die folgenden Sätze vor. Stellt euch verschiedene Situationen vor, in denen diese Sätze gesagt werden. Der Zuhörer sagt, welches Satzschlusszeichen zur Situation am besten passt.

A   Ich hätte gern noch eine Säbelzahntigermilch...   D   Das Gletschereis schmeckt ja nach nichts...

B   Könnten Sie mir eine Fellserviette bringen...   E   Willst du mal probieren...

C   Das habe ich aber nicht bestellt...   F   Mit einer Gabel wäre es leichter...

3 a Formuliert eine Regel für Satzschlusszeichen. Ihr könnt folgende Begriffe verwenden oder die Hilfe unten entziffern.

b Ordnet eurer Regel die folgenden Beispielsätze zu:

> Punkt   Fragezeichen   Ausrufezeichen
> Aussagesatz   Fragesatz
> Ausruf/Befehl/Aufforderung

> Könnte ich noch einen Wurzeltee bekommen ...

> Einen Wurzeltee, bitte ...

> Ich trinke Wurzeltee...

Hilfe: hcaN menie ztasegarF tztes nam nie nehciezegarF.
hcaN menie fursuA, menie lhefeB redo renie gnuredroffuA tztes nam nie nehciezefursuA.
hcaN menie ztasegassuA tztes nam nenie tknuP.

Wörter werden im Satz zu Satzgliedern

1 Beschreibt das Bild. Wann wird z. B. ein Verb zu einem Prädikat?

2 **a** Ändert in dem folgenden Satz die Reihenfolge der Wörter. Schreibt in euer Heft.
b Wie oft könnt ihr die Reihenfolge in diesem Satz sinnvoll ändern?

Wir fangen mit der Angel einen Fisch.
Einen Fisch fangen …
Mit …

c Markiert in jedem Satz die Wortgruppen, die immer zusammenbleiben, egal, wie ihr den Satz umstellt, z. B.: *Wir fangen mit der Angel einen Fisch.*

Methode	Die Umstellprobe anwenden – Die Satzglieder ermitteln

- Ein Satz besteht meist aus mehreren Wörtern.
- Manche Wörter bilden im Satz untrennbare Gruppen. Man kann diese Gruppen herausfinden, wenn man den Satz umstellt **(Umstellprobe),** z. B.:
  Ich spiele mit dir. → Mit dir spiele ich.
- Wörter, die man im Satz umstellen kann, und die untrennbaren Wortgruppen nennt man **Satzglieder.** Das bedeutet, das Beispiel *„Ich spiele mit dir"* besteht aus drei Satzgliedern.
- Man kann die Umstellprobe auch anwenden, um **Texte** zu **verbessern.** Der Text klingt abwechslungsreicher, wenn der Satzbau der Sätze nicht immer gleich ist.

3 Probiert die Umstellprobe bei den folgenden Sätzen. Welche Wortgruppen sind unzertrennlich?
Die Urzeitmenschen bevölkerten anfangs den afrikanischen Kontinent.
Sie unterschieden sich in vielen Dingen vom heutigen Menschen.
Der Urzeitmensch hatte zum Beispiel ein kleineres Gehirn als der heutige Mensch.

Wo steht das Prädikat?

1 a **Satzexperiment:** Vier Schüler kommen nach vorne und stellen sich in einer Reihe auf.

b Jeder Schüler beschriftet wie im Bild ein großes Blatt Papier und hält es vor seine Brust.

c Nach einer halben Minute wechseln die Schüler mit ihren Schildern ihre Position.

Achtung: Sie müssen sich so umstellen, dass der Sinn des Satzes erhalten bleibt.

d Stellt fest: Welches Wort (welcher Schüler) verändert nie seine Position?

Information	Das Prädikat und seine Position im Aussagesatz

- Prädikate werden durch Verben gebildet.
- Im **Aussagesatz** steht das **Prädikat** immer an **zweiter Stelle** nach dem ersten Satzglied.
- Das **Prädikat** gibt an, **was geschieht** oder **was jemand tut.** So ist es auch zu erfragen, z. B.:

	Der Hund **frisst** den Knochen.			Frage: *Was tut der Hund? → Er **frisst.***
Satzglied	1	**2**	3	

Das Werkzeug unterscheidet den Urmenschen vom Affen.

Mit dem Homo habilis beginnt das Zeitalter der Urmenschen.

Der „geschickte Mensch" fertigte Werkzeuge aus Feuerstein. Mit einem Stein schlugen unsere Vorfahren Splitter von einem anderen Stein. So erhielten sie Keile und Steinmesser.

2 Sucht aus dem Text die Prädikate heraus. Benutzt die Umstellprobe.

> *Die Urzeitmenschen nicht so sauber wie wir heute.*
> *Sie sich im Wasser der Flüsse und Seen. Seife sie allerdings noch nicht.*
> *Warmes Wasser die Urzeitmenschen auch nicht.*
> *Den Umgang mit Feuer sie erst später. Sicherlich es viele Probleme mit Ungeziefer.*
> *Das sie wahrscheinlich wenig. Die Menschen damals wesentlich unempfindlicher als wir.*

3 a Findet im Text die Stellen, an denen Prädikate fehlen. Ergänzt die Sätze im Heft.

b Unterstreicht in eurem Heft die Prädikate, die ihr ergänzt habt.

4 Was stimmt noch nicht an diesem Satz? *Der Mensch musste sich gegen die Natur.*

 a Notiert Vorschläge, wie der Satz einen Sinn erhält.

 b Unterstreicht in euren Sätzen alle Verbformen. Was fällt euch am Prädikat auf?

Information   Die Prädikatsklammer

- **Prädikate können aus zwei Teilen bestehen.** Dann steht ein Teil des Prädikats an der zweiten Stelle des Aussagesatzes (nach dem ersten Satzglied) und der andere Teil meist am Schluss, z. B.: *Der Mensch **musste** sich gegen die Natur **schützen**. Man **schlug** Splitter vom Feuerstein **ab.***
- Da die zwei Prädikatsteile andere Satzglieder einklammern, spricht man von einer **Prädikatsklammer.**

Die Urzeitmenschen suchten zum Schutz vor Kälte, Hitze oder wilden Tieren Höhlen und Felsüberhänge auf. Manchmal hoben sie auch Erdlöcher aus.
Diese Löcher deckten sie mit Zweigen ab.
Natürliche Höhlen oder Felsvorsprünge wurden durch Steinhaufen vergrößert.
Später bauten die Urmenschen erste einfache Zelte auf.
Sie stellten große Tierknochen wie Zeltstangen gegeneinander und warfen Felle darüber.

5 Die meisten Prädikate in diesem Text bilden eine Prädikatsklammer. Findet sie.

6 Kennt ihr andere Sprachen, in denen es Prädikatsklammern gibt? Nennt Beispiele.

Wer oder was? Das Subjekt

 ? ernährte sich von allem, was ? fand. ? folgten einer klaren Arbeitsteilung.
 ? gingen auf die Jagd und brachten das Fleisch der erlegten Tiere nach Hause.
 ? blieben bei den Kindern. Ihre Lebensgrundlage bildeten ebenso ? .

1 a Ergänzt mit Hilfe der nebenstehenden Wörter die Lücken im Text.
 Welche Frage müsst ihr stellen, wenn ihr das richtige Wort ermitteln wollt?

 b Diktiert euch gegenseitig die vollständigen Sätze. Lasst immer eine Zeile frei.

 c Unterstreicht die ergänzten Wörter und notiert die Fragen, die ihr gestellt habt, z. B.:
 Der Urzeitmensch ernährte sich von allem, was er fand.
 Frage: Wer oder was?

die Frauen
unsere Vorfahren
die Männer
er
der Urzeitmensch
Beeren, Früchte, Wurzeln und Nüsse
sie

Wer oder was?

> **Information**   **Das Subjekt** (Plural: die Subjekte)
>
> - **Das Satzglied,** das man mit „Wer oder was …?" erfragen kann, heißt **Subjekt.**
> - Das Subjekt steht immer im **Nominativ** (▶ S. 158).
> - Subjekt und Prädikat eines Satzes sind eng aufeinander bezogen. Das **Subjekt bestimmt** die **Form** des Prädikats, z. B.:
>
> **ich** fand   **du** fandest   **er/sie/es** fand   **wir** fanden   **ihr** fandet   **sie** fanden.

ICH, DER WEISSAGER, ERKENNE UNGLAUBLICHE DINGE. HÖRT, WAS ICH IN DER ZUKUNFT SEHE:
VIELE HÖHLEN STAPELN SICH ÜBEREINANDER.
DEN MENSCHEN HELFEN GEFLÜGELTE SPEERE, UM ÜBER LAND UND MEER ZU GELANGEN.
SCHRECKLICHE KNALLSTÖCKE DIENEN DEN MENSCHEN BEI DER JAGD.
DURCH KNÖPFE IN IHREN OHREN RAUSCHT FÜRCHTERLICHES GEBRÜLL.
STINKENDE KÄSTEN ROLLEN AUF RUNDEN SCHEIBEN VON SELBST DIE HÜGEL HINAUF.
UNTER UND ÜBER DER ERDE RASEN RIESIGE SCHLANGEN ZU MENSCHEN, DIE WARTEN.

2 Der Weissager aus der Steinzeit drückt sich rätselhaft aus. Was sieht er in der Zukunft? Geht so vor:

a Schreibt aus seinen Rätselworten ab Zeile zwei alle Subjekte heraus. Fragt „Wer oder was?"

b Findet für jedes Subjekt etwas aus unserer Gegenwart, das der Weissager meinen könnte, z. B.:
geflügelte Speere = Flu…

c Setzt die neuen Subjekte sinnvoll in die Sätze des Weissagers ein.

Wem, wen oder was? Das Objekt

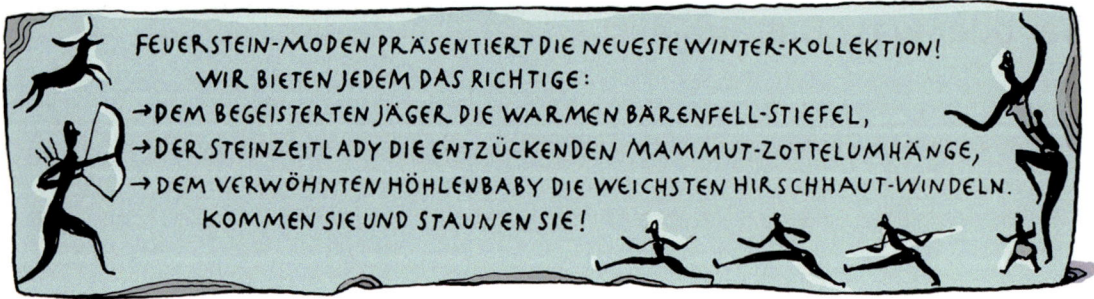

FEUERSTEIN-MODEN PRÄSENTIERT DIE NEUESTE WINTER-KOLLEKTION!
WIR BIETEN JEDEM DAS RICHTIGE:
→DEM BEGEISTERTEN JÄGER DIE WARMEN BÄRENFELL-STIEFEL,
→DER STEINZEITLADY DIE ENTZÜCKENDEN MAMMUT-ZOTTELUMHÄNGE,
→DEM VERWÖHNTEN HÖHLENBABY DIE WEICHSTEN HIRSCHHAUT-WINDELN.
KOMMEN SIE UND STAUNEN SIE!

1 Habt ihr weitere Ideen für die Werbung?
Ergänzt zusätzliche Angebote, z. B.: *Wir bieten dem Steinzeitjugendlichen …*

2 a Schreibt die Sätze wie im Beispiel unten mit verschiedenen Farben in euer Heft.
Lasst jeweils eine Zeile zwischen den Sätzen frei.

b Fügt die Fragewörter hinzu, mit denen ihr die Satzglieder erfragt habt, z. B.:

Wir   bieten   dem begeisterten Jäger   die warmen Bärenfell-Stiefel.

Wer oder was?   Was tut?   Wem?   Wen oder was?

c Vergleicht: Mit welcher Frage habt ihr jeweils nach dem letzten Satzglied gefragt?

Das Dativobjekt und das Akkusativobjekt

- **Satzglieder,** die man mit **Wem …?** oder mit **Wen oder was …?** erfragen kann, heißen **Objekte.**
- Objekte, die man mit **Wem …?** erfragt, heißen **Dativobjekte.**
- Objekte, die man mit **Wen oder was …?** erfragt, heißen **Akkusativobjekte.**

3 Könnt ihr alle Bezeichnungen für die Satzglieder in Aufgabe 1, S. 176, ergänzen? Hier ist die Lösung:

Wir	bieten	dem begeisterten Jäger	die warmen Bärenfell-Stiefel.
Wer oder was?	Was tut?	Wem?	Wen oder was?
tkejbuS	takidärP	tkejbovitaD	tkejbovitasukkA

4 Gestaltet in Partnerarbeit eigene Werbesätze, z. B. für Schul- oder Sportmoden. Eure Werbesätze sollen zwei Objekte enthalten. Beginnt z. B. mit: *Neues Ladengeschäft! Unser Personal hält für …*

Mit der Ersatzprobe Texte verbessern

Die Urmenschen wurden nicht sehr alt. Die Urmenschen wurden oft nur 30 bis 40 Jahre alt. Starb ein Urmensch, so wurde eine Grube ausgehoben, in die der Urmensch hineingelegt wurde.

Die Waffen des Urmenschen wurden dem Urmenschen für seine Reise ins Totenreich beigelegt. Dann wurde das Grab des Urmenschen mit Steinen zum Schutz vor wilden Tieren abgedeckt.

1 a Beschreibt, wie der Text und die Wiederholungen bestimmter Wörter auf euch wirken.
b Sammelt Vorschläge: Welche Wörter, die oft wiederholt werden, könnt ihr ersetzen?

Die Ersatzprobe anwenden

Wörter, die in jedem Satz wiederholt werden, lassen einen Text schnell eintönig wirken.
Mit der **Ersatzprobe** kann man Wörter ersetzen, die in einem Text immer wieder vorkommen:
Nomen lassen sich **durch Personalpronomen** (▶ S. 163) ersetzen.
Verben tauscht man **gegen andere Verben** aus, z. B.:
   Die Urmenschen wurden nicht sehr alt. Die Urmenschen wurden oft nur 30 bis 40 Jahre alt.
→ *Die Urmenschen wurden nicht sehr alt.* **Sie** **starben** *oft mit 30 bis 40 Jahren.*

Vor ungefähr 700 000 Jahren entdeckten die Urmenschen das Feuer. Das Feuer war auch vorher schon da gewesen, und die Urmenschen hatten vor dem Feuer immer große Angst gehabt. Wenn irgendwo ein Blitz einschlug, flohen Menschen und Tiere vor dem Feuer.

Irgendwann wagte ein mutiger Urmensch, das Feuer zu nutzen. Er brachte das Feuer zu der Höhle der Urmenschen. Vor der Höhle der Urmenschen war ein Kreis aus Steinen, in dem dann das Feuer war. Jetzt konnten die Urmenschen sich daran wärmen.

2 Arbeitet zu zweit. Ersetzt einige Wortwiederholungen. Schreibt in euer Heft.

Teste dich!

Fragen an Partner 1	richtig	falsch, gehe zu:
1 Welche Satzschlusszeichen verwendet man nach einer Aussage?	Punkt	Seite 172
2 Bezeichne die vier Satzglieder in: Der Mensch gibt seinem Hund etwas Futter.	Subjekt, Prädikat, Dativobjekt, Akkusativobjekt	Seite 174–177
3 Nenne die Prädikatsklammer in: *Der Mensch schlug Splitter vom Feuerstein ab.*	*schlug .... ab*	Seite 175
4 a Bestimme die Subjekte in: *Im Neandertal liebten die Urzeitmenschen die Fellmode. Sie trugen die Felle Tag für Tag.*	**a** Subjekte: *die Urzeit- menschen, Sie*	Seite 176
b Bestimme in beiden Sätzen die Prädikate.	**b** *liebten, trugen*	Seite 174

Fragen an Partner 2	richtig	falsch, gehe zu:
1 Welches Satzschlusszeichen verwendet man nach einem Befehl?	Ausrufezeichen	Seite 172
2 Bestimme die Satzglieder in: Der Hund bringt seinem Herrn das Stöckchen.	Subjekt, Prädikat, Dativobjekt, Akkusativobjekt	Seite 174–177
3 Nenne die Prädikatsklammer in: *Der Urmensch hob tiefe Gruben aus.*	*hob .... aus*	Seite 175
4 a Bestimme die Subjekte in: *Die Jäger trieben mit Fackeln und Geschrei große Tie- re in Fallgruben. Die Tiere starben an ihren Verletzungen.*	**a** Subjekte: *Die Jäger,* *Die Tiere*	Seite 176
b Bestimme in beiden Sätzen die Prädikate.	**b** *trieben, starben*	Seite 174

1 Testet euch gegenseitig: Jeder prüft seinen Lernpartner mit einem Fragebogen (Fragen an Partner 1 *oder* Partner 2).
Deckt die Lösungen ab und notiert die Antworten.

2 Übe weiter:
Hast du höchstens 2 Antworten falsch, dann bearbeite die Aufgaben Seite 180.
Hast du mehr als 2 Antworten falsch, dann bearbeite die Aufgaben Seite 179.

Rund um Satzglieder

●○○ Manche Wörter bilden im Satz untrennbare Gruppen.
Man kann diese Gruppen herausfinden, wenn man den Satz **tlletsmu**, z. B.:
Der Hund frisst Fleisch. Fleisch frisst der Hund. Frisst der Hund Fleisch?
Mit der **eborplletsmU** findet man die Wörter und Wortgruppen heraus, die in einem Satz immer
zusammenbleiben. Die Wörter im Satz und die untrennbaren Wortgruppen nennt man **redeilgztaS.**

1 a Entziffert die Begriffe, die im Text verkehrt herum stehen. Schreibt den Text in euer Heft.
b Aus wie vielen Satzgliedern besteht der folgende Satz? *Der Hund frisst Fleisch.*
Schreibt den Satz ab und unterstreicht mit verschiedenen Farben die Satzglieder.
c Bildet einen eigenen Satz und stellt ihn so oft wie möglich um.

Mit der **eborpztasrE** kann man Wörter austauschen, die in einem Text immer wieder vorkommen.
nemoN lassen sich dabei durch Personalpronomen ersetzen.
nebreV kann man gegen andere Verben austauschen.

2 a Entziffert die Begriffe, die im Text verkehrt herum stehen. Schreibt den Text in euer Heft.
b Ersetzt das Subjekt und das Objekt in dem folgenden Satz. Schreibt in euer Heft.
Der Hund frisst Fleisch. ❓ *mag* ❓ *sehr gern.*

3 a Ihr habt die Satzglieder Subjekt, Prädikat, Dativobjekt und Akkusativobjekt kennen gelernt.
Übertragt die folgenden Sätze in euer Heft und benennt die Satzglieder.
Tipp: In einem Satz besteht ein Satzglied aus zwei Teilen.

> A Der Hund   stiehlt   dem Metzger   einen Knochen.
>   *Su...*   *Pr...*   *Da...*   *Ak...*
> B Viele Köche verderben den Brei.
>   ...   .
> C Der Lehrer schreibt   die Noten   auf.
>   ... ...

b Bildet gemeinsam nach dem Muster von A–C 2 eigene Sätze.

4 Die unterstrichenen Wörter kommen in dem folgenden Text besonders oft vor.
Überarbeitet den Text in eurem Heft. Wendet die Ersatzprobe an.

> Bertl galoppierte durch die Wohnung und galoppierte durch die Zim-
> mer. Besonders der hellgraue Teppich in Vaters Arbeitszimmer schien
> Bertl zu gefallen. Immer wieder legte Bertl sich darauf und streckte
> alle Viere von sich. Vater verscheuchte Bertl schließlich. Da galoppierte
> Bertl in die Küche und Bertl warf mit einem enormen Lärm ein paar
> Töpfe um, als Bertl versuchte, in den Küchenschrank zu galoppieren.

●●●

Um		pro
	Manche Wörter bilden im Satz untrennbare Gruppen.	
glie	Man kann diese Gruppen herausfinden, wenn man den Satz [?], z. B.:	be
	Der Kater jagt eine Maus. Eine Maus jagt der Kater. Jagt der Kater eine Maus?	
um	Mit der [?] findet man die Wörter und Wortgruppen heraus, die in einem Satz immer zusammenbleiben.	stell
	Die Wörter im Satz und die untrennbaren Wortgruppen nennt man [?].	
der	Satz	stellt

1   a   Ergänzt die Begriffe, die im Text fehlen.

     b   Aus wie vielen Satzgliedern besteht der folgende Satz? *Der Kater jagt eine Maus.*
       Schreibt den Satz ab und unterstreicht mit verschiedenen Farben die Satzglieder.

     c   Bildet eigene Sätze und stellt sie so oft wie möglich um.

> Mit der [?] kann man Wörter austauschen, die in einem Text immer wieder vorkommen.
> [?] lassen sich dabei durch Personalpronomen ersetzen.
> [?] kann man gegen andere Verben austauschen.

2   a   Ergänzt die Begriffe, die in dem Text fehlen.

     b   Ersetzt das Subjekt und das Objekt in dem folgenden Satz. Schreibt in euer Heft:
       Die Katze rennt vor dem Hund weg. … hat Angst vor …

3   Ihr habt vier Satzglieder kennen gelernt. Übertragt die folgenden Sätze in euer Heft und bezeichnet die Satzglieder. **Tipp:** In einem Satz besteht das Satzglied aus zwei Teilen.

A	Der Schüler	zeigt	dem Lehrer	seine Hausaufgaben.	
	S…	P…	D…	A…	
B	Der Schüler	<u>schreibt</u>	die Matheaufgaben	<u>ab.</u>	
	…	…	…	…	
C	Der Freund	leiht	der Freundin	sein Lineal.	
	…	…	…	…	

     b   Bildet nach dem Muster von A–C mindestens 3 eigene Sätze.

4   Überarbeitet zu zweit den folgenden Text in eurem Heft. Wendet die Ersatzprobe an.

> Als Betti und ich aus der Schule kamen, bauten wir eine Hütte. Ich hatte bei unserem Gemüsehändler drei Kisten besorgt, um die Hütte zu bauen. Die Kisten zerlegte ich in Bretter und die Bretter nagelte ich wieder neu zusammen.
>
> Betti hatte in einem Baugeschäft Sägespäne gekauft. Die Sägespäne wollten wir auf den Boden der Hütte schütten. Betti und ich stritten uns. Betti und ich wollten beide die Sägespäne auf den Boden der Hütte verteilen.

5

10

11.3 Fit in ...! – Texte überarbeiten

Beispiel 1: Einen Text mit Hilfe von Proben überarbeiten

Stellt euch vor, ihr bekommt in der nächsten Klassenarbeit die folgende Aufgabe gestellt.

Aufgabe
Die Schülerzeitung deiner Schule will einen Text über das Thema „Sommerferien zu Hause"
veröffentlichen. Als Mitglied des Schülerzeitungsteams sollst du den Text verbessern.
Überarbeite den folgenden Text. Wende die Umstellprobe und die Ersatzprobe an.

Ihr verbringt in diesem Jahr eure Sommerferien zu Hause?
Ihr habt für eure Sommerferien noch nichts geplant?
Wir haben Tipps für eure Sommerferien zusammengestellt.
So hat unsere Stadt für euch ein buntes Ferienprogramm mit vielen Veranstaltungen und
5 Festen zusammengestellt.
Ihr könnt in dem Ferienprogramm selbst eure Wunschangebote zusammenstellen.
Ihr dürft nur nicht die Anmeldung vergessen.
Ihr könnt aber auch ohne ein Ferienprogramm Spaß haben.
Es gibt in unserem Freibad einen neuen Sprungturm und ein großes Badmintonfeld.
10 Es gibt in unserem Kino auch ein spannendes Kinoprogramm.
Es gibt in unserer Stadt genügend Angebote für jeden von euch.
Macht etwas aus euren Sommerferien!

Die Aufgabe richtig verstehen

1 Schreibt die Sätze aus der Aufgabe heraus, die euch ganz deutlich sagen, was ihr machen sollt.

Planen

2 Überlegt, welche Satzglieder ihr umstellen oder durch andere Wörter ersetzen wollt, z. B.:
Ihr verbringt in diesem Jahr eure Sommerferien zu Hause?
Verbringt ihr in diesem Jahr eure Sommerferien zu Hause?
Ihr habt für ~~eure Sommerferien~~ noch nichts geplant?
Ihr habt für diese schulfreie Zeit noch nichts geplant?
Schreibt die neuen Sätze nacheinander in euer Heft.
Tipp: Ihr müsst nicht alle Satzglieder ersetzen oder alle Sätze umstellen.

Überarbeiten

3 Lest euch euren überarbeiteten Text aufmerksam durch.
a Prüft, ob sich noch weitere Wortwiederholungen vermeiden lassen.
b Kontrolliert eure Rechtschreibung. Enden alle Sätze mit dem richtigen Satzschlusszeichen?

Beispiel 2: Einen Text in die richtige Zeitform setzen

Stellt euch vor, ihr bekommt in der nächsten Klassenarbeit die folgende Aufgabe gestellt.

Aufgabe

Ein Schüler hatte die Aufgabe, einen Text über das Leben der Steinzeitmenschen in der einfachen Vergangenheitsform (Präteritum) zu verfassen.
Er schrieb den Text aber in der Gegenwartsform (Präsens).
Überarbeite den Text. Setze ihn in die einfache Vergangenheitsform (Präteritum).

Eine wichtige Entwicklung

Über Jahrtausende ist Stein das wichtigste Material für Werkzeuge und Gebrauchsgegenstände der Urzeitmenschen. Doch dann entdecken sie ein Metall: das Kupfer.
⁵Vielleicht sitzen sie damals gerade um ein Feuer und bemerken plötzlich, dass aus einem der Steine, die um das Feuer liegen, eine rote Flüssigkeit läuft.
Als die Feuerstelle kalt ist, nehmen sie den ¹⁰Stein heraus. Sie halten einen harten Klumpen Metall in der Hand.
Bald lernen die Menschen mehr über das Kupfer. Und bald stellen sie aus dem Metall Waffen und Schmuck her.

Dazu suchen sie in den Bergen Felsen mit ¹⁵kupferhaltigem Gestein.
Dann erhitzt man die Steine mit Feuer und kühlt sie mit kaltem Wasser wieder ab. Daraufhin lockert sich das kupferhaltige Gestein. Nun können die Menschen es he-²⁰rausbrechen.
In einem weiteren Schritt schmelzen sie das Kupfer in einem Ofen. Anschließend gießen sie das flüssige Material in Formen oder fertigen daraus mit einem Hammer ²⁵neue Gegenstände.
Steinwerkzeuge brauchen sie nun kaum mehr.

Die Aufgabe richtig verstehen

1 a Lest die Aufgabe mehrmals.
   b Schließt das Buch und erklärt einem Lernpartner, was ihr machen sollt.
     Der Lernpartner prüft, ob die Erklärung mit der Aufgabe im Buch übereinstimmt.

Planen

2 a Schreibt alle Verben aus dem Text heraus.
   b Notiert hinter die Verben, wie sie in der einfachen Vergangenheitsform lauten, z. B.:
     ist → war   entdecken → entdeckten   ...
     Tipp: Eine Liste starker Verben findet ihr in der hinteren Umschlaginnenseite.

Überarbeiten

3 a Prüft, ob ihr alle Verben des Textes in die einfache Vergangenheitsform gesetzt habt.
   b Kontrolliert eure Rechtschreibung. Enden alle Sätze mit dem richtigen Satzschlusszeichen?

12 Rechtschreibstrategien erarbeiten – Regeln finden

1 Sammelt Ideen, was dieser Jongleur mit dem Thema „Rechtschreiben" zu tun hat.

2 Was meint ihr zu den Aussagen von Kevin, Tuğce, Abud und Michaela? Begründet eure Meinung.

3 Tauscht euch aus:
Welche Tricks wendet ihr an, wenn ihr Rechtschreibschwierigkeiten habt?

In diesem Kapitel ...

– lernt ihr wichtige Rechtschreibstrategien und ihre Symbole,
– findet ihr mit Hilfe der Strategien Regeln zur Rechtschreibung,
– nutzt ihr die Strategien, um die Schreibweisen von Wörtern zu erklären,
– wendet ihr die Strategien an, um Fehler zu vermeiden.

12.1 „Balltraining" – Rechtschreibstrategien einüben

Strategie Schwingen – Wörter in Silben sprechen

Lange Wörter richtig lesen und schreiben

> Winterwolkenhimmel   Sommersonnenhitze   Regenbogenforelle
> Körnerkissenfüllung   Osterferienreise   Piratenaugenklappe
> Lederhosengürtel   Lesesesselkissen   Wanderfalkenflüge

1 Schreibt die Wörter richtig in euer Heft.

2 Nennt die Schwierigkeiten, die ihr vielleicht hattet, als ihr die Wörter abgeschrieben habt, z. B.: Buchstaben verwechselt, Buchstaben vergessen, zu viele Buchstaben geschrieben …

Durch Schwingen besser schreiben

> Ameisenhaufen   Zettelkastendurcheinander   Sonnenblumenkerne   Hundeschlittenrennen
> Regenwassertonnendeckel   Unwetterwarnung   Wörterkarteikasten   Unterwasserabenteuer
> Krötenwanderwege   Wunderkerzenfunken   Bananenschalengröße   Kamelkarawane

3 Bereitet die zwölf Wörter für ein Partnerdiktat vor. Nutzt das Schwingen (▶ Methode):
  a Sprecht die Wörter deutlich in Silben. Gleichzeitig zieht ihr mit eurer Schreibhand einen Bogen durch die Luft. Dabei geht ihr einen Schritt nach rechts, z. B:
   Win ter wol ken him mel
  b Diktiert euch in Partnerarbeit die Wörter. Prüft gegenseitig eure Schreibungen.

4 Arbeitet mit einem Partner oder einer Gruppe.
  a Sucht 5 lange Wörter aus und diktiert sie den anderen. Nutzt die Wörter auf dieser Seite.
  b Wechselt anschließend die Rollen im Uhrzeigersinn.
  c Tauscht eure Hefte und kontrolliert, ob alle Wörter richtig geschrieben sind.
  d Begründet, warum ihr gerade diese 5 Wörter ausgewählt habt.

Methode	Wörter schwingen	

- **Vor** dem Schreiben: Sprecht die Wörter deutlich in Silben. Zeichnet Silbenbögen in die Luft.
- **Beim** Schreiben: Sprecht die Silben leise mit. Sprecht nicht schneller, als ihr schreibt.
- **Nach** dem Schreiben: Prüft, ob ihr richtig geschrieben habt: Zeichnet dazu Silbenbögen unter jede Silbe und sprecht dabei leise mit.

Lauten Buchstaben zuordnen, aus Silben Wörter zaubern

```
A     E      I       O      U
   BCD   FGH   JKLMN   PQRST   VWXYZ
```

1
a Lest die Buchstaben deutlich vor.
b Nennt Gemeinsamkeiten und Unterschiede. Wie klingen die Buchstaben in Reihe 1 und 2?
c Haltet euer Ergebnis als Regel fest. Schreibt folgende Sätze in euer Heft und ergänzt sie richtig durch die Begriffe: *Selbstlaute* und *Mitlaute*.
   A, E, I, O, U sind Vokale oder … Die anderen Buchstaben heißen Konsonanten oder …

2
a Hilfe! Die Vokale sind verschwunden! Schreibt die Wörter vollständig in euer Heft.
   Tipp: Zu den Vokalen zählen auch: *ä, ö, ü.*

> die K ? n ? nch ? nst ? ll ?   die M ? s ? f ? ll ?
> der H ? mst ? rk ? f ? g   der ? l ? f ? nt ? nr ? ss ? l

b Vergleicht eure Ergebnisse. Um welches Thema drehen sich die Wörter?

3 Hier müssen die Vokale *a, e* oder *o* jeweils doppelt verwendet werden, also: *aa, ee, oo.*
a Bildet sinnvolle Wörter und schreibt sie in euer Heft.
b Verfasst mit all diesen Wörtern einen lustigen Text, z. B.: *Im Meer blüht der Kl…, wenn …*

> das M ? r   der Z ?
> der Schn ?   die W ? ge
> der Kl ?   das B ? t
> der T ? r   das M ? r

4
a Bringt Ordnung in dieses Silbendurcheinander. Schreibt die Wörter mit Silbenbögen ins Heft.

> sa Sil ben lat • frö sche ter Wet • ten de Schlit hun sit be zer •
> gen bo rel gen fo le Re • sen A mei bein mes ser durch • brot do But ter se
> sa er Feu la der man

b Gibt es Wörter, die ihr nicht versteht? Wer kann sie erklären?
c Die Wörter haben unterschiedlich viele Silben. Ordnet sie im Heft in eine Tabelle wie folgt.

Wörter mit 4 Silben	Wörter mit 5 Silben	Wörter mit 6 Silben	Wörter mit 7 Silben
…	…	…	…

Information   **Der Zusammenhang von Lauten, Silben und Wörtern**

- Es gibt **Vokale:** *a/ä, e, i, o/ö, u/ü* und Doppelvokale: *au, äu, ei, eu.*
- Alle anderen Buchstaben sind **Konsonanten,** z. B.: *b, c, d, f, g* …
- Aus Lauten bilden wir **Silben,** aus Silben bilden wir **Wörter.**

Offene und geschlossene Silben unterscheiden

die Silbenbögen   die Konsonanten   die Vokale   die Schlangenwörter
die Schokolade   der Gummireifen   die Zuckerwatte   die Kürbiskerne

1 a Schreibt die Wörter ins Heft und zeichnet die Silbenbögen: die Sil ben bö gen.

   b Enden Silben mit einem Vokal, so nennt man sie **offen.** Markiert diese Silben rot.
   Enden Silben mit einem Konsonanten, so nennt man sie **geschlossen.** Markiert sie grün.

der Ofen   offen   die Bude   die Betten   die Schweine   der Kessel   die Schule   die Feder
die Mappe   mitten   der Marder   die Eulen   die Ratten   die Vögel   die Natter   die Berge
die Welten   die Wellen   die Bücher   die Räder   der Magen   das Muster   der Himmel

2 Wie wird der Vokal in der ersten Silbe dieser Wörter gesprochen: offen oder geschlossen?

3 Entscheidet, welche Aussage richtig ist, und schreibt das richtige Ergebnis ins Heft.
   A Ist die erste Silbe offen, spricht man den Vokal kurz.
   B Ist die erste Silbe offen, spricht man den Vokal lang.

4 a Legt im Heft eine Tabelle an und ordnet die Wörter aus Aufgabe 2 richtig ein.

erste Silbe offen	erste Silbe geschlossen
der Ofen, ...	*offen*, ...

   b In dem Wortgitter sind 12 Verben: 7-mal ist die erste Silbe offen, 5-mal ist sie geschlossen.
   Legt eine Folie über das Gitter und markiert die waagerecht versteckten Verben.
   Tragt sie in eine Tabelle wie in Aufgabe 4a ein.

J	Ä	R	G	R	E	N	N	E	N	W	L
K	A	U	F	E	N	I	A	E	Ä	Y	J
Y	V	C	P	W	Z	E	I	G	E	N	O
N	C	Ö	F	I	N	D	E	N	B	M	K
Q	E	W	E	I	N	E	N	Ö	Ä	Ö	X
B	A	U	E	N	D	Z	E	L	T	E	N
Y	V	M	U	Ö	L	A	U	F	E	N	O
P	Ä	H	M	E	I	N	E	N	K	M	J
R	X	H	K	T	U	R	N	E	N	C	A
D	E	N	K	E	N	X	L	E	B	E	N

Information	Offene und geschlossene Silben unterscheiden

- Enden Silben mit einem **Vokal,** nennt man sie **offen,** z. B.: die Blu se.
- Enden Silben mit einem **Konsonanten,** nennt man sie **geschlossen,** z. B.: die Klas sen.

Richtig abschreiben

Hans Adolf Halbey

Pampelmusensalat

Bei der Picknickpause in Pappelhusen
aß Papa mit Paul zwei Pampelmusen,
doch bei dem Pampelmusengebabbel
purzelte plötzlich Paul von der Pappel
5 mit dem Popo in Papas Picknickplatte,
wo Papa die Pampelmusen hatte.

„O Paul", schrie Papa, „du bist ein Trampel!
Plumpst mitten in meine Musepampel –
Ich wollte sagen: in die Mampelpuse –
10 Nein: Pumpelmase – nein: Pampelmuse!!"

Das gab vielleicht ein Hallo!
Die Pappeln, der Papa, der Paul und sein Po,
das Picknick, die Platte (um die war es schad) –
das war ein Pampelmusensalat.

1 a Erläutert, was in dem Gedicht passiert. Wer fällt da eigentlich wohin?
b Lest das Gedicht möglichst ausdrucksvoll vor (▶ S. 87, 122).

2 Schreibt dieses Gedicht richtig ab. Beachtet die Methode.

Methode	Richtig abschreiben

- **Lest** den Text **mehrmals,** bevor ihr ihn abschreibt. Ihr solltet seinen Inhalt gut kennen.
- **Schwingt:** Sprecht schwierige Wörter in Silben (laut oder in Gedanken).
- Merkt euch **jeweils eine Zeile** und schreibt sie auf. Schreibt nur in jede zweite Zeile.
- **Sprecht leise mit,** während ihr schreibt. Sprecht nicht schneller, als ihr schreibt.
- Kontrolliert am Ende jeden Satzes die **Satzschlusszeichen.**
- **Schreibt sauber** und lesbar.

3 Kontrolliert, ob ihr den Text richtig abgeschrieben habt:
a Lest den Text in Silben. Zeichnet die Silbenbögen unter jede Silbe.
b Prüft jede Silbe: Lest das, was im Silbenbogen steht.
c Streicht falsch geschriebene Wörter durch. Schreibt sie richtig über das Fehlerwort, z. B.:
Papelhusen → *Pappelhusen*

4 Lest den Text noch einmal. Prüft, welche Stellen unklar bleiben, auch wenn man sie deutlich in Silben spricht. Markiert diese unklaren Stellen.

Strategie Verlängern – Einsilber

der Tag   der Rand   der Wind   der Stab   der Weg   der Steg   die Welt
der Mond   der Pfiff   der Biss   das Schiff   der Wall   das Bett   der Ball
der Schwamm   das Reh   der Zeh   weht   der Schuh   die Kuh
steht   geht   krumm   schnell   dünn   nett   glatt   dumm   satt   matt
fett   rot   schwimmt   rennt   nennt   webt   klebt   nagt   sagt   klagt
sorgt

1 Sprecht die Wörter deutlich.
  a Benennt die Stelle, an der man Fehler macht, wenn man so schreibt, wie man spricht.
  b Erklärt euch gegenseitig, welches Problem genau auftreten kann.
  c Prüft, ob ihr mit der folgenden Methode das Rechtschreibproblem lösen könnt.

Methode	Verlängern und schwingen

- Bei Einsilbern kann man Buchstaben verwechseln oder nicht immer sicher zuordnen.
- Beim Schwingen jedoch kann man jeden Buchstaben deutlich hören, z. B.: *der Mor gen.*
- Damit man einen Einsilber schwingen kann, muss man eine Silbe anfügen: Man **verlängert** sie.

Beispiele für **Einsilber:**   *der Berg*   *still*   *rennt*
Verlängerte Einsilber: *die Ber ge*   *stil ler als*   *wir ren nen*

2 Schreibt die Wörter der Aufgabe 1 in euer Heft:
  a Sprecht deutlich mit und markiert die unklare Stelle im Wort mit dem Strategiezeichen.
  b Beweist die Schreibweise durch ein Verlängerungswort.
  c Wer fertig ist, steht auf und vergleicht seine Ergebnisse mit dem Nächsten, der aufsteht.

3 a Legt im Heft Spalten wie folgt an.
  b Ordnet den Spalten die Wörter aus Aufgabe 1 zu.

b/g/d	doppelte Konsonanten	Wörter mit h
der Tag – die Ta ge	*der Pfiff – die Pfif fe*	*das Reh – die Re he*

4 a Sucht euch 5 Wörter aus Aufgabe 1 aus.
      Diktiert sie euch gegenseitig und begründet die Schreibweise, indem ihr verlängert.
  b Findet 5 eigene Einsilber und schreibt sie auf Zettel.
      Zieht sie abwechselnd und begründet die Schreibweise durch ein Verlängerungswort.

5 a **Für Profis:** Bereitet einen Kurzvortrag zum Thema vor:
      „Welche Probleme können bei Einsilbern auftreten und wie kann man sie lösen?"
  b Haltet den Kurzvortrag vor eurer Klasse.

Strategie Verlängern – Zweisilber

der Anpfiff   belebt   erlaubt   verklebt   verliebt   der Abend   der Verband
die Gegend   der Erfolg   der Betrug   lustig   wichtig   ständig   kaputt
der Gewinn   das Gebrumm   das Gestell   das Versteck   der Beschluss
der Bussard   der Anzug   der Leopard   der Anfang   fleißig   gesund
traurig

1 Lest die Wörter deutlich in Silben.
  a Benennt die Stelle, an der man Fehler macht, wenn man schreibt, wie man spricht.
  b Erklärt euch gegenseitig, welches Problem genau auftreten kann.

2 Prüft, ob auch bei Zweisilbern am Wortende das Verlängern hilft.
  Schreibt die Wörter aus Aufgabe 1 ins Heft und ordnet sie in zwei Spalten.
  a Markiert die unklare Stelle mit dem Strategiezeichen.
  b Schreibt das Verlängerungswort als Beweiswort dazu.

Wörter mit b/g/d	Wörter mit doppelten Konsonanten
belebt – beleben	der Anpfiff – die Anpfiffe

3 Legt eine Folie über das Wortgitter und findet die 21 waagerecht und senkrecht versteckten Wörter.
11 Wörter schreibt man, wie man sie spricht.
10 Wörter muss man zusätzlich verlängern.
Legt eine Tabelle wie folgt an und tragt die gefundenen Wörter so ein:
  a Markiert bei den Wörtern, die man verlängern muss, die unklare Stelle.
  b Notiert das Verlängerungswort als Beweis.

S	Z	G	E	S	P	A	N	N	R	M	V	D
S	U	Z	C	A	U	G	E	N	B	L	I	C	K
H	G	V	N	I	X	B	B	Z	Z	R	T	S	A
V	R	E	F	G	Ä	E	R	K	G	E	T	T	B
W	I	N	T	E	R	S	E	K	F	G	A	U	E
Ä	Y	K	T	W	V	C	M	J	Q	E	G	N	N
E	A	F	Y	I	E	H	S	Ö	Ä	N	O	D	D
M	K	A	E	T	Y	E	E	S	O	M	M	E	R
B	L	D	W	T	K	I	Ü	B	R	I	G	V	N
N	V	Ö	A	E	B	D	H	Z	J	Y	E	V	E
O	Y	Y	G	R	T	A	U	S	E	N	D	Y	B
W	B	J	T	E	P	P	I	C	H	X	S	P	E
F	F	R	E	S	S	E	N	W	O	C	H	E	L
Z	I	M	M	E	R	U	R	L	A	U	B	G	Y

Wörter, die man nur schwingen muss	Wörter, die man verlängern muss
der Teppich	der Bescheid – die Bescheide

Strategie Zerlegen – Zusammengesetzte Wörter

die Elefantentanten   die Bergwanderung   die Ananastorte
das Hundefell   die Melonensuppe   der Kugelschreiber   das Zufallsprodukt
die Drosselstimme   der Wandschrank

1 a Lest die Wörter. Prüft, ob man jeden Laut/Buchstaben hört.
 b Benennt die unklaren Stellen.

2 a Ordnet die Wörter aus Aufgabe 1 wie folgt in eurem Heft.
 b Wer fertig ist, steht auf und vergleicht seine Ergebnisse mit dem Nächsten, der aufsteht.

Wörter, die man nur schwingen muss	Wörter, die man zerlegen und dann verlängern muss
die Elefantentanten	*die Berg|wanderung – die Berge*

3 a Ergänzt die fehlenden Buchstaben. Schreibt die Wörter mit ihrem Beweiswort auf einzelne Zettel.

d oder *t?*	*g* oder *k?*	*b* oder *p?*
die Ra **?** kappe	der Freita **?**	das Pie **?** signal
das Ro **?** käppchen	das Wer **?** zeu **?**	der Hu **?** schrauber
der Aben **?** himmel	die Schran **?** wand	der Die **?** stahl

 b Deckt die Zettel abwechselnd auf.
  Fragt den Lernpartner nach der Schreibweise und lasst sie euch begründen.

4 Bei diesen Wörtern muss man Wortbausteine abtrennen,
um verlängern zu können.
Schreibt die Wörter nach dem folgenden Beispiel in euer Heft.   *das Lämm chen – die Lämmer*

d oder *t?*	*b* oder *p?*	*l* oder *ll?*	*p* oder *pp?*
das Kin **?** chen	das Täu **?** chen	das Bä **?** chen	das Kä **?** chen
das Hän **?** chen	das Bü **?** chen	das Mäu **?** chen	das Pü **?** chen
das Hef **?** chen	das Wei **?** chen	das Schä **?** chen	das Grü **?** chen

Methode	**Zusammengesetzte Wörter zerlegen und verlängern**

- In zusammengesetzten Wörtern können sich Verlängerungsstellen verstecken.
- Die unklaren Auslaute und Einsilber findet man,
  indem man die Wörter zerlegt und dann verlängert, z. B.:   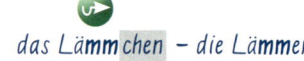 *Hand ball – die Hände; die Bälle.*

Strategie Ableiten – Wörter mit *ä* und *äu*

die Bäume   die Zäune   die Plätze   die Länder   die Mäuse   die Läuse
ängstlich   gefährlich   äußerlich   schädlich   säuerlich   häuten   wärmen
schwärmen   zähmen   schälen   säubern

1 a Lest die Wörter. Benennt die Stelle, an der man Fehler machen könnte, wenn man schreibt, wie man spricht.

b Schreibt die Wörter ins Heft. Markiert die unklare Stelle mit dem Strategiezeichen .

c Begründet die Schreibweise durch ein Beweiswort, z. B.:

die Bäume, denn es heißt: der Baum

2 Schreibt die Wörter ab und setzt ein: *e* oder *ä, eu* oder *äu.*
Begründet die richtige Schreibweise durch ein Beweiswort.

die R ?? me   f ? rben   die H ?? ser   die Kr ?? ter   das F ? rkel
die R ? der   der Tr ? ger   die F ? lder   erh ? ltlich   erb ? rmlich
die N ? he   erfr ?? lich   gr ?? lich   die Schn ? cke   uns ? glich
l ? cherlich   die Fl ? che   der Schl ? fer   l ?? chten   die M ?? se

3 a Lest diese Wörter von hinten nach vorn. Schreibt sie ins Heft.

HCILHÄMLLA	MRÄL	HCILNHÄ	DNERHÄW
GNUREMMÄD	NENHÄG	ESÄK	HCILMÄN
RETÄPS	GIFÄK	URUGNÄK	

b Zu diesen Wörtern gibt es kein Wort, das man ableiten kann. Lernt sie als Merkwörter.

4 Legt eine Liste mit Wörtern an, die man ableiten muss:
Durchsucht das Buch nach Wörtern mit *ä* und *äu* und findet Beweiswörter.

Methode	**Wörter mit *ä* und *äu* ableiten**	

- Die Vokale *e* und *eu* sind leicht mit *ä* und *äu* zu verwechseln. Man spricht sie ähnlich aus.
- **Normalerweise** schreibt man **e oder eu.**
- Wenn es aber **verwandte Wörter mit *a* oder *au*** gibt, dann schreibt man **ä oder äu,** z. B.:

die Welt – aber: er hält, denn es heißt: halten   *die Leute – aber: er läutet, denn es heißt: laut*

Nomen erkennen

Was wäre, wenn wir keine Nomen hätten?

Dieser Text informiert über das Buch „Gespensterjäger auf eisiger Spur" von Cornelia Funke:

In dem ? lernt ? ein kleines ? kennen. Nicht, dass er begeistert davon ist. Aber dieser kleine ? hat sein ganzes ? . Es ist nämlich so: Es gibt zwei ? von ? , die MUG und die UEG. Während die MUGs zwar ekelig, aber dennoch liebenswerte ? sind, sind die anderen (UEGs) echte ? .
Nun findet ? das kleine ? bei sich. Es erzählt ihm, dass es aus seiner bisherigen ? vertrieben worden ist. Dort sitzt jetzt ein kleines ? , nämlich ein UEG. ? beschließt, seinem ? zu helfen, damit es wieder nach ? kann. Er plant die ? . Dazu muss er die ? und ? der MUGs in einem ? studieren. Er bekommt ? durch eine ? mit Namen ? , die sich mit den ? der unterschiedlichen ? gut auskennt. Sie weiß, dass die ? mit den UEGs ? bedeutet.

1 Stellt darüber Vermutungen an, worum es in dem Buch gehen könnte.

2 a Was passiert, wenn ein Text keine Nomen (▸ S. 154) hat? Tauscht euch aus.
   b So wird ein Text daraus, den man richtig versteht:
   Schreibt den Text ab und ergänzt seine Lücken sinnvoll durch die folgenden Nomen.

> Buch Tom Gespenst Kerl Mitgefühl Arten Gespenstern Lebewesen Ekelpakete
> Tom Gespenst Unterkunft Miststück Tom Gespensterfreund Hause Vertreibung
> Eigenarten Vorlieben Buch Hilfe Frau Kümmelsaft Besonderheiten
> Gespensterarten Beschäftigung Lebensgefahr

3 Nomen können in Texten verschiedene Begleiter haben.
   Nutzt die folgende Methode, um zu beweisen, dass ihr den Text durch Nomen ergänzt habt.
   a Führt zu 10 Nomen die Artikelprobe durch. Notiert in euer Heft, z. B.: *das Buch.*
   b Führt zu 10 Nomen die Adjektivprobe durch. Notiert in euer Heft, z. B.: *das gute Buch.*
   c Führt zu 10 Nomen die Zählprobe durch. Notiert ins Heft, z. B.: *zwei Bücher, viele Bücher.*
   d Findet im Text die zwei Beispiele für Nomen mit der Endung *-ung.*

Methode	Nomen durch Proben erkennen	

- **Artikelprobe:** Vor Nomen kann man einen Artikel setzen, z. B.: **das** *Haus.*
- **Adjektivprobe:** Nomen kann man durch Adjektive genauer beschreiben, z. B.: *das* **hohe** *Haus.*
- **Zählprobe:** Nomen kann man zählen, z. B.: **drei** *Häuser,* **viele** *Häuser.*
- **Endungsprobe:** Nomen können z. B. enden auf: *-heit, -keit, -ung, -nis, -schaft,* z. B.: *Gesund***heit**, *Heiter***keit**, *Umge***bung**, *Ereig***nis**, *Mann***schaft.**

4 Diese Wörter passen zu den MUGs: *gemein, gefährlich, düster, dunkel, frech.*
   Bildet Nomen, indem ihr an diese Wörter eine Endung anhängt, z. B.: *gemein → die Gemeinheit.*

Nomen werden großgeschrieben

Hier findet ihr wichtige Informationen zu den MUGs und den UEGs.
MUGs und UEGs sind zwei Gespensterarten aus dem Buch „Gespensterjäger auf eisiger Spur" von Cornelia Funke.
Leider sind alle Nomen kleingeschrieben.

VORSICHT
FEHLER!

A

MUG

mittelmäßig unheimliches *gespenst*
geht durch einen halben *meter* dicke *wände*
fliegt so schnell wie eine *krähe*
verursacht *gänsehaut* und *zähneklappern*

verursacht mit *eisfingern* leichtes *kälteschlottern*
bewirkt Gänsehaut erzeugende *geräusche*

lässt kleine küchengeräte *(telefone, küchenmaschinen, bügeleisen)* durchdrehen
sondert unangenehmen *modergeruch* ab

sondert schneckigen *klebschleim* ab

B

UEG

unglaublich ekelhaftes gespenst
geht durch beliebig dicke wände
nicht nur durch spiegel

rast mit düsenjetgeschwindigkeit auf sein opfer zu (▶ MUG)
lässt außerdem die haare zu berge stehen
verursacht ein zittern am ganzen körper
friert durch eisatem menschen ein

erzeugt zähneklapper-gliederschlotter-herzschlagstopp-geräusche
schaltet gern radios und fernseher ab und lässt größere maschinen, wie baufahrzeuge, kräne, eisenbahnen und karussells, durchdrehen

verströmt entsetzlichen geruch, der zu hautausschlag führt
hinterlässt eine glitzerspur, die besser klebt als der beste spezialklebstoff

1 a Prüft mit Hilfe der Nomenproben (▶ S. 192), ob alle markierten Wörter im Text A Nomen sind.
b Schreibt Text A ab. Markiert die Nomen mit dem Strategiezeichen ⊗.
c Vergleicht eure Ergebnisse mit einem Lernpartner.

2 a Findet mit Hilfe der Nomenproben heraus, welche Wörter im Text B Nomen sind.
b Schreibt den Text ab. Markiert die Nomen mit dem Strategiezeichen ⊗.

3 Schreibt über eines der Gespenster eine Geschichte.
Eure Mitschüler müssen herausfinden, ob euer Text von einem MUG oder UEG handelt.

Im Wörterbuch nachschlagen

Wörter, die man nicht kennt und deren Schreibweise man mit den Strategien nicht knacken kann, sollte man im Wörterbuch nachschlagen. Dort findet man sie alphabetisch geordnet.

Das Alphabet trainieren

1 Erstellt einen Vornamenbaum:

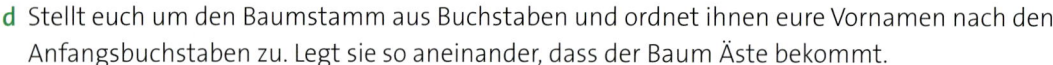

a Schreibt die Buchstaben A bis Z auf Kärtchen.

b Legt die Kärtchen in alphabetischer Ordnung auf den Boden. Das ist der Baumstamm.

c Schreibt auf andere Kärtchen eure Vornamen.

d Stellt euch um den Baumstamm aus Buchstaben und ordnet ihnen eure Vornamen nach den Anfangsbuchstaben zu. Legt sie so aneinander, dass der Baum Äste bekommt.

e Zählt, zu welchem Buchstaben es in der Klasse die meisten Namen gibt.

f Gibt es Buchstaben ohne Vornamenkärtchen? Findet Namen mit diesen Buchstaben.

2 Schreibt die Schülerliste dieser Klasse alphabetisch geordnet auf.

Hanna	Jonas	Maximilian	Lukas	David	Aylin	Taha	Kaya	Carlotta	Joel	Linda
Franziska	Ronja	Abud	Anouk	Linus	Malte	Jasper	Melin	Jakob	Madita	Aliyar
Gabriela	Melinda	Norba	Abnorba							

3 In dieser Liste beginnen alle Namen mit *L*. Um sie in eine alphabetische Reihenfolge zu bringen, müsst ihr auf den 2., 3., 4., ... Buchstaben achten. Sortiert die Namen im Heft. Markiert den Buchstaben, der die Reihenfolge bestimmt.

Leon	Lukas	Luca	Linus	Lennart
Lennard	Lena	Leonie	Lara	Laura
Liam	Lucia	Lorena	Leona	Leticia
Lorenz	Lenja	Lotte	Levin	Lisa

4 Spielt: Schreibt möglichst viele Vornamen auf Karten und legt sie gemischt in die Mitte.
– Jeder zieht eine Karte. Gemeinsam ordnet ihr sie möglichst schnell nach dem ABC.
– Jeder zieht verdeckt fünf Karten. Auf Kommando werden sie sortiert. Wer ist zuerst fertig?

5 Arbeitet zu zweit mit einem Wörterbuch. Der Schnellste gewinnt.
a Wie heißt das erste Wort mit *d, p, qu* ...? Legt weitere Buchstaben fest.
b Welches Wort steht vor und nach: *Abenteuer, Schule, Marmor?* Legt weitere Wörter fest.

Methode	**Im Wörterbuch nachschlagen**

Wörter mit demselben Anfangsbuchstaben werden nach dem zweiten Buchstaben geordnet. Sind die ersten beiden Buchstaben gleich, wird nach dem dritten geordnet usw., z. B.:
*die K**a**sse; die K**l**asse; die Kl**e**mme; die Kle**tt**e; ...*

Einzelne Verben, Adjektive und Nomen im Wörterbuch finden

> Ich habe die Verbform „gibt" im Wörterbuch gesucht, kann das Verb aber so nicht finden.

> Ich habe nach „am nettesten" gesucht. Wo steht das Adjektiv bloß im Wörterbuch?

1 a Wie können die Schüler die gesuchten Wörter finden? Wie lautet die richtige Antwort?
  A Sie müssen ein anderes Wörterbuch nehmen. Da steht es bestimmt drin.
  B Sie müssen nach der Grundform suchen, also: *gibt → geben; am nettesten → nett.*
  b Bildet die Grundform für folgende Verben und Adjektive. Schreibt ins Heft:
  er nutzt; sie sitzt; es passt   lästiger; am klügsten; bequemer

2 Im Wörterbuch erhaltet ihr für jedes Nomen Informationen über die Schreibung, die Silbentrennung, den Artikel und die Bedeutung des Nomens.
Schlagt nach: Welche Artikel haben die folgenden Wörter? Welche Bedeutung haben sie?

> Ka | ker | lak, *der:* Küchenschabe

> Patentante   Fragebogen   Jägerschnitzel
> Apfelsinenschale Pantoffelblume Paukenfell

3 a Wortzusammensetzungen müsst ihr zerlegen, wenn ihr sie nachschlagt, z. B.:
  Mississippi | alligator → Mississipi auf Seite …
  Alligator auf Seite …
  Bearbeitet die nebenstehenden Wörter nach dem Beispiel.

> Mississippialligator   Nilkrokodil
> Waschbärrevier   Gespenstheuschrecke
> Klapperschlangengeräusch
> Kammmuschelschale   Wasserschildkröte

  b Prüft, auf welcher Seite eures Wörterbuchs man diese Wortzusammensetzungen findet. Schreibt die Wörter mit der Seitenzahl ins Heft. Notiert auch die Artikel.
  Tipp: Je nach Ausgabe des Wörterbuchs können die Seitenzahlen unterschiedlich sein.

4 **Wettspiel:** Schlagt im Wörterbuch nach. Der Schnellste in der Gruppe gewinnt.
  a Aus welcher Sprache stammen die Wörter: *Brimborium, Piazza, Portmonee?*
  b Wie kann man diese Wörter auch schreiben: *Spaghetti, Delfin, Joghurt, Ketchup?*

Methode	**Wörter im Wörterbuch finden**

- Bei **Verbformen** sucht ihr die **Grundform** (Infinitiv), z. B.: *geht → gehen.*
- Bei **Adjektiven** sucht ihr die **Grundform**, z. B.: *netter → nett.*
- Bei **Nomen** sucht ihr die **Einzahl** (den Singular), z. B.: *die Wände → die Wand.*
- **Zusammengesetzte Wörter** solltet ihr zerlegen und **getrennt nachschlagen.**

Texte überarbeiten –
Die Strategien anwenden

Viele *Kindr/Kinder* wünschen sich als Haustier ein *Kanninchen/Kaninchen,* denn es ist ein *friedlicher/Friedlicher* und gemütlicher Mitbewohner.

5 Hauskaninchen *stamen/stammen* von den Wildkaninchen ab, die sich ziemlich in der Natur ausgebreitet haben und *überal/überall* vorkommen, sogar in *Gerten/Gärten.* Viele Menschen *könen/können* in der Natur

10 *Hasen/hasen* und Kaninchen nicht unter- scheiden. Das ist auch nicht *verwunnderlich/ verwunderlich,* denn auf den ersten *Blik/Blick* haben sie wirklich große Ähnlichkeiten: Beide haben ein braunes *Fel/Fell,* beide haben lange Ohren und beide sind *Pflazenfresser/Pflanzen- 15 fresser.*

Aber wer ein Hauskaninchen hat oder *kent/ kennt,* dem *falen/fallen* die Unterschiede auf, und er *kann/kan* die beiden Tiere gut ausein- anderhalten. 20

---

1 Findet für den Text eine passende Überschrift. Worum geht es in dem Text?

2 a Wendet die Strategien an. Entscheidet, welche Schreibweise die richtige ist.
b Schreibt den Text ins Heft. Lasst zwischen den Zeilen eine Zeile frei.
c Setzt über die von euch ausgewählte Schreibweise das Zeichen für die Strategie, die ihr angewendet habt, z. B.: *Kinder.*

Schwingen: Sprecht deutlich in Silben, dann findet ihr Buchstabenfehler (▶ S. 184–186).

Verlängern: 5 Prüft Einsilber und unklare Wortenden; verlängert sie (▶ S. 188–189).

Ableiten: Prüft, ob es ein ver- 10 wandtes Wort mit *a* oder *au* gibt (▶ S. 191).

Hasen sind in der Regel *deudlich* größer als Kaninchen. Auch sind die Ohren des Hasen viel *lenger* als die der Kaninchen. Diese Ohren werden *Löfel genant* und haben schwarze Spitzen. Die *kan* zwar nur ein geübter *beobachter* aus der *Entfenung erkenen,* aber man sieht leicht, dass die Löffel mindestens so lang sind wie der Kopf des Tieres. So *auffällik* lang sind die Ohren des Kaninchens nicht. Ebenso *aufellig* ist, dass die Hinterbeine des Hasen viel länger sind als die Vorderbeine. Dadurch kann sich das Tier *kraftvol* abstoßen. Außerdem *schlegt* der Hase so seine berühmten *haken,* wenn es *gefehrlich wirt.* Auch leben die Hasen in *Fäldern* und kommen nicht in die Gärten.

---

3 Formuliert mit eigenen Worten: Woran kann man Hasen und Kaninchen unterscheiden?

4 a Findet die Fehler in den markierten Wörtern.
b Schreibt die korrigierten Wörter ins Heft.
c Markiert die verbesserte Stelle mit dem Zeichen für die Strategie, die ihr angewendet habt, z. B.:

größer.

Teste dich!

> die Bananenschale   die Abenteuerromane   die Lesesesselkissen
> der Ameisenhaufen   die Mofareparatur   die Sonnenfinsternis

1
a Merk dir die Wörter, schlage das Buch zu und schreibe sie richtig in dein Heft.
b Vergleiche, ob du die Wörter richtig geschrieben hast.
 Tipp: Wende die Strategie des Schwingens an (▶ S. 184–186).

2
a In diesen Wörtern gibt es Fehler. Finde sie, indem du die Silben deutlich sprichst.
b Schreibe die Wörter richtig ins Heft.

> das Kaugumi   der Lederkoffr
> die Tintenfüllerpatronne   das Düngemittle
> die Hunteflöhe   die Klettrerosensorten

3
a Lies die Wörter deutlich in Silben.
b Schreibe die Wörter ins Heft, die du verlängern musst.
c Markiere die unklare Stelle mit dem Strategiezeichen und notiere ein Beweiswort.
 Tipp: Strategie des Verlängerns, S. 188–189.

> die Schule   die Schuld   die Ferne
> der Zug   die Weite   das Blatt
> der Strand   das Band   das Lob
> der Kamm   der Schüler   die Puppe
> das Lamm   der Verband

4
Diese Wörter muss man zerlegen, um die Fehler zu finden. Korrigiere sie und schreibe sie mit dem Beweiswort in dein Heft.
Tipp: Strategie des Zerlegens, S. 190.

> die Brantschutzmauer
> die Montfinsternis   das Berkwerg
> das Schwimbad   die Wekgabelung

> kr **?** chzen   der B **?** sen   die Z **?** hne   die L **?** ber   die H **?** schen
> die Kr **??** ter   die M **??** te   l **??** ten   bed **??** ten   s **??** bern

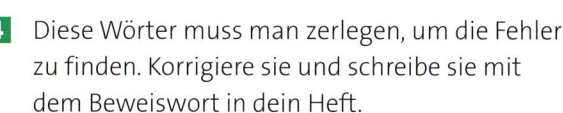

5
Setze ein: *e* oder *ä*, *eu* oder *äu*? Schreibe die Wörter mit Beweiswort in dein Heft.
Tipp: Strategie des Ableitens, S. 191.

VORSICHT FEHLER!

> Weshalb erscheinen gegenstände unter wasser größer?
> Hast du dir schon mal einen strohhalm angesehen, der in einem glas wasser steckt? Er sieht an der stelle, an der er ins wasser taucht, wie durchgebrochen aus. Das liegt daran, dass das licht an der grenze vom wasser zur luft gebrochen wird. Die lichtgeschwindigkeit in den verschiedenen stoffen ist nämlich unterschiedlich groß: In der luft bewegt sich licht schneller als im wasser.

6
a Schreibe den Text richtig in dein Heft. Markiere die Wörter, die großgeschrieben werden.
 Tipp: Hinweise, wie du Nomen erkennst, findest du auf Seite 192.
b Vergleiche deine Ergebnisse mit einem Lernpartner.

12.2 Rechtschreibung erforschen – Regeln finden

Wann schreibt man doppelte Konsonanten?

1 a Übertragt die Tabelle mit den Wörtern in eure Hefte. Nutzt eine ganze Seite und lasst zwischen jedem Wort eine Zeile frei.

b Sprecht die Wörter deutlich in Silben und zeichnet die Silbenbögen dazu, z. B.: die Da͜ me.

c Markiert den letzten Buchstaben der ersten Silbe.

d Vervollständigt die beiden Sätze, die unter den Wörtern in der Tabelle stehen.
Ergänzt die Sätze durch die Begriffe:
lang, kurz, Vokal, Konsonant.

erste Silbe offen (▶ S.186)	erste Silbe ge-schlossen (▶ S.186)
die Dame	die Dämme
beten	die Betten
die Schale	schallen
die Robe	die Robbe
die Hüte	die Hütte
raten	die Ratte
Die erste Silbe endet mit einem ... Den Vokal spricht man ...	Die erste Silbe endet mit einem ... Den Vokal spricht man ...

die Rose   die Butter   der Vogel   der Vater
die Mutter   die Klappe   die Oma
die Hose   die Klasse   die Risse   die Schafe
die Schiffe   die Kleider   der Keller

e Untersucht die Wörter oben links wie in Aufgabe 1. Ordnet sie in die Tabelle in euerm Heft ein.

f Wann schreibt man doppelte Konsonanten? Prüft eure Tabelle und schreibt die folgende Regel richtig in euer Heft:
Regel: Doppelte Konsonanten schreibt man nur, wenn die erste Silbe offen/geschlossen ist.

2 Wenn ihr die Regel bei Einsilbern anwenden wollt, müsst ihr sie verlängern (▶ S.188).
Tragt die Verlängerungswörter zu den nebenstehenden Wörtern in eure Tabelle aus Aufgabe 1 ein, z. B.: *brummt – brummen.*

es brummt   es knallt
es tobt   er hofft   er lobt
er weint   sie rennt   sie meint
er kommt   satt   still   er lebt
schön   das Grün   das Rot   er bellt

l oder *ll?*	*n* oder *nn?*	*m* oder *mm?*	*t* oder *tt?*
die Ba 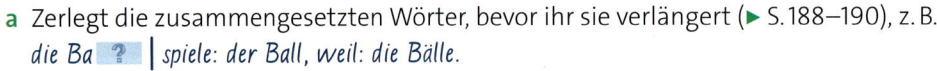spiele	der Bre ? ofen	der Bru ? kreisel	der Ra ? geber
die Wa ? gesänge	der Re ? begi ?	die U ? wege	das Gla ? eis
der Schutzwa ?	der Blödsi ?	das Su ? geräusch	die Bla ? laus
der Notfa ?	der Pi ? sel	das Schwi ? bad	das Gänsefe ?

3 a Zerlegt die zusammengesetzten Wörter, bevor ihr sie verlängert (▶ S.188–190), z. B.:
die Ba ? | spiele: der Ball, weil: die Bälle.

b Setzt die Buchstaben richtig ein. Schreibt in euer Heft.

Doppelte Konsonanten: zwei gleiche und zwei verschiedene

erste Silbe geschlossen	
zwei verschiedene Konsonanten zwischen der ersten und zweiten Silbe	**zwei gleiche Konsonanten** zwischen der ersten und zweiten Silbe
die Schwär me	die Schwäm me

1
a Übertragt die Tabelle in euer Heft. Nutzt eine ganze Seite.
b Ordnet die folgenden Wörter in die Tabelle ein.
Zeichnet die Silbenbögen und markiert die beiden Konsonanten zwischen den Silben.

die Birne   die Butter   der Apfel   die Motte   die Kirsche   die Welle
die Murmel   der Dumme   der Sattel   trinken   essen   tanzen   trennen   die Pferde

Rudyard Kipling

Der Wal und der Seemann

Der Wal riss das Maul so weit auf, dass das Maul fast seine Schwanzflosse berührte, und schluckte den schiffbrüchigen Matrosen und das Floß, auf dem er saß.

5 Doch sobald der einfallsreiche und kluge Matrose feststellte, dass er in der warmen, dunklen, inneren Speisekammer des Wals war, da fing er an zu hüpfen und zu springen, zu stampfen und zu singen, zu steigen und zu fal-

10 len, zu kratzen und zu krallen, zu jammern und zu beten, zu zerren und zu reißen, zu zetern und zu keifen, zu brummen und zu pfeifen.
Und dann tanzte er einen Seemannstanz, bis der Wal sich ganz unwohl fühlte.

2
a Wie könnte die Geschichte weitergehen? Stellt darüber Vermutungen an.
b Schreibt die Geschichte ab. Ergänzt einen Schlusssatz.
c Markiert alle Wörter mit doppelten Konsonanten zwischen den ersten beiden Silben.
d Ordnet die Wörter, die ihr markiert habt, in eure Tabelle aus Aufgabe 1 ein.
e Sucht euch Lernpartner und vergleicht eure Ergebnisse.

3
Wann verdoppelt man den Konsonanten nicht, obwohl die erste Silbe geschlossen ist?
Prüft eure Tabelle und ergänzt eure Regel für doppelte Konsonanten in eurem Heft:
Regel: Doppelte Konsonanten schreibt man nur, wenn die erste Silbe geschlossen ist.
Wenn an der Silbengrenze zwei verschiedene Konsonanten stehen, verdoppelt man nicht.
Um die Regel anzuwenden, muss man Einsilber verlängern und zusammengesetzte Wörter zerlegen.

Wann schreibt man *i* oder *ie?*

Wortbaukasten für *i*

w ? ckeln   bl ? cken
w ? ssen   sch ? mpfen
f ? nden   h ? ndern
b ? lden   f ? lmen
b ? nden   d ? chten

Wortbaukasten für *ie*

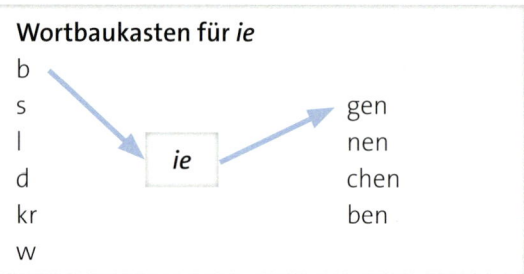

1 Um herauszufinden, wann man Wörter mit *ie* schreibt, vergleicht ihr sie am besten mit Wörtern, die man nur mit *i* schreibt. Geht so vor:
a Übertragt die folgende Tabelle ins Heft.
b Bildet mit Hilfe der beiden Wortbaukästen Wörter mit *i* und *ie*. Ordnet sie in die Tabelle ein.
c Sprecht die Wörter deutlich in Silben und zeichnet die Silbenbögen.

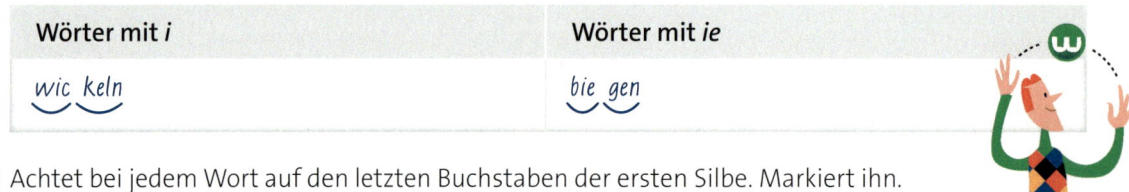

Wörter mit *i*	Wörter mit *ie*
wic keln	bie gen

d Achtet bei jedem Wort auf den letzten Buchstaben der ersten Silbe. Markiert ihn.
e Formuliert den Unterschied: In welcher Spalte enden sie (nicht) mit einem Vokal?

2 Haltet das Ergebnis aus Aufgabe 1 als Regel in eurem Heft fest:
Ergänzt die Regel durch die Begriffe: *Vokal, Konsonant, offen, geschlossen.*
Regel: Wenn die erste Silbe ? *ist und mit einem* ? *endet, dann schreibt man ie.*
Wenn die erste Silbe ? *ist und mit einem* ? *endet, dann schreibt man i.*

3 **a** *i* oder *ie?* Legt zwei Spalten in eurem Heft an:
    Wörter mit i   *Wörter mit ie*
b Begründet die richtige Schreibweise, verlängert die Einsilber. Schreibt ins Heft, z. B.:

der D ? b l ? b st ? ll
das S ? b t ? f das R ? nd
das Z ? l es fl ? ßt das B ? ld
das L ? d bl ? nd sch ? f
das Sch ? ff der Gr ? ff es z ? ht
m ? ld f ? s der F ? lm
der F ? nk er s ? ngt es kl ? ngt

Information	**Wörter mit *ie***

Man schreibt Wörter in der Regel nur dann mit *ie*, wenn die **erste Silbe offen ist** und der **Vokal lang** gesprochen wird. **Achtung:** Diese **Regel** gilt **nur für zweisilbige Wörter!**

4 Die Personalpronomen ***ihr, ihnen, ihm, ihn, ihre*** sind wichtige Merkwörter.
a Warum muss man sie sich merken?
b Merkt sie euch: Schreibt sie auf einen Zettel und hängt ihn über euren Schreibtisch.

i oder *ie* in zusammengesetzten Wörtern

der G **?** ftzahn   die Br **?** fmarke   das Sch **?** ßeisen   die G **?** ßkanne
die Z **?** lgerade   der Bl **?** ckkontakt   die Kr **?** chspur
der D **?** bstahl   das Schl **?** ßfach   das Bl **?** tzl **?** cht

1 *i* oder *ie* in zusammengesetzten Wörtern?

a Zerlegt und verlängert die zusammengesetzten Wörter, um die richtige Schreibung mit *i* oder *ie* zu begründen, z. B.:

die Gieß | kanne – Begründung: gie ßen

b Schreibt die Wörter mit dem Beweiswort in euer Heft.

c Erfindet eine Geschichte, in der die Wörter alle vorkommen.

d **Für Profis:** Notiert eigene Wortzusammensetzungen mit *ie* und begründet die Schreibung.

2
a Diese Verben werden häufig falsch geschrieben. Schreibt die Verben in euer Heft.

b Bildet Sätze, in denen diese Verben vorkommen, z. B.: *Wir blieben lange im Bad.*

> bleiben – er blieb – wir blieben …
> schreiben – er schrieb – wir …
> fallen – er fiel – wir …
> schlafen – er schlief – wir …

Fit in der *ie*-Schreibung

1
a Sucht 5 Wörter mit *ie* aus.

b Bildet Dreiergruppen und diktiert euch gegenseitig die fünf Wörter. Lasst euch die Schreibweise durch das Beweiswort begründen.

c **Für Profis:** Bereitet einen Vortrag vor, in dem ihr die Regel für die *ie*-Schreibung erklärt.

In d **?** sem Text stellt sich Rico, die Hauptfigur aus „Rico, Oscar und die T **?** ferschatten" von Andreas Steinhöfel vor:
Ich sollte an d **?** ser Stelle wohl erklären,
5 dass ich Rico heiße und ein t **?** fbegabtes K **?** nd bin. Das bedeutet, ich kann zwar sehr v **?** l denken, aber das dauert meistens etwas länger als bei anderen Leuten. An meinem Geh **?** rn l **?** gt es nicht, das ist
10 ganz normal groß. Aber manchmal fallen ein paar Sachen raus, und leider weiß ich vorher n **?** , an welcher Stelle.

Außerdem kann ich mich nicht immer gut konzentrieren, deshalb verl **?** re ich beim Erzählen oft den roten Faden, jedenfalls 15 glaube ich, dass er rot ist, er könnte aber auch grün oder blau sein, und genau das ist das Problem.
In meinem Kopf geht es manchmal so durcheinander wie in einer B **?** ngo- 20 trommel.
B **?** ngo sp **?** le ich jeden D **?** nstag mit Mama im Rentnerclub Graue Hummel.

2 Im Text fehlen viele *i* oder *ie*. Wendet die Regel zur *ie*-Schreibung für zweisilbige Wörter an:

a Setzt *i* oder *ie* ein und schreibt den Text richtig in euer Heft.

b Tauscht die Hefte mit einem Partner und kontrolliert eure Ergebnisse.

Wann schreibt man ß und wann ss?

die Flöße   die Flosse   die Soße   die Blässe   die Klöße   die Rasse   äußern   passen
die Maße   die Kasse   die Größe   außer   die Klasse   beißen   die Bisse   küssen   grüßen
wissen   stoßen   lassen   ließen   die Flüsse   fließen

1 a Lest die Wörter deutlich in Silben.
b Legt im Heft eine Tabelle wie folgt an. Nutzt eine ganze Seite.
c Ordnet die Wörter richtig ein.
d Zieht die Silbenbögen. Markiert den letzten Buchstaben der ersten Silbe, z. B.:

Wörter mit ß	Wörter mit ss
die Flö ße	die Flos se
Die erste Silbe endet mit einem [?] und ist [?]. Den s-Laut spricht man [?].	Die erste Silbe endet mit einem [?] und ist [?]. Den s-Laut spricht man [?].

2 Vervollständigt in eurem Heft die beiden Sätze, die unter den Wörtern in der Tabelle stehen.
Ergänzt die Sätze durch die folgenden Begriffe:
offen, geschlossen, Vokal, Konsonant, stimmhaft (summend) oder *stimmlos (zischend).*

ihr wisst   sie küsst   er misst   er reißt   der Fluss   er stößt   es fließt   er gießt   der Riss
sie heißt   er fasst   das Schloss   der Schoß   er schließt   das Maß   der Guss

3 a Lest die Einsilber und prüft, welche Aussage zutrifft:
   A Die s-Laute klingen völlig gleich.
   B Die s-Laute kann man deutlich unterscheiden.
b Verlängert die Wörter, um ihre Schreibweise zu beweisen, z. B.: *wisst – wis sen.*
   Prüft, ob die Regel aus dem Merkkasten zutrifft.
   Tipp: Hinweise, wie ihr Wörter richtig verlängert, findet ihr auf Seite 188.

4 a Ordnet in eure Tabelle aus Aufgabe 1 die zweisilbigen Wörter aus Aufgabe 3 ein.
b Findet Wörter mit ß oder ss und tragt sie in die Tabelle ein.

5 Prüft, ob die folgende Information auf die Wörter eurer Tabelle zutrifft.

Information	Wörter mit ß oder ss

Der Buchstabe **ß** steht für einen **zischend** gesprochenen s-Laut.
- Man schreibt **ß,** wenn die **erste Silbe offen** ist.
- Ist die **erste Silbe geschlossen**, schreibt man **ss.**

ß und ss in zusammengesetzten Wörtern

die Flie ? geschwindigkeit   das Flu ? krokodil   die Bi ? wunde
die Gie ? kanne   der Regengu ?   der Fa ? deckel
der Rei ? verschlu ?   die Abri ? birne   der Hei ? luftballon
die Bei ? zähne   das Hundegebi ?   die Sto ? zähne

1 Schreibt die Wörter richtig auf kleine Zettel. Schreibt das Verlängerungswort als Beweiswort dazu.
Ihr findet das Beweiswort, indem ihr das Ursprungswort vorher zerlegt, z. B.:

der Zecken | biss – denn es heißt: die Bis se

2 a **Dosendiktat:** Legt die Zettel aus Aufgabe 1 in eine Dose.
   b Zieht die Zettel einzeln wieder aus der Dose heraus und diktiert euch die Wörter.
   Kontrolliert gegenseitig, ob ihr die Wörter richtig geschrieben habt.

3 Notiert als Merkhilfe in euer Heft, was ihr über Wörter mit ß und ss herausgefunden habt.

Georg Bydlinski

Ausreden in der Schule

Anna:
Frau Lehrerin, ich kann nichts dafür.
Es war verflixt – glauben Sie mir:
Mein Wecker hat verschlafen!
5   Ich werde ihn bestrafen.

Paul:
Beim Warten auf die Stra ? enbahn
bi ? mich ein wilder Löwenzahn.
Das hat vielleicht wehgetan!
10   De ? halb bin ich später dran.

Ida:
An der Haltestelle vom Bus
trat mir ein Hydrant auf den Fu ? .
Der Knöchel ist gleich angeschwollen.
15   Wie hätt' ich schneller gehen sollen?

Peter:
Im Stadtpark flog mir ein Geier ins Ohr
und ri ? mich zwanzig Meter empor,
so dass ich beide Schuhe verlor.
20   Ich verspreche, es kommt nicht mehr vor.

Lehrerin:
Liebe Kinder, ich glaub euch zwar nicht,
aber nun zum Sachunterricht.
Wer kann mir sagen: Wie gro ? und wie schwer
25   ist ein aufgebundener Bär?

4 Erklärt, was die Lehrerin meint. Was heißt „jemandem einen Bären aufbinden?"

5 a In dem Gedicht fehlen die Buchstaben ß oder ss. Notiert diese Wörter ins Heft.
   b Markiert die Wörter, die man verlängern muss, mit dem Strategiezeichen.
   c Notiert die Beweiswörter für die richtige s-Schreibung. Vergleicht in Partnerarbeit eure Ergebnisse.

Teste dich!

1 Schreibe die nebenstehenden Wörter richtig in dein Heft.
  ▶ Hilfen zur Schreibung findest du auf S. 198–199.

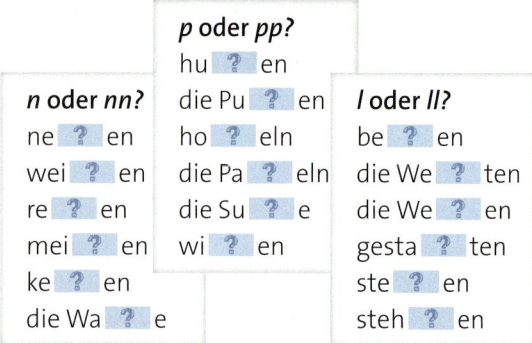

p oder *pp*?
hu ? en
die Pu ? en

n oder *nn*?
ne ? en
wei ? en
re ? en
mei ? en
ke ? en
die Wa ? e

ho ? eln
die Pa ? eln
die Su ? e
wi ? en

l oder *ll*?
be ? en
die We ? ten
die We ? en
gesta ? ten
ste ? en
steh ? en

2 Schätze dich ein: Was trifft auf dich zu?
  A Ich setze die Buchstaben nach Gefühl.
  B Ich kann die fehlenden Konsonanten richtig einsetzen.
  C Ich kenne die Regeln, wende sie an und kann sie anderen erklären.

3 Schreibe die nebenstehenden Wörter richtig in dein Heft.
  ▶ Hilfen, S. 200–201

ie oder *i*?
s ? ngen   s ? ben   l ? ben
der Z ? gel   die G ? ßkanne
der L ? bling   der K ? dergeburtstag

4 Schätze dich ein: Was trifft auf dich zu?
  A Ich setze die Buchstaben nach Gefühl.
  B Ich kann *i* oder *ie* richtig einsetzen.
  C Ich kenne die Regeln, wende sie an und kann sie anderen erklären.

5 Schreibe die nebenstehenden Wörter richtig in dein Heft.
  ▶ Hilfen, S. 202–203

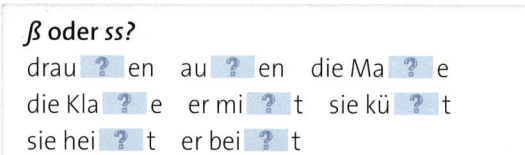

ß oder *ss*?
drau ? en   au ? en   die Ma ? e
die Kla ? e   er mi ? t   sie kü ? t
sie hei ? t   er bei ? t

6 Schätze dich ein: Was trifft auf dich zu?
  A Ich setze die Buchstaben nach Gefühl.
  B Ich kann *ß* oder *ss* richtig einsetzen.
  C Ich kenne die Regeln, wende sie an und kann sie anderen erklären.

7 Schreibe nur die richtigen Aussagen als Merkhilfen in dein Heft.

  – Doppelte Konsonanten schreibt man, wenn die erste Silbe offen ist.
  – Doppelte Konsonanten schreibt man, wenn die erste Silbe geschlossen ist.
  – Man schreibt *ie*, wenn in einem zweisilbigen Wort die erste Silbe offen ist.
  – Man schreibt *ie*, wenn in einem zweisilbigen Wort die erste Silbe geschlossen ist.
  – Man schreibt *ß*, wenn die erste Silbe offen ist.
  – Man schreibt *ß*, wenn die erste Silbe geschlossen ist.

8 Vergleiche deine Ergebnisse zur Teste-dich-Seite mit einem Lernpartner.

12.3 Fit in …! – Rechtschreibung

Diktate vorbereiten und schreiben

Muscheln

Muscheln gehören zu den Weichtieren, die in einem Gehäuse leben. Es besteht aus zwei kalkhaltigen Schalen. Muscheln ernähren sich von kleinsten Teilchen, dem Plankton, das sie
5 mit ihren Kiemen aus dem Wasser filtern.
Der Mensch interessiert sich aus verschiedenen Gründen für die Muscheln. Die Schalen werden gerne für die Herstellung von Schmuck genommen.

Früher hat man aus den Schalen auch Kalk für 10 den Häuserbau gebrannt.
Auch Strandgänger freuen sich, wenn sie besonders schöne Muschelschalen finden. Man kann sie sammeln und mit ihnen wunderschöne Strandgemälde machen. 15

Perlen

Besonders wertvoll sind Perlen, die sich in manchen Muscheln bilden. Ausgangspunkt für die Perlenbildung ist meistens ein Fremdkörper, der in die Muschel gelangt ist. Dann
5 will das Tier sich schützen und umhüllt den Fremdkörper mit mehreren Lagen aus Perlmutt. Je nach Dicke der Umhüllung entstehen kleine oder große Naturperlen.

Es war früher eine mühsame Angelegenheit, Perlen zu finden. Dazu musste man viele Muscheln 10 sammeln und durchsuchen. Es lohnte sich aber, denn sie waren als Schmuck sehr beliebt. Die wenigen gefundenen Perlen waren sehr kostbar und teuer. Sie waren so einzigartig, dass man ihnen sogar Namen gab, mit denen 15 sie berühmt wurden.

1 Notiert: Was wusstet ihr bereits über Muscheln und Perlen? Was ist euch neu?

2 Entscheidet euch in einer Vierergruppe für Möglichkeit A oder B:

Diktate in der Gruppe vorbereiten – Möglichkeit A
a Schreibt aus dem Text „Muscheln" Folgendes richtig heraus:
  – 5 Wörter, die man durch Schwingen richtig schreiben kann.
  – 5 Wörter, die man ableiten muss. Schreibt auch das Beweiswort hinzu.
  – 2 Wörter, die man zerlegen muss, um die Schreibweise zu erklären.
b Schreibt den Text als Gruppendiktat. Vergleicht und korrigiert ihn.

Diktate in der Gruppe vorbereiten – Möglichkeit B
a Jeder schreibt aus dem Text „Perlen" zwei Sätze auf einen Zettel.
  Einigt euch, wer welche Sätze schreibt. Unterlegt die Sätze mit Silbenbögen.
b Markiert die Stellen, an denen man anders schreibt, als man spricht. Fügt das Strategiezeichen hinzu, mit dem ihr die richtige Schreibung beweisen könnt.
c Legt die Zettel verdeckt in die Mitte. Zieht sie nacheinander. Diktiert und vergleicht sie.

Die Strategien anwenden

Übungen zum Schwingen

das Auto – die Türen – die Griffe	die Bananen – die Schale – die Farbe
der Griffel – der Kasten – der Inhalt	die Kirschen – die Kerne – die Größe
das Öl – die Sardine – die Dose	der Füller – der Halter – die Feder

1 Setzt die Wörter sinnvoll zusammen und schreibt sie richtig auf, z. B.: *die Autotürengriffe.*

2 Sucht aus den Texten auf Seite 205:
  a Wörter mit 3 Silben,
  b Wörter mit 4 Silben,
  c das längste Wort der Texte.

3 Findet lange Wörter zum Krokodil: Setzt die folgenden Wörter sinnvoll zusammen, z. B.: *das Krokodil → der Krokodilrachen*

der Rachen das Leder die Tasche die Arten
der Lebensraum die Fütterung der Angriff
die Haut der Kreislauf die Fortbewegung

4 Schlagt eine beliebige Seite im Wörterbuch auf.
Findet 10 Wörter, die man durch Schwingen richtig schreiben kann.

Übungen zum Verlängern

1 Sucht aus den Texten auf Seite 205 Verlängerungswörter für:
  a Wörter mit *b* am Ende,
  b Wörter mit *d* am Ende,
  c Wörter mit *g* am Ende,
  d Wörter mit doppelten Konsonanten am Wortende.

2 Notiert folgende Einsilber und beweist ihre Schreibweise durch ein Verlängerungswort.

Beispiel: *Sie gibt – wir geben*

lebt	siebt	lobt	siegt	biegt
tobt	sorgt	bellt	nennt	
rennt	kommt	weckt	lockt	

3 Findet Verlängerungswörter, indem ihr die folgenden Wörter reimt und dann verlängert,
z. B.: *der Dieb – das Sieb – er blieb → die Diebe – die Siebe – sie blieben*

der Sieg
der Stab   zog   wagt

4 Findet Nomen, die mit doppelten Konsonanten enden. Schreibt sie mit Verlängerungswort auf, z. B.:
der Ball – die Bälle   das Fell – die …   das Fett – …   der Riss – die …

Übungen zum Zerlegen

die Landratte   der Strandurlauber   der Bergwanderer   das Ballgefühl
der Kammmolch   das Erdferkel   die Waldohreule   die Flugzeuge

1 a Schreibt diese Wörter ab und markiert die
Stelle, die ihr verlängern könnt, um die
richtige Schreibweise zu beweisen, z. B.:

 *der Wald**mensch***

b Zerlegt das Wort an der Verlängerungsstelle
und notiert das Beweiswort, z. B.:

der Wald | mensch – die Wälder

2 Sucht auf Seite 205 in den Texten 5 zusammengesetzte Wörter, in denen sich Verlängerungsstellen
finden lassen. Zerlegt diese Wörter sinnvoll.

3 Sucht in der Tageszeitung 5 zusammengesetzte Wörter und beweist ihre Schreibweise.

4 a Bildet lustige zusammengesetzte Wörter, z. B.:
der Knallstrand, die Siebwand ...
Verwendet die nebenstehenden Wörter.

b Bildet Unsinnssätze, in denen eure Wörter
vorkommen.

der Strand	der Korb	der Dieb	das Sieb
die Wand	der Schwamm	der Kamm	
das Lamm	der Wall	der Knall	

Übungen zum Ableiten

die Züne   die Bänke   rätseln   die Gesänge   die Räume   glänzen   die Häuser
die Kräuter   die Tränke   das Gemäuer   klären   die Kälte   schälen
die Hände   die Schwäche   schädlich   hässlich   die Träume   die Bäume

1 a Ordnet die Wörter alphabetisch auf zwei Heftseiten ein: *Wörter mit ä   Wörter mit äu*

b Schreibt die Ableitungswörter mit dem Beweiswort und einer Wortzusammensetzung auf, z. B.:

Zäune – der Zaun → umzäunen, der Zaunpfahl

2 Sucht im Text „Muscheln" auf Seite 205 weitere Ableitungswörter und schreibt sie mit Beweiswort auf.

3 Bildet Unsinnssätze, in denen mindestens 3 Ableitungswörter vorkommen.

4 **Für Profis:** Wenn ihr sichere Rechtschreiber seid, könnt ihr Material zum Üben erstellen und euch
als Lernpartner für Strategien zur Verfügung stellen.
Hier einige Ideen:
– eine Wortschlange mit zusammengesetzten Wörtern bilden,
– Wörter bilden, in denen sich Verlängerungsstellen befinden,
– Ableitungswörter in einem Wortgitter unterbringen,
– zu Merkwörtern mit *ä* Bilder zeichnen und die Wörter raten lassen, z. B. für: *Bär, hängen* ...

Die Regeln anwenden

Doppelte Konsonanten oder nicht?

r oder rr?	n oder nn?	l oder ll?	m oder mm?
klä ? en	die Si ? e	die Ke ? e	die Schwä ? e
schwi ? en	die Ki ? der	der Ke ? er	schwi ? en
die Wi ? te	ke ? en	die Kä ? te	die He ? den
der Ka ? en	ne ? en	fä ? en	ko ? en
die Ka ? ten	die Ri ? e	die He ? den	der So ? er

1 Sprecht die Wörter deutlich in Silben und schreibt die Wörter richtig ins Heft.

2 **a** Schreibt diese Wörter richtig auf Kärtchen.

> still   blass   dumm   schnell   der Schnellimbiss   die Vollglatze   kaputt
> die Auster   dünn   matt   der Fettgehalt   wetten   kommt   backen
> toll   der Schlapphut   der Irrtum   der Schwimmreifen   das Wolltuch
> die Vollmilch

b Markiert die unklaren Stellen und setzt, wo nötig, die Strategiezeichen  und .
Tipp: Nur drei Wörter brauchen kein Strategiezeichen.

3 Arbeitet mit einem Lernpartner. Legt die Kärtchen aus Aufgabe 2 verdeckt auf und spielt Memory. Wer ein Pärchen Wortkarten hat, begründet die Schreibweise des Wortes.

i oder ie?

> die F ? nger   die D ? be   die W ? rbel   die T ? re   die Z ? ge   die W ? ge
> l ? ben   s ? gen   s ? ngen   spr ? ngen   w ? gen   z ? len

1 **a** Sprecht die Wörter deutlich in Silben und schreibt sie auf Kärtchen.
b Diktiert euch die Wörter und begründet die Schreibweise.

2 **a** Lest diese 13 Wörter von hinten nach vorne.
Ihr findet Tierbezeichnungen, die alle ein
offenes, langes i haben.
b Schreibt die Wörter richtig herum ins Heft.
c Wiederholt, für welche Wörter die ie-Regel gilt
(▶ S. 200).

> ELIDOKORK   NEROTAGILLA   NEPOLITNA
> ENIFLED   NEFFARIG   SUBIRAK
> ENAKILEP   ENIUGNIP   NETAMIRP
> ENOIPROKS   ERIPAT   NETIMRET   NEILITPER

d Formuliert eine Begründung, warum diese Wörter nicht mit ie geschrieben werden.
Diese Wörter schreibt man nicht mit ie, weil …

ß oder ss?

fließen	außen	die Straße	heißen	die Soße
g [?]	dr [?]	die M [?]	b [?]	der Gr [?]

küssen	hassen	essen	wissen
m [?]	l [?]	m [?]	verm [?]
	f [?]	fr [?]	das K [?]

1 Findet zu diesen Wörtern Reimwörter mit ß und ss. Schreibt sie richtig ins Heft.

2 Im Wortgitter sind waagerecht 12 Wörter mit ss versteckt. Legt eine Folie über das Gitter und findet die Wörter. Schreibt sie in euer Heft.

X	X	J	R	F	A	S	S	E	N	S
K	A	S	S	E	F	Ä	S	S	E	R
Ä	O	G	F	F	K	Ü	S	S	E	N
Z	X	X	W	I	S	S	E	N	S	X
Ö	W	O	D	N	K	L	A	S	S	E
Z	C	M	P	P	A	G	A	S	S	E
D	W	R	K	I	S	S	E	N	Y	H
D	B	Z	M	A	S	S	E	W	Q	N
Y	A	C	T	A	S	S	E	A	F	Ä
R	E	J	H	M	Ü	S	S	E	N	J
N	P	K	V	M	I	S	S	E	N	I

3 **a** Diktiert euch die Wörter aus den Aufgaben 1 und 2 gegenseitig.
b Begründet die Schreibweise der Wörter.
Tipp: Achtet darauf, wie die erste Silbe endet (▶ S. 202).

4 **a** Bildet mit Hilfe der Buchstabenkästen einsilbige Verben mit ss oder ß, z. B.: *passt*, …
Schreibt sie geordnet in euer Heft:
Wörter mit ss   Wörter mit ß
b Prüft, ob ihr die Wörter richtig geschrieben und zugeordnet habt.
Bildet die Verlängerungswörter und schreibt sie als Beweiswörter dazu, z. B.:
es passt – wir passen
Tipp: Verben könnt ihr mit den Personalformen „wir" oder „sie" verlängern.

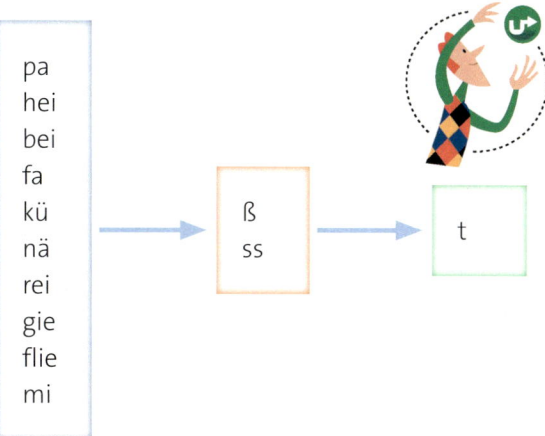

pa			
hei			
bei			
fa			
kü	→	ß	→ t
nä		ss	
rei			
gie			
flie			
mi			

 kü[?]en

wir küssen

Texte überarbeiten –
Strategien und Regeln anwenden

In allen Ländern der Erde gibt es Menschen, die leidenschaftlich gerne Muscheln *esen/essen.* Zu den *belibten/beliebten* Speisemuscheln gehören die Miesmuscheln, die Venusmuscheln, die *Messermuscheln/Mesermuscheln* und vor *alem/allem* die Austern.

Muscheln *stelen/stellen* aber auch in Küstenorten und auf Inseln eine wichtige Nahrungsquelle dar. Weil sie gerne *gesamelt/gesammelt* werden, sind *vile/viele* Arten schon vom *aussterben/Aussterben* bedroht. 10

Die *Großen/großen Muscheln/muscheln* sind so *beliept/beliebt,* dass man angefangen hat, sie auf *Austernbänken/Austernbenken* zu züchten. Austern brauchen einen festen *Untergrunt/Untergrund,* an dem sie sich festhalten können. Sind 15 die Austern ausgewachsen, *kan/kann* man sie einfach aus dem Wasser ziehen und abernten.

1 Gebt dem Text eine Überschrift. Worüber berichtet er?

2
a Beachtet die im Text markierten Wörter. Entscheidet, welche Schreibweise richtig ist.
b Schreibt den Text richtig ab.
c Kennzeichnet alle korrigierten Wörter, die man verlängern muss, mit dem Zeichen .
d Vergleicht in Partnerarbeit eure Lösungen.

Perlenzucht

Perlen zur *Herstelung* für Schmuck waren immer schon sehr *belibt.* Weil man aber in der Natur nur wenige Perlen findet, *kamm* man im 19. Jahrhundert auf die Idee, Perlen zu züchten. Heute passiert das in großen *Betriben* in China 5 und Japan.

Ihr *frakt* euch, wie das gehen *kan?*

Ganz einfach: Man züchtet die Muscheln auf großen *Muschelbenken,* wie man das auch mit den *esbaren* Muscheln macht. Aber bevor die 10 Muscheln in das *wasser* gesetzt werden, ritzt man sie an und setzt ihnen einen *Fremtkörper* ein. Dann wehren sich die Muscheln dagegen, indem sie ihn mit Perlmutt umgeben. So entsteht die Perle. Das *gute* daran ist, dass die Ernte einfach ist, und man *kan* manche Muscheln an 15 mehreren Stellen mit Fremdkörpern versehen. Dann entstehen bis zu 50 Perlen in einer Muschel. Das Problem: Nicht alle Perlen werden schön *runt* und *glat.* 20

3 Stellt euch vor, ein Freund möchte von euch wissen, wie man Perlen züchtet.
Lest den Text und antwortet dem Freund.

4
a Findet die Fehler in den markierten Wörtern.
b Schreibt den Text richtig ab.
c Markiert die korrigierten Wörter, die man verlängern, zerlegen, ableiten oder großschreiben muss, mit dem passenden Strategiezeichen.
d Vergleicht in Partnerarbeit eure Lösungen.

Schnecken und Muscheln

Was haben Muscheln und *Schneken*  gemeinsam? Sie alle haben einen *wabeligen*,
weichen Körper und gehören zu den Mollusken.
Lant- und Seeschnecken gehören zu den
5 Gastropoden. Das bedeutet *Bauchfüsser*,
weil *dise* Mollusken auf dem Bauch zu gleiten scheinen.

Das sieht aber nur so aus. In Wirklichkeit handelt
es sich um einen muskulösen *Fuss*, dessen
10 Muskeln sich *welenartig* vor- und zurückbe-
wegen.

Dabei sondern sie eine *Schleimspurr* ab und
komen dadurch leichter vorwärts.
Gertner *kenen* vor allem die Garten-

schnecke. Nach einem schweren Regenschauer 15
tauchen die Schnecken wie aus dem Nichts in
der feuchten Umgebung auf und bahnen sich
ihren *Wek* durch die Pflanzen im Garten und
fresen sie kahl.

---

5 Notiert: Was wusstet ihr bereits über Muscheln und Schnecken? Was ist euch neu?

6 Nutzt die Strategiezeichen und korrigiert die Fehler. Schreibt den Text richtig ins Heft.

Wissenswertes über Schnecken

Schnecken bauen und öffnen Türen

Schnecken *komen* in allen Teilen der Meere und
in fast *alen* Lebens*reumen* des Festlandes vor.
Sie brauchen *vil* Feuchtigkeit, um überleben zu
5 *könen.* Wenn das Wetter im Sommer zu trocken
ist, dichten die Schnecken ihr Haus mit Schleim
ab, der sich zu einer Tür *verhertet.*
Bei feuchterem Wetter brechen sie die Tür *wider*
auf. Auf *dise* Weise kommen *vile* Schnecken
10 auch durch den Winter. Sie überwintern und
übersommern also.

Nacktschnecken sind Schleimer

Nacktschnecken sehen aus, als hätten sie ihr
schützendes Haus verloren. Sie erzeugen *grosse*
Mengen eines sehr klebrigen Schleims. Der 15
Schleim *helt* viele *Tire* ab, sie zu verspeisen. Der
Schleim schützt die Schnecken auch vor dem
Austrocknen.

Einiegen Vögeln macht der Schleim aber nichts
aus, sie *freßen* trotzdem *libend* gerne *grosse* 20
Mengen *diser* Schnecken.

Drosseln knacken auch Schnecken mit *Ge-
heuse.* Sie schlagen sie gegen einen harten
Gegenstant, bis die Schale zerbricht. Dann *futern*
sie die schutzlosen Schnecken mit *Genuß* auf. 25

---

7 Erklärt den Satz: Die Schnecken „überwintern und übersommern also" (Z. 10 f.).

8 Schreibt den Text richtig ins Heft. Lasst jeweils eine Zeile frei und setzt über die korrigierten Wörter
das Zeichen für die Strategie, die ihr angewendet habt.

Mit den „Schreibwörtern" üben

Im „Deutschbuch" findet ihr am Ende der meisten Kapitel „Schreibwörter".
Die Schreibung dieser Wörter könnt ihr insbesondere mit Hilfe der
Strategien einüben.

Methode	Rechtschreibung mit einem Faltblatt üben

- Faltet ein Blatt der Länge nach zweimal, sodass vier Spalten entstehen.
- Schreibt die Wörter, die ihr üben möchtet, untereinander in die 1. Spalte.
- Prägt euch drei Wörter ein, klappt die 1. Spalte um und schreibt die Wörter in die 3. Spalte.
- Deckt auf und vergleicht die Wörter.
- Richtig geschriebene Wörter könnt ihr abhaken. Falsch geschriebene Wörter müsst ihr durchstreichen und richtig in die 2. Spalte schreiben.
- Übt, die Wörter aus Spalte 2 richtig zu schreiben. Tragt sie in die Spalte 4 ein. Wendet die Strategien an (▶ Aufgabe 1–4).

Patenonkel
Patentante
Paukenschlag
Pass
Pastellfarbe
Packesel
platt
prächtig
Päckchen
Pappplakat
Pappelblätter
Plattfisch
Papageien
purpur
Paukenschläger
Pampelmuse

1 Lest die Wörter eurer Liste laut in Silben.
Achtet darauf, wo man anders schreibt, als man spricht.

2 Legt in eurem Heft 4 Spalten mit den 4 Strategiezeichen an: 🔵 🔵 🔵 🔵.
Tragt euer Problemwort in die Spalte ein, mit der man die Schreibung beweisen kann.
Tipp: Manche Wörter muss man in mehrere Spalten einordnen.

3 Ordnet die Wörter in der 4. Spalte eures Faltblatts entweder nach dem Alphabet
oder ordnet die Wörter nach der Zahl ihrer Silben.

4 Bei falsch geschriebenen Wörtern könnt ihr die richtige Schreibweise auch wie folgt üben:
– bildet die Mehrzahl,
– bildet Wortfamilien, z. B.: *Plattfisch, platt, Platten, Plattdeutsch, plätten, …*
– findet Reimwörter, z. B.: *die Paten – der Spaten – der Braten – …*
– bildet mit den Wörtern vollständige Sätze,
– diktiert euch eure Problemwörter im Partnerdiktat und kontrolliert euch gegenseitig.

13 Erfolgreich lernen! –
Arbeitstechniken beherrschen

1 Betrachtet das Bild. Beschreibt die Lernsituation der beiden Kinder.

2 Wie sieht eure Lernumgebung zu Hause aus?
  a Beschreibt sie.
  b Schreibt auf, was euch gefällt oder
  stört, wenn ihr lernt.

3 Erstellt gemeinsam eine Liste mit
Tipps: Wo und wie kann man am
besten lernen?

In diesem Kapitel ...

– erhaltet ihr Tipps, um euer Lernen zu
  verbessern,
– lernt ihr, Texte schneller und leichter
  zu verstehen,
– erfahrt ihr, wie man Arbeitsergebnisse
  präsentieren kann.

13.1 Alles im Griff? – Ordnen, planen, konzentrieren

Geordnete Arbeitsplätze

1 Beschreibt die Schülerarbeitsplätze auf den beiden Bildern.
   a Wo befinden sich diese Schülerarbeitsplätze?
   b Benennt Vor- und Nachteile dieser Arbeitsplätze.

2 Arbeitet zu zweit. Wählt einen Schülerarbeitsplatz in eurem Klassenraum aus.
   a Bereitet ihn für eine Deutschstunde mit den richtigen Materialien vor.
   b Vergleicht diesen „Musterarbeitsplatz" mit eurem eigenen.
   c Nehmt, wenn nötig, Veränderungen an eurem Arbeitsplatz vor.

3 **a** Ordnet die folgenden Sätze zur „Anleitung für einen geordneten Arbeitsplatz" richtig zu.
   b Schreibt die Anleitung in euer Heft.

A Der Schülertisch in der Klasse ist vorbereitet mit …	**1** … ist wegzulegen, da es vom Lernen ablenkt.
B Alles, was nichts mit dem Unterricht zu tun hat, …	**2** … werden die Materialien für das Fach in die Schultaschen oder Schließfächer geräumt. Danach werden die Materialien für die nächste Stunde herausgeholt.
C Wenn die Unterrichtsstunde beendet ist, …	**3** … den Unterrichtsmaterialien und Büchern des Faches, das unterrichtet wird.

4 Zeichnet und beschreibt euren Wunsch-/Traumarbeitsplatz.

Mäppchen, Schultasche und Schließfach auf dem Prüfstand

Checkliste ✔

Checkliste: Mein Mäppchen

Gegenstände	fehlt	vorhanden	Zustand	Was ist zu tun?
Bleistift		x	*abgebrochen*	*anspitzen*
Lineal				
Radiergummi				
Buntstifte				
Spitzer				
Füller				
Ersatzpatrone				
Schere				
Klebestift				
...				

1 In allen Unterrichtsstunden benötigt ihr ein richtig ausgestattetes Mäppchen.
  a Legt in eurem Heft die Checkliste „Mein Mäppchen" an.
  b Prüft mit der Checkliste den Inhalt eures Mäppchens und entscheidet, was zu tun ist.
  c Kontrolliert in Partnerarbeit einmal im Monat eure Mäppchen.

2 **a** Beschreibt eure Schultasche. Benennt besonders das, was euch an eurer Tasche gut gefällt.
  b Ergänzt die folgenden „Goldenen Regeln für eine ordentliche Schultasche" durch Begriffe aus
  dem Wortspeicher:

> 1 In deiner Schultasche sollte immer [?] herrschen.
> 2 Klebe einen [?] in die Innenseite.
> 3 Nimm nur die Bücher und Hefte mit, die du für den [?] brauchst.
> 4 Belaste die [?] nicht mit Überflüssigem.
> 5 Prüfe sie am [?] auf Vollständigkeit.
> 6 Berücksichtige Stundenplanänderungen,
>   wenn du deine Tasche [?].
> 7 In eine gut gepackte Schultasche gehören
>   auf jeden Fall: [?], [?], [?], [?], [?].

Pausenbrot
Tag   Ordnung
Schultasche
packst   Getränk
Hausaufgabenheft
Stundenplan
Vorabend
Mitteilungsheft
Federmäppchen

3 In einigen Schulen gibt es Schließfächer, Kisten oder Körbchen für die Schulmaterialien.
  a Prüft zu zweit in der Pause, ob eure Fächer gut ausgestattet und aufgeräumt sind.
  b Notiert gemeinsam „Goldene Regeln für ein ordentliches Schließfach" (▶ Aufgabe 2b).

Heftführung leicht gemacht

Wie ich mein Heft richtig führe!
07.05.2013
Datum: Das Datum schreibe ich immer an den äußeren Rand, wenn ich einen neuen Eintrag
beginne. Schrift: Ich muss gut leserlich und sauber schreiben. Überschrift: Jeder Eintrag be-
kommt von mir eine eigene Überschrift, die ich mit einem Lineal unterstreiche. Rand: Ich schreibe nich
über den Zeilenrand hinaus. Bei Platzmangel trenne ich das Wort. Abschnitte: Um den Text übersicht-
lich zu gestalten, mache ich Abschnitte. Farben: Wichtige Dinge unterstreiche ich farbig.

1
  a Was fällt euch an dem Text eines Schülers auf?
  b Begründet, was ihr anders machen würdet.
  c Wandelt den Text des Schülers in eine Tabelle um. Setzt in eurem Heft das Beispiel fort:

Datum	*Das Datum schreibe ich immer an den äußeren Rand, ...*
Schrift	
Überschrift	
...	

2 Prüft die folgende Checkliste zur Heftführung:
  a Schaut euch in Partnerarbeit die Checkliste an.
    Was ist an der Heftführung dieses Schülers auszusetzen?
  b Notiert, welche Tipps ihr dem Schüler geben würdet.
    Wie kann er seine Heftführung verbessern?

Checkliste ✔

Checkliste: Die Heftführung prüfen	☺	😐	☹
Das Heft sieht von außen sauber aus und ist auf dem Umschlag beschriftet.		x	
Die Seiten sind übersichtlich gestaltet.			x
Die Einträge haben alle ein Datum.			x
Jeder Hefteintrag hat eine Überschrift.		x	
Die Überschriften sind unterstrichen.	x		
Es wurde leserlich geschrieben und Fehler wurden ordentlich durchgestrichen und verbessert.		x	
Wichtiges ist farblich hervorgehoben.	x		

3 Wie sehen eure eigenen Hefte für das Fach Deutsch aus? Bewertet sie selbst.
  a Schreibt die Checkliste in euer Heft und prüft damit regelmäßig eure Heftführung.
  b Lasst eine Lernpartnerin, einen Lernpartner oder eure Eltern die Checkliste ausfüllen.
  c Vergleicht ihre Bewertungen mit euren eigenen.

So gelingen Hausaufgaben

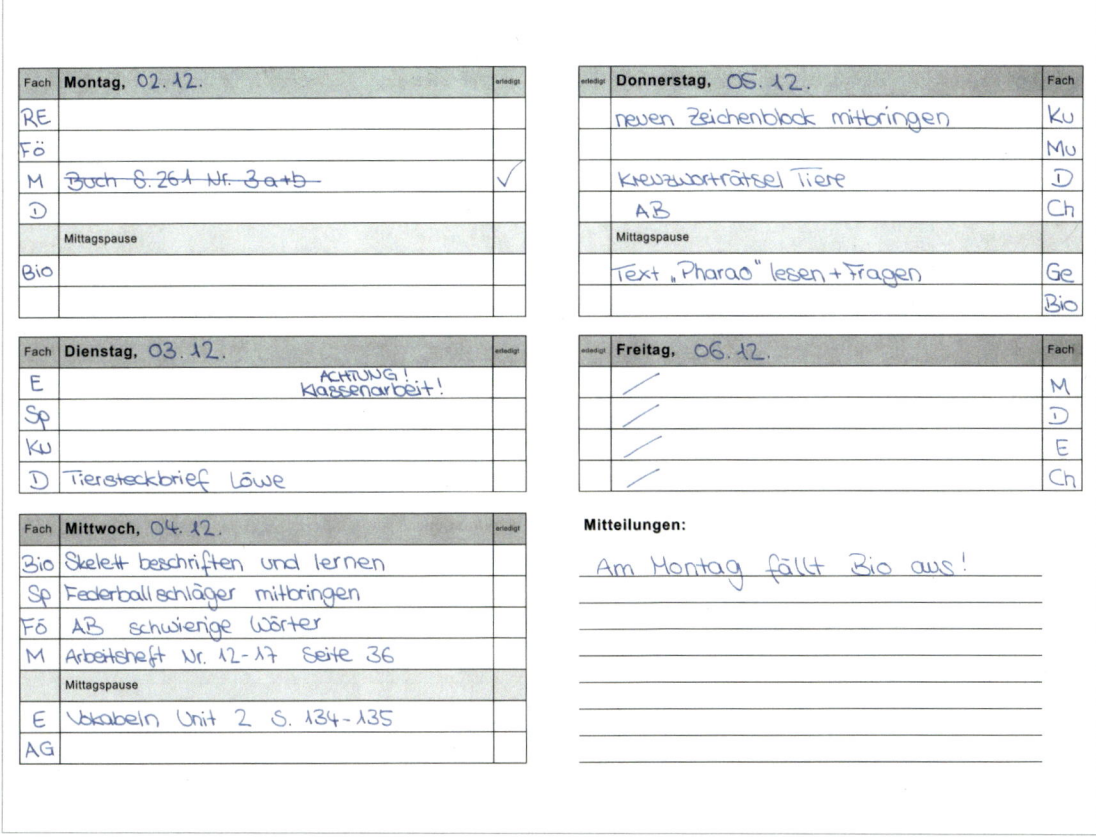

Fach	Montag, 02.12.	erledigt
RE		
Fö		
M	Buch S. 261 Nr. 3 a+b	✓
D		
	Mittagspause	
Bio		

erledigt	Donnerstag, 05.12.	Fach
	neuen Zeichenblock mitbringen	Ku
		Mu
	Kreuzworträtsel Tiere	D
	AB	Ch
	Mittagspause	
	Text „Pharao" lesen + Fragen	Ge
		Bio

Fach	Dienstag, 03.12.	erledigt
E	ACHTUNG! Klassenarbeit!	
Sp		
Ku		
D	Tiersteckbrief Löwe	

erledigt	Freitag, 06.12.	Fach
		M
		D
		E
		Ch

Fach	Mittwoch, 04.12.	erledigt
Bio	Skelett beschriften und lernen	
Sp	Federballschläger mitbringen	
Fö	AB schwierige Wörter	
M	Arbeitsheft Nr. 12-17 Seite 36	
	Mittagspause	
E	Vokabeln Unit 2 S. 134-135	
AG		

Mitteilungen:

Am Montag fällt Bio aus!

1 Schaut euch die Doppelseite aus dem Hausaufgabenheft einer Schülerin genau an.
   a An welchem Wochentag muss die Schülerin viele Hausaufgaben erledigen?
      Wann muss sie keine Hausaufgaben machen?
   b Erklärt, wofür die Abkürzungen im Hausaufgabenheft stehen.
   c Erläutert, was die Streichung und das Häkchen auf der linken Seite oben bedeuten.

2 Wie schreibt ihr euch die Hausaufgaben auf?
   Stellt Gemeinsamkeiten und Unterschiede zum Hausaufgabenheft der Schülerin fest.

3 Stellt euch vor, es ist Mittwoch und die Schülerin schaut in ihr Hausaufgabenheft.
   Was würdet ihr der Schülerin raten?

4 Der Klassenlehrer diktiert folgende Sätze. Wo müssen sie eingetragen werden?

> **A** „Die Einladung für den Elternsprechtag zu Hause abgeben."
> **B** „Einen Zirkel für die Mathestunde am Montag einpacken."
> **C** „Nächste Woche fällt die AG-Stunde aus."

5 a Ordnet die folgenden Satzteile einander zu. Wenn ihr die Satzteile richtig zusammengesetzt habt, dann ergeben sie eine Tippliste, um Hausaufgaben sinnvoll zu erledigen.

b Schreibt die richtig zusammengesetzte Tippliste in euer Heft.

Tippliste: Hausaufgaben sinnvoll erledigen

Ihr solltet ...

A ... stets am Schreibtisch arbeiten, ...	**1** ... bevor ihr mit den Aufgaben für die restlichen Tage der Woche beginnt.
B ... zuerst die Hausaufgaben für den nächsten Tag erledigen, ...	**2** ... weil ihr dort mehr Ruhe habt und eure Arbeitsmaterialien bereitliegen.
C ... auf keinen Fall bei der Arbeit am Schreibtisch fernsehen, ...	**3** ... damit ihr nicht vergesst, was ihr erledigen müsst.
D ... euch die Hausaufgaben in der Schule immer ins Hausaufgabenheft schreiben, ...	**4** ... weil ihr dadurch abgelenkt werdet und euch nicht mehr konzentrieren könnt.

Konzentrationsspiele

Manchmal lässt die Konzentrationsfähigkeit bei der Arbeit in der Schule oder zu Hause nach. Folgende Übungen können euch helfen, wieder fit zu werden.

1 **Die liegende Acht**

a Stellt euch gerade hinter euren Stuhl.

b Schließt die Augen und stellt euch eine liegende Acht vor.

c Zeichnet mit der Hand die liegende Acht in die Luft: Beginnt mit der linken Hand und fahrt vom Mittelpunkt der Acht aus nach links oben (siehe Abbildung). Folgt mit den Augen der Bewegung eurer Hand.

d Zeichnet die Acht mit jeder Hand dreimal; anschließend mit beiden Händen.

2 **Wörterketten bilden**

a Nennt nacheinander Vornamen:
Der letzte Buchstabe des ersten Vornamens muss der Anfangsbuchstabe des folgenden Vornamens sein, z. B.: *Sophia → Ahmet → Timur → Rosalie → Emil → Leyla → Asya → ...*

b Ihr könnt dieses Spiel auch mit Tiernamen, Gegenständen, Blumen usw. spielen.

3 **Wörter rund um die Schule**

a Bei diesen Wörtern zum Thema „Schule" sind die Buchstaben durcheinandergeraten.
Findet heraus, wie sie richtig heißen:

b Findet eigene Wörter zum Thema „Schule" und bringt ihre Buchstaben durcheinander.
Die anderen in der Klasse müssen sie erraten.

4 **Buchstaben suchen auf Zeit**

Zeigt der Reihe nach auf die Buchstaben des Alphabets. Lasst eure Zeit stoppen.

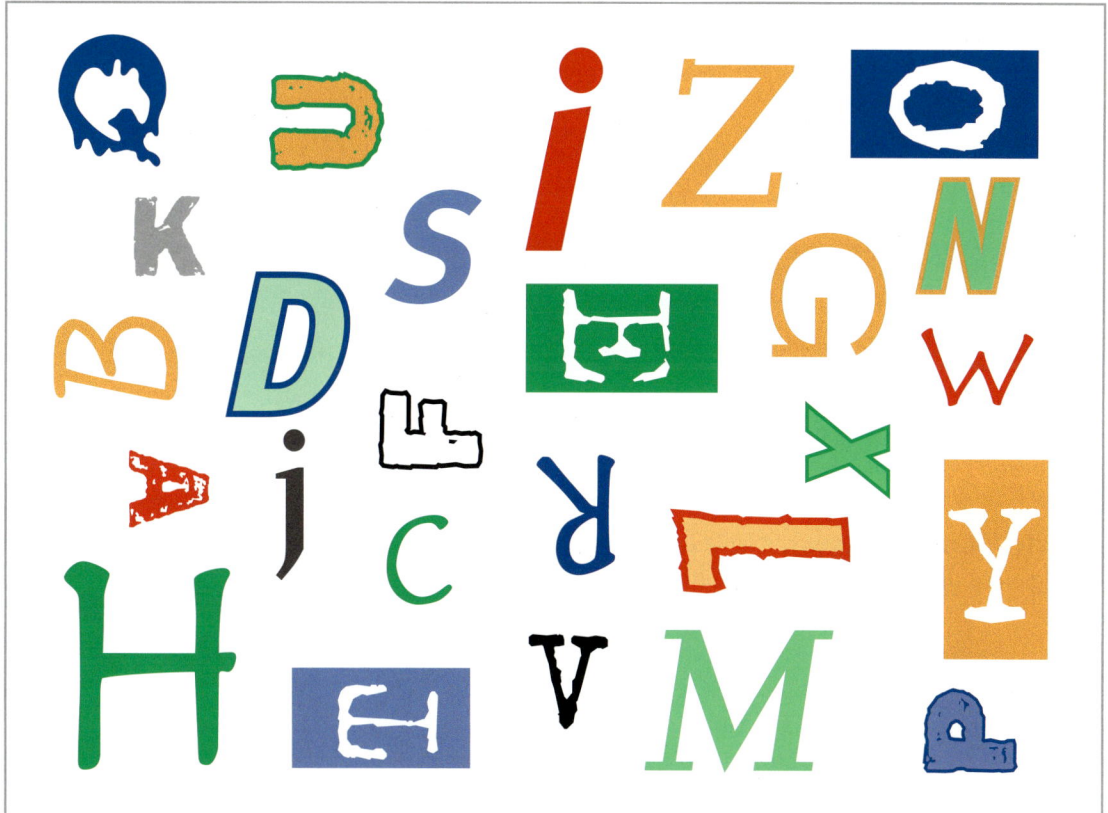

3 Minuten und länger: Du solltest besser noch mehrere Male üben.
2,5 bis 3 Minuten: Du kannst sicher noch schneller werden.
2 bis 2,5 Minuten: Du bist bereits recht schnell.
1,5 bis 2 Minuten: Du bist wirklich schon sehr, sehr schnell.
1 bis 1,5 Minuten: Du bist fast nicht mehr einzuholen.
1 Minute und weniger: Du bist unglaublich schnell.

Teste dich!

Bin ich ein Ordnungsgenie? – Ein Fragebogen

		😊	😐	☹️
1	Ich habe zur Unterrichtsstunde nur die Sachen auf dem Tisch, die ich für dieses Fach brauche.			
2	Ich schalte den Fernseher und das Radio aus, wenn ich für die Schule arbeite.			
3	Ich sorge regelmäßig für Ordnung in meinem Mäppchen.			
4	Ich trage keine unnötigen Sachen in meiner Schultasche zum Unterricht mit.			
5	Ich befolge die Regeln zur Heftführung.			
6	Ich führe mein Hausaufgabenheft regelmäßig.			
7	Ich erledige Wichtiges vor Unwichtigem.			
8	Ich achte stets auf einen aufgeräumten und übersichtlichen Arbeitsplatz.			
9	Ich mache Konzentrationsübungen, wenn ich müde werde.			
10	Ich plane genau, wann ich meinen Hobbys nachgehe und wann ich für die Schule arbeite.			

 a Übertrage den Fragebogen auf ein DIN-A4-Blatt. Oder lege eine Folie über den Fragebogen.
b Fülle den Fragebogen aus.

 a Werte deinen Fragebogen mit Hilfe der folgenden Checkliste aus.
b Vergleiche deine Ergebnisse mit einem Lernpartner.

Checkliste

Checkliste: Den Fragebogen auswerten

8–10 😊: Glückwunsch! Du bist ein Ordnungsgenie!
Chaos und Unordnung sind Fremdwörter für dich.

5–7 😐: Schon ganz gut – du kannst dich aber noch verbessern!
Obwohl du genau weißt, dass dir die Unordnung deine Arbeit erschwert, handelst du nicht immer danach.
Lass dich nicht entmutigen und kontrolliere dich selbst strenger.

0–4 ☹️: Oh je! Du bist noch sehr unordentlich und chaotisch!
Die Tipps des Fragebogens solltest du viel strenger befolgen.
Lies die folgenden Sätze noch einmal: S. 214, Aufgabe 3, S. 215, Aufgabe 2,
S. 216, Aufgabe 2, S. 218, Aufgabe 5.

13.2 Sachtexte verstehen – Lesetechniken anwenden

Der Uhu

Der Uhu gehört zur Familie der <u>Eulen</u> und ist ein nachtaktiver Vogel. Sein Kopf ist groß mit einem runden Gesicht. Das Gefieder der Uhus ist braun-beige [...]. Dadurch sind sie hervorragend getarnt. Sehr auffällig sind die <u>großen Federbüschel</u> an den Ohren sowie die <u>leuchtend orangefarbenen Augen</u>. Typisch für Uhus ist, dass sie ihren <u>Kopf fast einmal ganz herumdrehen</u> können. So haben sie ihre Umgebung rundum im Blick. Uhus werden <u>60 bis 70 Zentimeter</u> groß und haben eine Flügelspannweite[1] von 150 bis 180 Zentimetern.

Unser europäischer Uhu kommt von Portugal bis Japan und von Finnland bis Indien vor. [...] In Mitteleuropa ist er in vielen Regionen verschwunden, weil er lange Zeit sehr stark gejagt wurde. Heute leben in der Schweiz, in Österreich und Deutschland nur noch mehrere hundert Uhu-Paare.

Jagende Uhus sitzen ruhig auf Felsen oder Ästen und lauern[2] auf jede Bewegung und jedes Geräusch in ihrer Umgebung. Haben sie ein Beutetier entdeckt, gleiten sie blitzschnell und lautlos darauf zu, ergreifen die Beute mit ihren Greiffüßen, die etwa die Größe einer Menschenhand haben, tragen sie zu einem erhöhten Platz und töten und fressen sie dort.

Der größte Feind der Uhus ist der Mensch: Lange Zeit wurden die prächtigen Vögel gejagt, weil die Jäger glaubten, dass die Uhus ihnen Hasen, Rebhühner und Fasane wegnehmen. Eine weitere Gefahr sind die Drähte der Hochspannungsmasten, in denen Uhus immer wieder verunglücken. Heute stehen diese Tiere unter Schutz. Natürliche Feinde sind Fuchs und Habicht.

---

1 Flügelspannweite: Abstand zwischen der ausgebreiteten linken und rechten Flügelspitze des Uhus

2 lauern: warten, Ausschau halten

1 **a** Lest den Text zügig durch und tauscht euch in Partnerarbeit über den Text aus:
– Was wusstet ihr bereits über den Uhu?
– Was ist euch neu? Was hat euch überrascht?
– Worüber möchtet ihr gerne mehr wissen?
Tipp: Lest euch die entsprechenden Textstellen vor.

b Habt ihr schon einmal Uhus oder Eulen gesehen? Erzählt davon.

2 **a** Lest den ersten Abschnitt noch einmal. Schreibt alle Wörter heraus, die sich auf den Uhu beziehen, z. B. *Der Uhu* (Z. 1), *ein nachtaktiver Vogel* (Z. 1 f.), *Sein ...* (Z. 2) ...

b Vergleicht in Partnerarbeit eure Ergebnisse.

c Begründet: Warum steht in Zeile 3 *der Uhus*? Vervollständigt dazu die Tabelle in eurem Heft.

1. Fall: Wer ...? oder Was ...?	*der Uhu*	*die Uhus*
2. Fall: Wessen ...?	*des Uhus*	...
3. Fall: Wem ...?	...	...
4. Fall: Wen ...? oder Was ...?	...	...

3 Entscheidet euch für die Aussage (A–D), die das Thema am besten zum Ausdruck bringt:

A Der Text beschäftigt sich mit der Verbreitung der Uhus in Europa.
B Der Text beschreibt die Gefahren, die den Lebensraum der Uhus bedrohen.
C In dem Text geht es um den Uhu: sein Aussehen, seine Verbreitung, seine Art zu jagen und seine Nachkommen.
D Der Text hat das Thema: „Von Eulen und Uhus".

4 **a** Bilder helfen, den Text zu verstehen.
Ordnet die beiden folgenden Fotos den passenden Textabschnitten auf S. 221 zu.

b Begründet, warum ihr die Fotos diesen Abschnitten zugeordnet habt, z. B.:
Zu Bild A passt Textabschnitt Nummer ..., weil ...

Bild A

Bild B

Die Fünf-Schritt-Lesemethode einüben

1. und 2. Schritt: Worum geht es in dem Sachtext?

1 a Stellt euch vor, ein Freund fragt euch, worum es in dem Sachtext auf S. 221 geht. Eure Antwort soll möglichst knapp sein. Was antwortet ihr ihm?

b Teilt dem Freund auch mit, was ihr an dem Text besonders interessant fandet.

3. Schritt: Den Text ein zweites Mal lesen und wichtige Wörter unterstreichen

2 a Lest den Text ein zweites Mal.

b Prüft, ob ihr die Textaussagen alle verstanden habt. Klärt in Partnerarbeit schwierige Stellen.

3 Um den Text zu verstehen, sind bestimmte ▷ Eine Hilfe zu Aufgabe 3 findet ihr auf
●●● Wörter eines Textes besonders wichtig.   Seite 224.
Man nennt sie **„Schlüsselwörter"**. Im
Abschnitt 1, Z.1–11, sind sie schon unterstrichen.

a Schreibt in Partnerarbeit die Schlüsselwörter der übrigen drei Abschnitte heraus.

b Vergleicht eure Ergebnisse in der Klasse.

4. Schritt: Zwischenüberschriften finden

4 Informationen, die zusammengehören, stehen ▷ Hilfe zu 4, Seite 224
●●● in einem Abschnitt.

a Lest die einzelnen Abschnitte noch einmal genau durch.

b Findet Zwischenüberschriften zu den vier Abschnitten und schreibt sie in euer Heft.

c Vergleicht eure Ergebnisse in der Klasse.

5. Schritt: Den Inhalt wiedergeben

5 Fasst den Inhalt des Textes mit eigenen Worten ▷ Hilfe zu 5, Seite 224
zusammen.

a Welcher Satz fasst den vierten Abschnitt des Textes am besten zusammen? Begründet.
●●● Arbeitet zu zweit.

  A Für den Uhu gibt es neben seinen natürlichen Feinden auch den Menschen als Feind. Lange Zeit hat der Mensch den Uhu gejagt. Auch die menschliche Technik kann für den Uhu den Tod bedeuten, wenn er in den Drähten der Hochspannungsmasten verunglückt.

  B Durch den technischen Fortschritt der Menschheit müssen viele Uhus sterben.

  C Fuchs und Habicht können dem Uhu gefährlich werden – genau wie Mensch und Technik.

b Fasst den gesamten Text über den Uhu mit eigenen Worten zusammen.
Die Stichwörter helfen euch dabei. Schreibt unter jedes Stichwort einige Informationen auf.

Der Uhu	Verbreitungsgebiet	Aussehen	Feinde des Uhus	Jagd

●○○ **Aufgabe 3 mit Hilfe**

Um den Text zu verstehen, sind bestimmte Wörter eines Textes besonders wichtig.
Man nennt sie **„Schlüsselwörter"**. Im Abschnitt 1, S. 221, sind sie schon unterstrichen.

a Begründet, ob die Schlüsselwörter A oder B besser zu Abschnitt 2, S. 221, passen.

A   Mitteleuropa   in vielen Regionen verschwunden   gejagt

B   von Portugal bis Japan   von Finnland bis Indien   kommen ... vor

---

b Schreibt in Partnerarbeit die Schlüsselwörter der letzten beiden Abschnitte heraus.
c Vergleicht eure Ergebnisse in der Klasse.

●●○ **Aufgabe 4 mit Hilfe**

Informationen, die zusammengehören, stehen in einem Abschnitt.

a Lest die einzelnen Abschnitte noch einmal genau durch.
b Ordnet die folgenden Zwischenüberschriften den vier Abschnitten auf S. 221 zu.
Zeichnet dazu die Tabelle ins Heft und tragt die Nummern der Abschnitte ein.

Abschnitt	Überschrift	Abschnitt	Überschrift
	Feinde des Uhus		Verbreitungsgebiet
	Das Aussehen		Jagd

c Vergleicht eure Ergebnisse in der Klasse.

●●○ **Aufgabe 5 mit Hilfe**

Fasst den Inhalt des Textes mit eigenen Worten zusammen.
Geht so vor:

a Bringt die Sätze der folgenden Zusammenfassung in die richtige Reihenfolge.
b Ergänzt die fehlenden Wörter.
c Übertragt den Text fehlerfrei in euer Heft.

A   *Uhus leben in ... und Asien. In Deutschland war der Uhu fast verschwunden, weil er häufig gejagt wurde. Auch heute gibt es in Deutschland, der Schweiz und Österreich nur noch wenige ...*

B   *Die größten ... des Uhus sind der Mensch, ... und Habichte.*

C   *Die Uhus jagen auf folgende Weise: Sie fliegen lautlos auf ihre ... zu und schnappen sie sich mit ihren Greiffüßen. Im Flug tragen sie diese weg, um sie zu töten und zu fressen.*

D   *Der Uhu ist ein Vogel der Nacht. Uhus haben leuchtend orangefarbene Augen, einen großen Kopf und ein braun-beiges Gefieder. Sie können ihren ... sehr weit drehen. So ist es ihnen sogar möglich, über die rechte Schulter zu schauen, wenn sie den Kopf nach links drehen.*

13.3 Informationen veranschaulichen – Arbeitsergebnisse präsentieren

Nach einem Besuch im Zoo haben sich Kerim, Anna, Janina und Yunus mit dem Uhu näher beschäftigt. Für einen Vortrag über den Uhu bereiten sie ihre Arbeitsergebnisse wie folgt vor:

Kerim:

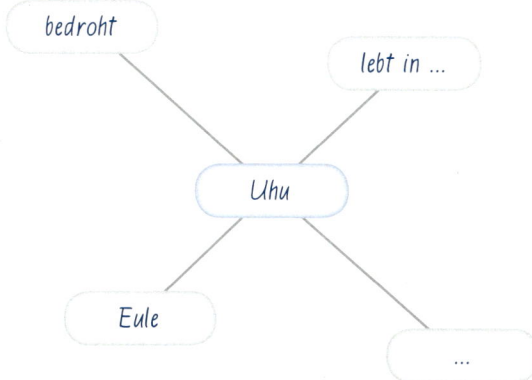

Anna:

Der Uhu

Aussehen: ...

Verbreitung: ...

Jagd: ...

Feinde: ...

... ...

1 Wer hat welche Arbeitstechnik benutzt?
Ordnet die vier Schülernamen, die bei den vier Abbildungen auf dieser und der nächsten Seite stehen, den folgenden Begriffen zu:

Plakat   Ideenstern
Stichwortkarten   Flussdiagramm

Methode

Einen Ideenstern anlegen (▶ S. 38)
Der **Ideenstern** hilft euch, **Ideen** zu einem bestimmten Thema zu **finden.**
- Schreibt das Thema in die Mitte eines Blattes und hebt es farbig hervor.
- Notiert Gedanken, Merkmale oder Informationen zum Thema.
- Kreist eure Eintragungen ein und verbindet sie durch Linien mit dem Wort in der Mitte des Ideensterns.

Ein Plakat anfertigen
Ein **Plakat** ist gut geeignet, um **Fotos, Tabellen** und gut **gegliederte Texte** zu zeigen.
- Hebt die Überschrift und Zwischenüberschriften durch die Schriftgröße hervor.
- Gestaltet das Plakat übersichtlich.
- Nutzt die unterschiedliche Wirkung von Farben.
- Schreibt sauber und so groß, dass man den Text aus 10 Metern Entfernung lesen kann.
- Notiert Stichwörter oder kurze Sätze.

---

2 Wer kann es sich am besten merken?
a Lest euch die vier Methoden auf dieser und der nächsten Seite mehrmals durch.
b Klappt das Buch zu und erklärt mit eigenen Worten eine dieser Methoden.

3 Welche dieser vier Methoden kennt ihr genauer? Benennt Vor- und Nachteile.

Janina:

Karte 1
Aussehen der Uhus: ...
Kopf: ...
Gefieder: ...

Karte 2
Uhus: ...
auf der Jagd: ...
in Europa: ...

Karte 3
Feinde der Uhus: ...
Mensch: ...
Tiere: ...

Yunus:

Wie jagen Uhus ihre Beute?

lauern geduldig
↓
blitzschneller ...
↓
Zugriff mit ...
↓
...
↓
Beute wird ... mit ...

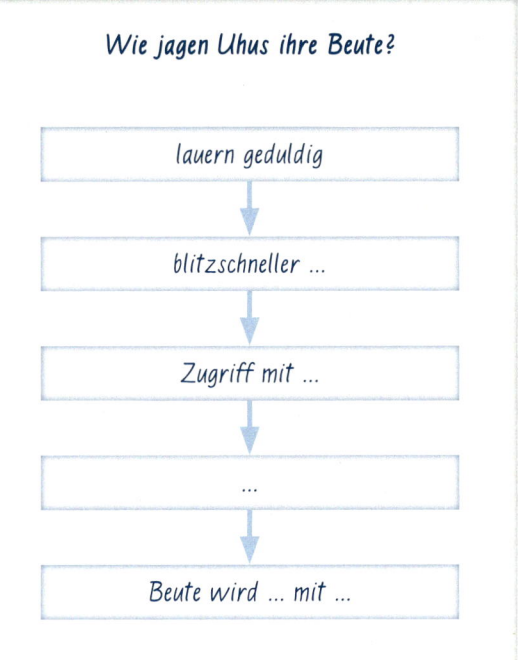

Methode

Stichwortkarten anlegen
Stichwortkarten helfen, einen Vortrag sicherer zu präsentieren.
- Notiert nur Stichwörter, keine ganzen Sätze.
- Schreibt groß und deutlich.
- Lasst alles Unwichtige weg.
- Übt den Vortrag mit den Stichwortkarten.
- Schaut eure Zuhörer beim Vortrag an.

Ein Flussdiagramm anfertigen
Ein **Flussdiagramm** bildet **Zusammenhänge** oder **Abläufe** anschaulich ab.
- Tragt wichtige Informationen oder Zusammenhänge in das Flussdiagramm ein.
- Notiert nur Stichwörter und umrahmt sie.
- Achtet auf eine sinnvolle Reihenfolge eurer Stichwörter.
- Zeichnet Pfeile von Rahmen zu Rahmen.

4 a Bereitet ein Thema eurer Wahl (z. B. Tiere, Schelme, Filmfiguren ...) für einen Vortrag vor.
Tipp: Ihr könnt das Thema „der Uhu" fertig vorbereiten.
b Teilt euch in Gruppen auf.
c Entscheidet euch für eine Methode, mit der ihr eure Ergebnisse veranschaulichen wollt.
d Stellt eure Ergebnisse vor und bewertet sie.

Schreibwörter ▶ S. 212

das Mäppchen	das Lineal	die Schultasche	das Flussdiagramm	mitbringen
der Radiergummi	das Plakat	das Hausaufgabenheft	sich konzentrieren	einpacken

Orientierungswissen

Sprechen und Zuhören

Gesprächsregeln ▶ S. 22–23

Gespräche sollten nach bestimmten Regeln ablaufen.
Gesprächsregeln dienen dazu, dass man sich besser versteht und jeder zu Wort kommen kann.
Die wichtigsten Gesprächsregeln sind:

- Jeder äußert sich nur zu dem Thema, um das es geht.
- Wir melden uns zu Wort und reden nicht einfach los.
- Wir lassen andere ausreden.
- Wir hören anderen aufmerksam zu.
- Niemand wird beleidigt, verspottet oder ausgelacht.
- Wir befolgen die Hinweise der Gesprächsleiterin oder des Gesprächsleiters.

Meinungen begründen ▶ S. 24, 29–30

Um andere von der eigenen **Meinung** zu überzeugen, braucht man gute **Begründungen (Argumente)**, z. B.:
Ich bin der Meinung, dass wir in den Zoo fahren sollten, weil man dort viele Tierarten kennen lernen kann.
Wir sollten unseren Klassenraum streichen, denn die Wände sind schmutzig.
Eine Begründung (ein Argument) lässt sich z. B. mit folgenden **Verknüpfungen** einleiten:
weil, da, denn, deshalb, nämlich.
Je bessere Begründungen man für seine Meinung formuliert, desto überzeugender ist man.

Sich einigen (Kompromisse finden) ▶ S. 27

Bei verschiedenen Meinungen zu einem Problem ist es ratsam, sich zu einigen.
Man muss ein wenig von der eigenen Meinung abrücken, um eine gemeinsame Lösung zu finden.
Man sagt, man einigt sich auf einen **Kompromiss.**

Schreiben

Einen Brief schreiben

▶ S. 13, 20

In einem persönlichen Brief richtet sich der **Absender** (die Person, die den Brief schreibt) an eine Person oder Gruppe, das ist der Empfänger/der **Adressat.**
Jeder persönliche Brief enthält:

- **Ort und Datum,** z. B.:
  Bonn, den 14. September 2012 oder:
  Bonn, 14. 09. 12
- eine **Anrede** mit Ausrufezeichen oder
  Komma, z. B.: *Lieber Asmen!*
  Liebe Oma, lieber Opa,
- persönliche **Anredewörter** (in der
  2. Person kleingeschrieben), z. B.:
  dir, dein, euch, euer/eure
- **Erfahrungen, Gefühle, Fragen** und
  Antworten, die den Empfänger
  interessieren könnten
- einen **Abschiedsgruß,** z. B.:
  Viele Grüße   Bis bald
  Alles Liebe   Liebe Grüße
- eure **Unterschrift,** z. B.:
  deine Ellen   dein Marek
  eure Laura   euer Tarek

> *Berlin, den 14. September 2012*
>
> *Lieber Asmen!*
>
> *Endlich ist Freitag!! Aber die erste Schulwoche war eigentlich ganz schön. Am ersten Tag habe ich gar nichts mitbekommen, so aufgeregt war ich. In der Aula haben die Schüler aus der 6. Klasse etwas für uns aufgeführt. Das wird hier immer so gemacht. Nächstes Jahr dürfen wir das auch.*
> *In deinem letzten Brief hast du gefragt, ob Kira auch an meiner Schule ist.*
> *Ja! Sie sitzt sogar neben mir!*
> *Wie geht es dir denn so?*
> *Und wie gefällt dir deine neue Schule?*
> *Ich vermisse dich sehr!*
>
> *Liebe Grüße*
> *deine Franziska*

Meinungen begründen, schriftlich überzeugen

▶ S. 29–36

Die **schriftliche Begründung einer Meinung** zu einem Thema sollte einem bestimmten Aufbau folgen. Auf diese Weise versteht der Empfänger (der Adressat) besser,

- worum es geht,
- wie die wichtigsten Begründungen lauten und
- was gewünscht oder gefordert wird.

Gliederungsvorschlag für eine schriftliche Begründung, z. B. für eine E-Mail:

1 Anrede:	*Sehr geehrter Herr Meyer, Liebe Daniela,* (Komma nicht vergessen)	
2 Einleitung:	Worum es geht, z. B.: *ich habe über die folgende Frage nachgedacht …*	
	ich schreibe dir zum Thema …	
3 Meinung:	*Meiner Meinung nach sollte … Ich bin der Meinung, dass …*	
4 Begründungen:	mindestens zwei Begründungen mit Verknüpfungswörtern, z. B.:	
	Ich schlage das vor, weil …	
	Außerdem muss man bedenken, dass …	
5 Schluss:	z. B. ein Wunsch: *Ich würde mich freuen, wenn Sie/wenn du …*	
6 Gruß und Name:	*Mit freundlichen Grüßen Viele Grüße*	

Erzählen

Erlebnisse spannend erzählen (Erlebniserzählung) ▶ S. 39–42

- Wer erzählt, gibt ein **wirkliches oder ein erdachtes Erlebnis** wieder.
  Um den Leser zu fesseln, ist es ratsam, die Erzählung in Form einer **Lesefieberkurve** aufzubauen
  (▶ S. 39).
  - **Einleitung:** Erste **W-Fragen** werden beantwortet, z. B.: **Wo** und **wann** spielt die Geschichte?
    Auch sollte mindestens eine Hauptfigur **(Wer?)** vorgestellt werden.
  - **Hauptteil:** Die Handlung wird schrittweise bis zum **Höhepunkt** der Geschichte gesteigert.
    Der Leser soll „mitfiebern", was nun passieren wird.
  - **Schluss:** Die Spannung wird aufgelöst. Man erzählt, wie die Handlung ausgeht.
- Eine Geschichte wird besonders spannend, wenn man **Schlingen auslegt,** z. B. indem man ein
  Geschehen nur andeutet, falsche Fährten legt oder eine harmlose Situation so wendet, dass sie
  gefährlich wird (▶ S. 40).
- Eine Erzählung wirkt in der Regel **lebendiger,** wenn man **wörtliche Rede** einsetzt (▶ S. 42).
- Die **Überschrift** soll den Leser neugierig machen, aber noch nicht zu viel verraten.
- Eine Geschichte wird in der Regel im **Präteritum** (einfache Vergangenheit) erzählt, z. B.:
  ich schlief, ich hörte, ich ging.

Nach Bildern erzählen (Bildergeschichte) ▶ S. 41–42, 51–52

Spannende Geschichten kann man auch mit Hilfe von Bildern erzählen.
Die Bilder zeigen meist die wichtigsten Momente der Geschichte. Geht so vor:

- Seht euch **jedes Bild genau** an und findet heraus, worum es in der Bildergeschichte geht. Achtet
  auch auf Kleinigkeiten und schaut, welchen **Gesichtsausdruck** (Mimik) und welche **Körper-
  sprache** (Gestik) die Figuren haben.
  Tipp: Stellt euch die Geschichte wie einen Film vor. Welches Bild zeigt den Höhepunkt?
- Sammelt Ideen für eine Geschichte. Notiert zu jedem Bild einige **Stichwörter.**
- Notiert auch, was **zwischen den Bildern** passiert sein könnte.
- Plant den Aufbau eurer Erzählung. Legt die Erzählschritte in Form einer **Lesefieberkurve** mit
  Einleitung, Hauptteil und Schluss fest (▶ S. 39).

Nach Reizwörtern erzählen (Reizwortgeschichte) ▶ S. 40, 112

Bei einer **Reizwortgeschichte** wird mit Hilfe **vorgegebener Wörter** eine Geschichte erzählt.
- **Alle** vorgegebenen **Reizwörter** sollen in der Geschichte vorkommen.
- Die **Reihenfolge** der Reizwörter darf **beliebig** umgestellt werden.
Geht so vor:
- Notiert mit Hilfe der Reizwörter weitere **Ideen** für eure Geschichte.
- Plant den Aufbau eurer Reizwortgeschichte. Legt die Erzählschritte in Form einer **Lesefieberkurve**
  mit Einleitung, Hauptteil und Schluss fest (▶ S. 39).

Eine Geschichte nacherzählen (Nacherzählung) ▶ S. 90–91

Die Textvorlage verstehen: Wenn ihr eine Geschichte nacherzählt, ist es wichtig, dass ihr die ursprüngliche Geschichte genau verstanden habt. Geht so vor:

- Lest die Geschichte mehrmals und notiert in Stichworten Antworten zu den folgenden Fragen:
  - Wer sind die Hauptfiguren der Geschichte?
  - Wo (Ort) und wann (Zeit) spielt das Geschehen?
  - Was geschieht nacheinander (Handlung) und wo liegt der Höhepunkt der Geschichte?

Die Nacherzählung schreiben:

- Beachtet **die richtige Reihenfolge der Erzählschritte.** Haltet euch an den Handlungsverlauf der ursprünglichen Geschichte.
  - Verzichtet auf zu viele Einzelheiten und verwendet möglichst **eigene Worte.**
  - Achtet auf **abwechslungsreiche Satzanfänge.**
  - Verwendet die **Zeitform der Textvorlage** (meist einfache Vergangenheit).

Einen Erzählkern ausgestalten ▶ S. 47

Mit einem vorgegebenen **Erzählkern** wird ganz knapp wiedergeben, was geschehen ist.
Erzählkerne fordern meist die Fantasie des Lesers heraus.
Um Erzählkerne zu spannenden Geschichten auszugestalten, sollte man sich Fragen stellen wie:

- Was könnten die **Figuren** alles **sagen?** Wie könnten sie es sagen?
- Was könnten die **Figuren gefühlt** haben? Waren sie ängstlich oder fröhlich?
- Was könnten sie alles **wahrgenommen haben?** Was sahen, rochen, spürten sie?

Beschreiben ▶ S. 54–68

In einer Beschreibung wird ein Tier (z. B. **Tierbeschreibung**), eine Person oder ein Vorgang (z. B. **Bastelanleitung**) so dargestellt, dass jemand, der das Beschriebene nicht kennt, eine genaue Vorstellung von dem Tier, der Person oder dem Vorgang bekommt.
Eine Beschreibung muss **anschaulich und genau** und sein. Beschreibungen stehen im **Präsens.**

Ein Tier beschreiben ▶ S. 55–57

Damit man sich **ein Tier** (z. B. für eine Suchanzeige) **ganz genau vorstellen** kann, sollte das Tier so anschaulich wie möglich beschrieben werden.

- Beginnt mit der **Tierart** (und dem **Namen**).
- Nennt das **Alter**, die **Größe** sowie das **Gewicht** und beschreibt die **Farbe**, die **Kopf-** und die **Körperform.**
- Vergesst nicht, auf die **einzelnen Merkmale** einzugehen. Beschreibt Formen und Farben einzelner Körperteile genauer. Der Blick „wandert" vom Kopf über den Körper.
- Am Ende nennt ihr **besondere Kennzeichen** und **auffällige Verhaltensweisen.**
- Schreibt in der **Gegenwartsform** (Präsens, ▶ S. 238).
- Verwendet für die Beschreibung passende **Adjektive für Farben und Körperformen** (▶ S. 57, 67).

Einen Vorgang beschreiben (Bastelanleitung)   ▶ S. 61–65

Bei einer **Vorgangsbeschreibung** wird ein Vorgang so beschrieben, dass ihn eine **andere Person nachmachen kann.** Vorgangsbeschreibungen sind z. B.:
Bastelanleitungen, Kochrezepte oder Gebrauchsanweisungen.

- Am Anfang einer Vorgangsbeschreibung nennt man die benötigten **Materialien.**
- Anschließend beschreibt man die einzelnen **Schritte** des Vorgangs **genau** und in der **richtigen Reihenfolge.**
- Mit **unterschiedlichen Satzanfängen** kann man die Reihenfolge der Schritte abwechslungsreich formulieren, z. B. *Am Anfang ..., Zuerst ..., Anschließend ..., Zuletzt ...*
- Eine Vorgangsbeschreibung steht in der **Gegenwartsform** (Präsens, ▶ S. 238).

Einen Steckbrief schreiben   ▶ S. 12, 55

Steckbriefe für Tiere oder Personen sollten alle wichtigen **Informationen** enthalten, sodass man das Tier oder den Menschen **wiedererkennen** kann, z. B. wenn das Tier entlaufen ist oder der Mensch vermisst wird.
Tipp: Ergänzt eure Beschreibungen am besten durch ein **Foto.**

- **Steckbrief für eine Person:**
  Nennt **Name, Geburtstag, Wohnort, Familie, Hobbys, Haustiere,** ...
- **Steckbrief für ein Tier:**
  1. **Tierart, Name,** z. B.: *ist ein Border Collie, hört auf den Namen Tylor*
  2. **Alter, Größe, Gewicht,** z. B.: *ist 4 Jahre alt, 55 cm groß, 20 Kilo schwer*
  3. **Farbe des Fells (Gefieders, der Haut),** z. B.: *hat schwarzweiß glänzendes Fell*
  4. **Körperbau,** z. B.: *ist muskulös, hat einen rundlichen Kopf mit langer Schnauze*
  5. **besondere Merkmale,** z. B.: *besitzt weiße Vorderpfoten, linke Hinterpfote ist gefleckt*
  6. **Auffälligkeiten im Verhalten,** z. B.: *ist sehr verspielt und zutraulich*

Eine Suchanzeige für ein Tier schreiben   ▶ S. 56–60, 66–68

Mit einer **Suchanzeige** richtet man sich an **Menschen,** die einem **helfen sollen,** das vermisste Tier (oder die vermisste Person) **wiederzufinden.** Sie sollte wie folgt aufgebaut sein:

Überschrift	*Seltener Tukan ... Farbenfroher Vogel ...*
Einleitungssatz	*Seit Donnerstag (...) ... Wir vermissen seit ...*
Beginn der Beschreibung	*Der etwa ... Jahre alte ... ist etwas größer als ein ...*
Tierart, Name, Alter, Größe, Farbe, Körper	*Sein Gefieder ist überwiegend ...*
Hauptteil	*Der Kopf des ... Sein ... Schnabel weist nah am Kopf*
einzelne Merkmale (ihre Formen und Farben)	*einen ... Ring auf. Seine Schwanzfedern ...*
	An den ... Beinen hat der Tukan ... Krallen. ...
Schluss	*Besonders auffällig ist, dass ...*
besondere Kennzeichen	*Als besonderes Kennzeichen fällt ... auf.*
auffälliges Verhalten	
Kontaktadresse	*Bitte melden bei ... Unsere Telefonnummer: ...*
Dank	*Vielen Dank für Ihre ... Wir sind für jeden Hinweis ...*

Lesen – Umgang mit Texten und Medien

Erzählung

Eine Erzählung ist eine Geschichte, in der von Ereignissen erzählt wird, die tatsächlich passiert sind oder die erfunden sein können.

Die Figuren einer Geschichte ▶ S. 73

In Erzählungen spielen **Figuren** eine wichtige Rolle. Die wichtigste Figur nennt man **Hauptfigur.**
Man lernt eine Figur kennen, wenn man darauf achtet, was sie **redet, denkt, fühlt** und wie sie **handelt.**
Auch Tiere können handelnde Figuren in Erzähltexten sein, z. B. in einem Märchen.

Die Schauplätze einer Geschichte ▶ S. 75

Das, **was in einer Erzählung passiert,** geschieht immer an bestimmten Schauplätzen.
In manchen Erzählungen spielt der Schauplatz eine besonders wichtige Rolle.
Schauplätze verraten häufig **etwas über** die **Figuren** und die **Stimmung** der Erzählung.

Erzählweisen unterscheiden ▶ S. 39–42, 50, 89

Spannend wird erzählt, wenn ...
- Zeit und/oder Ort unheimlich wirken,
- von einer gefährlichen Situation erzählt wird,
- Rätselhaftes geschieht oder der Ausgang eines Geschehens ungewiss bleibt,
- spannungssteigernde Wörter und Wendungen verwendet werden, z. B.: *schlagartig, auf unheimliche Weise.*

Lustig wird erzählt, wenn ...
- eine Situation zum Lachen reizt, weil z. B. etwas wortwörtlich genommen wird,
- eine Figur auftaucht, die durch ihr Aussehen, ihre Redeweise oder ihr Verhalten komisch wirkt, z. B. ein Narr oder Schelm,
- lustige Namen verwendet werden,
- etwas stark übertrieben wird,
- eine Sprache verwendet wird (z. B. eine besonders vornehme), die nicht zur Situation passt.

Komische Geschichten (Schelmengeschichte) ▶ S. 86–100

Lustige Geschichten erzählen oft von **außergewöhnlichen, komischen** oder **witzigen Ereignissen.**
Die **Figuren** sind Spaßvögel, sie sind lustig oder gewitzt – manchmal auch Betrüger.
Häufig nennt man sie auch **Schelme oder Narren.**
Sie spielen **Streiche,** machen sich über ihre Mitmenschen lustig oder bringen sie zum Lachen.
Besonders bekannt sind die Streiche von **Till Eulenspiegel,** der absichtlich Aussagen anderer Menschen falsch versteht bzw. wortwörtlich nimmt (z. B. ▶ S. 88–89).
Ebenfalls bekannt sind die Schelmengeschichten von **Nasreddin Hodscha.** In den Geschichten wird Nasreddin als ein kluger Mann vorgestellt, der zu jeder Situation eine witzige Antwort oder Lebensweisheit hat (▶ S. 90–92).
Beliebt sind auch die **Schildbürger**-Geschichten, denn alles, was die so genannten Einwohner der frei erfundenen Stadt Schilda taten, machten sie falsch (▶ S. 95–97).

Märchen

▶ S. 101–116

Die Figuren

- In vielen Märchen treten typische Figuren auf wie
  Königinnen und Könige, Prinzessinnen und Prinzen, (böse) Stiefmütter oder Handwerker.
- In Märchen kommen auch fantastische Gestalten vor wie
  Feen, Zauberer, Hexen, Riesen, Zwerge sowie sprechende Tiere und Gegenstände.

Die Handlung

- Meistens treffen im Märchen Gegensätze aufeinander wie
  gut und böse, jung und alt, schön und hässlich, schlau und dumm oder fleißig und faul.
- Am Ende wird in der Regel das Gute belohnt und das Böse bestraft.
- Eine Figur muss meist Prüfungen bestehen oder schwierige Aufgaben erfüllen (häufig drei).
- Oft passieren wundersame Dinge, die in der Wirklichkeit nicht vorkommen.

Die Erzählweise

- Viele Märchen beginnen mit: *„Es war einmal …“* und enden mit:
  „Und wenn sie nicht gestorben sind, dann leben sie noch heute.“
- Die Zahlen 3, 7, 12 spielen oft eine Rolle, z. B.: *drei Wünsche, sieben Zwerge, zwölf Brüder.*
- Häufig kommen Reime und Zaubersprüche vor, die im Text mehrmals wiederholt werden.

Der Ort und die Zeit

- Ort und Zeitpunkt der Handlung bleiben ungenau, z. B.: *vor langer Zeit, hinter den Bergen …*
- Märchen werden in der Regel im **Präteritum** (einfache Vergangenheit, ▶ S. 238) erzählt.

Gedichte

▶ S. 117–128

Der Vers (Plural: die Verse)
Die einzelnen Zeilen eines Gedichts heißen Verse.

Die Strophe (Plural: die Strophen)
Mehrere Verse, die deutlich zusammenstehen, nennt man Strophe. Meist sind die einzelnen Strophen durch eine leere Zeile voneinander getrennt.
Häufig bestehen Gedichte aus mehreren, gleich langen Strophen.

Der Reim (Plural: die Reime)
Wörter **reimen** sich, wenn die Vokale und die folgenden Buchstaben gleich klingen, z. B.:
g**ut** – M**ut**, kl**ingen** – s**ingen**, B**aum** – Tr**aum**.
Meist stehen die Wörter, die sich reimen, am Ende des Verses.
Man kennzeichnet die Reime alphabetisch mit Kleinbuchstaben.
Jeder Reim, der gleich klingt, bekommt denselben Buchstaben.
So erhält man das **Reimschema** und den **Namen** des Reimes:
aabb = Paarreim → Hut, gut, Band, stand
abab = Kreuzreim → dein, Meer, Bein, sehr
abba = umarmender Reim → wollen, Leine, seine, tollen

Besondere Gedichtformen sind:

Das Elfchen (▶ S. 127)
Ein Elfchen besteht aus **elf Wörtern in fünf Versen.**
Für jeden Vers wird eine Regel formuliert. So muss z. B. im ersten Vers mit einem Wort eine Farbe genannt werden und im zweiten Vers mit zwei Wörtern ein Tier, das zu dieser Farbe passt usw.

Das Stufengedicht (▶ S. 127)
Ein Stufengedicht kann aus **unterschiedlich vielen Versen** bestehen. Das Stufengedicht beginnt in der Regel mit **einem Wort.** Der zweite Vers enthält **zwei Wörter,** der dritte Vers **drei Wörter** usw.

Das Parallelgedicht (▶ S. 128)
Das Wort **parallel** bedeutet „gleich, ähnlich, verwandt".
In einem Parallelgedicht stellt man etwas ähnlich wie im Originalgedicht dar.
Vor allem die **Form** bleibt gleich (z. B. Paarreim, Strophenzahl).

Sachtexte ▶ Kapitel 4, 10, 13

- Sachtexte sind z. B. Lexikonartikel, Tierbeschreibungen (▶ S. 57), Bastelanleitungen (▶ S. 61–64) oder auch Diagramme (▶ S. 151, 152).
- Sachtexte unterscheiden sich von literarischen Texten (z. B. einem Märchen oder einem Gedicht) dadurch, dass sie sich vorwiegend mit wirklichen (realen) Ereignissen und Vorgängen beschäftigen und sachlich **informieren wollen.**

Einen Sachtext lesen und verstehen (Fünf-Schritt-Lesemethode) ▶ S. 149, 223

1. und 2. Schritt: Worum geht es in dem Text?
Lest den Text zügig. Wovon handelt er?
Notiert,
- was ihr schon wusstet,
- was für euch neu ist und
- worüber ihr gern noch mehr wissen möchtet.

3. Schritt: Den Text ein zweites Mal lesen und wichtige Wörter unterstreichen
Lest den Text ein zweites Mal und unterstreicht die Wörter, die besonders wichtig sind, um den Inhalt des Textes zu verstehen **(Schlüsselwörter).**

4. Schritt: Zwischenüberschriften finden
Fasst die einzelnen Abschnitte des Textes durch eigene Zwischenüberschriften zusammen.

5. Schritt: Den Inhalt wiedergeben
Gebt den Inhalt des gesamten Textes mit möglichst eigenen Worten wieder.
Orientiert euch an den Schlüsselwörtern und euren Zwischenüberschriften.

Theater
▶ S. 131–139

In einem Theaterstück gibt es Rollen, die von Schauspielerinnen und Schauspielern gespielt werden. Die **Handlung** wird **durch** die **Gespräche** zwischen den Personen auf der Bühne **ausgedrückt.** Im Theater sprechen die Schauspieler aber nicht nur ihren Text, sie gebrauchen auch ihre **Stimme** (Sprechweise und Betonung), ihre **Körpersprache** (Gestik) und ihren **Gesichtsausdruck** (Mimik), um Gefühle und Stimmungen auszudrücken.

Wichtige Theaterbegriffe sind:

- **Die Rolle:** Rolle nennt man die Figur, die eine Schauspielerin oder ein Schauspieler auf der Bühne oder in einem Film verkörpert, z. B. die Rolle des Löwen, die Rolle des Ritters usw.
- **Die Szene:** Eine Szene ist ein abgeschlossener Teil eines Theaterstücks. Eine Szene endet, wenn neue Figuren auftreten oder alte Figuren abtreten. Meistens erlischt am Ende einer Szene auch die Bühnenbeleuchtung.
- **Die Regieanweisungen:** Regieanweisungen geben Hinweise darauf, wie die Figuren reden und sich verhalten sollen. Sie stehen oft in Klammern und/oder sind *kursiv* (schräg) gedruckt.
- **Der Dialog:** Wenn sich zwei oder mehrere Personen im Alltag, als Figuren auf einer Theaterbühne oder im Film unterhalten oder streiten, nennt man das einen Dialog.
- **Der Monolog:** Im Unterschied zu einem Dialog spricht man von einem Monolog, wenn jemand mit sich selbst spricht oder längere Zeit alleine redet.

Fernsehen
▶ S. 142, 144

Informationssendungen und Unterhaltungssendungen
Fernsehsendungen verfolgen verschiedene Zwecke. Sie können **informieren** oder **unterhalten.**

- Zu den Sendungen, die informieren, zählen z. B. Nachrichtensendungen wie „logo!", „Tagesschau", „heute" oder „Expeditionen ins Tierreich".
- Zu den Sendungen, die vor allem unterhalten, gehören Spielfilme, Shows („Das Supertalent") und Fernsehserien, in denen eine Geschichte erzählt wird.

Die Fernsehserien
Serien werden im Fernsehen **täglich oder wöchentlich gesendet.** Man spricht auch von Soap (engl. soap opera = Seifenoper).

Die Handlung einer Serienfolge besteht meist aus mehreren Handlungssträngen, die im Wechsel gezeigt werden. In jedem Handlungsstrang wird eine kleine Geschichte erzählt.

Die Kameraeinstellungen
In Spielfilmen oder Fernsehserien werden verschiedene Kameraeinstellungen verwendet.

- **Halbnah:** Personen werden von der Hüfte aufwärts gezeigt. Der Gesichtsausdruck (die Mimik) ist erkennbar. Auch die unmittelbare Umgebung ist zu sehen.
- **Nah:** Man sieht Kopf und Schultern von Personen. Der Gesichtsausdruck ist sehr gut zu erkennen. Man kann leicht auf besondere Gefühle schließen.
- **Detail:** Ein bestimmter Ausschnitt wird groß dargestellt, z. B. Augen, Mund oder ein Gegenstand. Das Detail hat eine besondere Bedeutung.

Nachdenken über Sprache

Wortarten

Das Nomen (Plural: die Nomen) – Der Artikel als Begleiter ▶ S. 154

Die meisten Wörter in unserer Sprache sind **Nomen** (auch: Hauptwörter, Substantive).
Nomen bezeichnen:

- **Lebewesen,** z. B.: *die Mutter, das Kind, Tim, der Hund*
- **Dinge,** die man anfassen kann, z. B.: *das Haus, der Schreibtisch, der MP3-Player*
- **Gedanken und Ideen,** z. B.: *Angst, Mut, Freude, Ferien, Freundschaft*

Alle Nomen werden immer **großgeschrieben.**

Vor ein Nomen kann man *der, die, das* setzen. Diese kleinen Begleiter nennt man **bestimmte Artikel,**
z. B.: ***der*** *Hase,* ***die*** *Uhr,* ***das*** *Mädchen.*

Genus (grammatische Geschlecht; Plural: die Genera) ▶ S. 155–156

Nomen werden nach ihrem grammatischen Geschlecht (das Genus) unterschieden. Das Geschlecht
erkennt man an dem **Artikel,** der das Nomen begleitet. Ein Nomen ist entweder:

- **männlich** (Maskulinum), z. B.: ***der*** *Stift,* ***der*** *Regen,* ***der*** *Hund*
- **weiblich** (Femininum), z. B.: ***die*** *Uhr,* ***die*** *Sonne,* ***die*** *Katze*
- **sächlich** (Neutrum), z. B.: ***das*** *Buch,* ***das*** *Eis,* ***das*** *Kind*

Das **grammatische Geschlecht** eines Nomens stimmt **nicht immer** mit dem **natürlichen Geschlecht**
überein, z. B.: ***das*** *Mädchen,* ***das*** *Kind* (▶ S. 156, Aufgabe 2b).

Nomen im Singular (Einzahl) oder Plural (Mehrzahl) ▶ S. 156–157

Nomen stehen entweder in der **Einzahl (Singular)** oder in der **Mehrzahl (Plural).**

- **Singular** (Einzahl), z. B.: *der Wald, die Jacke, das Haus*
- **Plural** (Mehrzahl), z. B.: *die Wälder, die Jacken, die Häuser*

Die Fälle (der Fall; der Kasus; Plural: die Kasus, mit langem *u* gesprochen)

Im Satz können die **Endung des Nomens und sein Artikel unterschiedliche Formen** annehmen.
Man sagt, das Nomen steht in einem bestimmten **Fall (Kasus).**
Im Deutschen gibt es **vier Fälle.** Durch Fragen kann man diese Fälle ermitteln.

Fall (Kasus)	Frage	Beispiel
1. Fall: **Nominativ**	Wer … *oder* was …?	*Der Junge liest ein Buch.*
2. Fall: **Genitiv**	Wessen …?	*Das Buch des Jungen ist spannend.*
3. Fall: **Dativ**	Wem …?	*Ein Mädchen schaut dem Jungen zu.*
4. Fall: **Akkusativ**	Wen … *oder* was …?	*Sie beobachtet den Jungen genau.*

Meist ist der Kasus am veränderten Artikel des Nomens erkennbar, manchmal auch an der Endung
des Nomens, z. B.: *der Mann* (Nominativ) → ***des*** *Mannes* (Genitiv).
Wenn man ein Nomen in einen Fall (Kasus) setzt, nennt man das **beugen (deklinieren).**

Der Artikel (Plural: die Artikel)
► S. 154, 155, 157

Ein Nomen kann durch einen **bestimmten Artikel** begleitet werden: *der, die, das.*
Vor einem Nomen kann aber auch ein **unbestimmter Artikel** stehen: *ein, eine, ein.*
Der unbestimmte Artikel wird verwendet, **wenn etwas noch nicht näher bekannt ist.**
Der unbestimmte Artikel kommt nur in der Einzahl (Singular) vor.

	bestimmter Artikel		unbestimmter Artikel	
	Singular	Plural	Singular	Plural
männlich	*der* Stift	*die* Stifte	*ein* Stift	– *Stifte*
weiblich	*die* Uhr	*die* Uhren	*eine* Uhr	– *Uhren*
sächlich	*das* Buch	*die* Bücher	*ein* Buch	– *Bücher*

Das Adjektiv (das Eigenschaftswort; Plural: die Adjektive)
► S. 160

- Adjektive beschreiben **Eigenschaften** von Lebewesen, Dingen, Gedanken und Ideen genauer.
- Adjektive stehen im Satz in der Regel **vor** ihrem **Nomen.** Sie stehen im gleichen Kasus, z. B.:
  1. Fall: *der **dicke** Pirat;* 2. Fall: *des **dicken** Piraten;* 3. Fall: *dem **dicken** Piraten;* 4. Fall: *den **dicken** Piraten.*
- Außer am Satzanfang werden Adjektive **kleingeschrieben.**

Adjektive steigern
► S. 161

Adjektive lassen sich steigern. So kann man Vergleiche anstellen, z. B.:
*Die linke Schildkröte ist **dick,** die mittlere ist **dicker,** die rechte ist **am dicksten.***

Vergleiche mit *wie* und *als*
- Man vergleicht mit **„wie",** wenn etwas ähnlich oder gleich ist, z. B.: *Du bist so groß wie ich.*
- Sind Dinge unterschiedlich, vergleicht man mit **„als",** z. B.: *Mein Bruder ist älter als ich.*

Das Verb (das Tätigkeitswort; Plural: die Verben)
► S. 163–164

Mit **Verben** gibt man an, **was jemand tut** (z. B. *laufen, reden, lachen*) oder **was geschieht** (z. B. *regnen, brennen*). Verben werden **kleingeschrieben.**

- In ihrer **Grundform** enden die Verben auf **-(e)n.** Diese Grundform heißt **Infinitiv.**
  Oft verändern Verben im Satz ihre Form. Sie richten sich nach dem Wort, auf das sie sich beziehen. Man nennt diese Form auch die **Personalform,** z. B.:
  Die Bären brumm**en.**   **Der Bär** brumm**t.**   **Die Pferde** wiehern.   **Das Pferd** wiehert.
     Plural   Singular   Plural   Singular

- **Verben verändern sich im Satz.** Das nennt man **Konjugation** oder **Beugung,** weil sich das Verb im Satz nach der Personalform richten muss. Das Verb beugt sich also der Personalform und verändert sich.
  Sollt ihr ein Verb konjugieren, so sollt ihr die einzelnen Personalformen des Verbs aufsagen, z. B. für „lesen": *ich lese, du liest, er/sie/es liest, wir lesen, ihr lest, sie lesen.*

Die Zeitformen der Verben ▶ S.114, 164–165

Verben kann man **in verschiedenen Zeitformen** (Tempora) verwenden, z.B. in der **Gegenwartsform** (Präsens) oder in der **einfachen Vergangenheitsform** (Präteritum).
Die Zeitformen der Verben sagen uns, **wann** etwas passiert.

- **Die Gegenwartsform** (das Präsens):
  - Sie wird meist verwendet, wenn man sagen will, dass etwas **jetzt geschieht,** z.B.:
    Er schreibt gerade einen Brief.
  - Die Gegenwartsform wird auch benutzt, um **Gewohnheiten** oder **Dauerzustände** zu beschreiben, also Aussagen, die immer gelten können, z.B.: *Suppe isst man mit dem Löffel.*
  - Mit dem Präsens kann man auch ausdrücken, dass etwas in der **Zukunft** liegt, z.B.:
    Morgen gehe ich ins Kino.
- **Die vollendete Gegenwart** (das Perfekt):
  Wenn man **mündlich von etwas Vergangenem erzählt** oder berichtet, verwendet man häufig das Perfekt ▶ S.108, z.B.: *Ich **habe** gerade etwas **gegessen**. Er **ist** nach Hause **gekommen**.*
- **Die einfache Vergangenheitsform** (das Präteritum):
  - Das **Präteritum** beschreibt **vergangene Vorgänge, Handlungen** oder **Zustände**.
  - Wenn man über Vergangenes **schriftlich erzählt,** dann wird in der Regel das Präteritum verwendet. Daher stehen auch die meisten **Erzählungen** im Präteritum, z.B.:
    Es war einmal *eine Königin, die **wünschte** sich ein eigenes Kind.*

Starke und schwache Verben ▶ S.166

- Einige Verben verändern je nach Zeitform und Person ihren Vokal. Diese Verben heißen **starke Verben,** weil sich einer ihrer **Vokale stark verändert,** z.B.: *Ich übernehme → Ich übernahm.*
- Verben, die ihren Vokal stets behalten, heißen **schwache Verben,** weil sich ihre **Vokale nicht verändern,** z.B.: *Ich lebe → Ich lebte.*

Für diese Veränderungen gibt es **keine Regel.** Man muss vor allem die starken Verben auswendig lernen (▶ hintere Innenseiten des Buchumschlags).

Das Personalpronomen (persönliches Fürwort; Plural: die Pronomen) ▶ S.163

Mit den Personalpronomen *(ich, du, er, sie, es, wir, ihr, sie)* kann man Nomen ersetzen, z.B.
(▶ Ersatzprobe, S.177, 240):
Die Katze möchte ins Haus. Sie miaut. Schnell lassen wir sie herein.

Paul rennt zum Bus. Er hat verschlafen und weiß, dass der Busfahrer nicht auf ihn wartet.

Verknüpfungswörter (das Bindewort; die Konjunktion) ▶ S.25

Verknüpfungswörter (Konjunktionen) **verbinden Satzteile oder Teilsätze** miteinander.
Bestimmte Verknüpfungswörter eignen sich besonders gut, um z.B. eine eigene Meinung deutlich zu begründen, z.B.: *Ich bin für die Klassenfahrt, **weil** das unsere Klassengemeinschaft stärkt.*
***Da** wir bereits gestern Pizza gegessen haben, müssen wir heute nicht schon wieder Pizza essen.*
*Wir sollten jetzt ins Kino gehen, **denn** der Film läuft nur noch heute.*

Satzglieder

Wortart und Satzglied ▶ S. 173

Man unterscheidet Wortarten und Satzglieder.

- **Einzelne Wörter** kann man nach ihrer **Wortart** (Nomen, Verb, Adjektiv, Pronomen) bestimmen und voneinander unterscheiden.
- **Satzglieder** sind die **Bausteine in einem Satz.** Oft besteht ein Satzglied **aus mehreren Wörtern** (▶ Umstellprobe, S. 173).

Satzglieder erkennen – Die Umstellprobe ▶ S. 173

- Ein Satz besteht meist aus mehreren Wörtern.
- Manche Wörter bilden im Satz untrennbare Gruppen. Man kann diese Gruppen herausfinden, wenn man den Satz umstellt (**Umstellprobe,** ▶ S. 240), z. B.: *Ich spiele mit dir.* → *Mit dir spiele ich.*
- Die Wörter im Satz und die untrennbaren Wortgruppen nennt man **Satzglieder.** Das bedeutet, das Beispiel *„Ich spiele mit dir"* besteht aus drei Satzgliedern.
- Man kann die Umstellprobe auch anwenden, um **Texte** zu **verbessern.** Der Text klingt abwechslungsreicher, wenn der Satzbau der Sätze nicht immer gleich ist.

Das Prädikat (Plural: die Prädikate) ▶ S. 174

- Prädikate werden durch Verben gebildet.
- Im **Aussagesatz** steht das **Prädikat** immer an **zweiter Stelle** nach dem ersten Satzglied.
- Das **Prädikat** gibt an, **was geschieht** oder **was jemand tut.** So ist es auch zu erfragen, z. B.:

	Der Hund	**frisst**	den Knochen.	*Frage: Was tut der Hund?* → *Er frisst.*
Satzglied	1	2	3	

Die Prädikatsklammer ▶ S. 175

- Prädikate können aus zwei Teilen bestehen. Dann steht ein Teil des Prädikats an der zweiten Stelle des Aussagesatzes (nach dem ersten Satzglied) und der andere Teil meist am Schluss, z. B.: *Der Mensch **musste** sich gegen die Natur **schützen.*** *Man **schlug** Splitter vom Feuerstein **ab.***
- Da die zwei Prädikatsteile andere Satzglieder einklammern, spricht man von einer **Prädikatsklammer.**

Das Subjekt (Plural: die Subjekte) ▶ S. 175–176

- **Das Satzglied,** das man mit **Wer oder was ...?** erfragen kann, heißt **Subjekt.**
- Das Subjekt steht immer im **Nominativ** (▶ S. 236).
- Subjekt und Prädikat eines Satzes sind eng aufeinander bezogen: Das **Subjekt bestimmt** die **Form** des <u>Prädikats</u>, z. B.:

ich fand	**du** fandest	**er/sie/es** fand	**wir** fanden	**ihr** fandet	**sie** fanden.

Das Objekt (Plural: die Objekte)   ▶ S. 176–177

- **Satzglieder,** die man mit **Wem ...?** oder mit **Wen oder was ...?** erfragen kann, heißen **Objekte.**
- Objekte, die man mit **Wem ...?** erfragt, heißen **Dativobjekte.**
- Objekte, die man mit **Wen oder was ...?** erfragt, heißen **Akkusativobjekte.**

Proben (Umstellprobe, Ersatzprobe)   ▶ S. 173, 177

- **Umstellprobe – Satzanfänge abwechslungsreich gestalten**
  Durch die Umstellprobe könnt ihr eure Texte abwechslungsreicher gestalten.
  Ihr stellt z. B. die Satzglieder so um, dass die Satzanfänge nicht immer gleich sind.
- **Ersatzprobe – Wortwiederholungen vermeiden**
  Mit der Ersatzprobe könnt ihr Satzglieder, die sich in eurem Text häufig wiederholen, durch andere Wörter ersetzen.
  Nomen lassen sich **durch Personalpronomen** (▶ S. 238) ersetzen.
  Verben tauscht man **gegen andere Verben** aus, z. B.:
  *Die Urmenschen wurden nicht sehr **alt**. Die Urmenschen wurden oft nur 30 bis 40 Jahre alt.*
  → *Die Urmenschen wurden nicht sehr alt.*   ***Sie***   ***starben** oft mit 30 bis 40 Jahren.*

Sätze

Satzarten   ▶ S. 172

Wenn man etwas aussagt, fragt oder jemanden zu etwas auffordert, verwendet man unterschiedliche Satzarten.

In der **gesprochenen Sprache** erkennt man die verschiedenen Satzarten oft an der **Stimmführung.**
- Bei einem **Aussagesatz senkt sich die Stimme** zum Ende des Satzes.
- Bei einem **Fragesatz steigt die Stimme** zum Ende des Satzes.
- Bei einem **Ausrufesatz** oder einer **Aufforderungssatz** wird die die **Stimme** zum Ende des Satzes **lauter.**

In der **geschriebenen Sprache** werden die Satzarten durch unterschiedliche **Satzschlusszeichen** beendet:
- Nach einem **Aussagesatz** steht ein **Punkt,** z. B.: *Ich gehe jetzt ins Schwimmbad.*
- Nach einem **Fragesatz** steht ein **Fragezeichen,** z. B.: *Hast du heute Zeit?*
- Nach einem **Ausrufe- oder Aufforderungssatz** steht meist ein **Ausrufezeichen,** z. B.:
  Vergesst eure Hefte nicht! Beeile dich!

Zeichensetzung

Satzschlusszeichen ▶ S.172

- Nach einem **Aussagesatz** steht ein **Punkt,** z. B.: *Ich kaufe eine Uhr.*
- Nach einem **Fragesatz** steht ein **Fragezeichen,** z. B.: *Kommst du mit?*
- Nach einem **Ausrufe- oder Aufforderungssatz** steht meist ein **Ausrufezeichen,** z. B.: *Vergesst eure Hausaufgaben nicht! Laufe schneller!*

Zeichensetzung bei der wörtlichen Rede ▶ S.42

Die **wörtliche Rede** steht in einem Text **in Anführungszeichen.** Man unterscheidet:
- Der **Redebegleitsatz vor** der wörtlichen Rede wird durch einen **Doppelpunkt** von der wörtlichen Rede abgetrennt, z. B.: *Tina rief: „Ich komme gleich zu dir!"*
- Der **Redebegleitsatz nach** der wörtlichen Rede wird durch ein **Komma** von der wörtlichen Rede abgetrennt, z. B.: *„Ich komme gleich zu dir!", rief Tina.*
- Der **Redebegleitsatz zwischen** der wörtlichen Rede wird **durch Kommas** von der wörtlichen Rede abgetrennt, z. B.: *„Ich", rief Tina laut, „komme gleich zu dir!"*

Rechtschreibstrategien ▶ S.183–196

Schwingen ▶ S.184, 185

- **Vor** dem Schreiben: Sprecht die Wörter deutlich in Silben. Zeichnet Silbenbögen in die Luft.
- **Beim** Schreiben: Sprecht die Silben leise mit. Sprecht nicht schneller, als ihr schreibt.
- **Nach** dem Schreiben: Prüft, ob ihr richtig geschrieben habt. Zeichnet dazu Silbenbögen unter jede Silbe und sprecht dabei leise mit.

Offene und geschlossene Silben ▶ S.186

Wenn ihr Wörter deutlich in Silben sprecht (schwingt), dann hört ihr, ob eine Silbe mit einem **Vokal** *(a/ä, e, i, o/ö, u/ü)* oder **Konsonanten** (z. B.: *b, d, f, g, t, s* …) endet.
Dieses Wissen ist wichtig für die richtige Schreibung des Wortes, z. B.:
- Enden Silben mit einem **Vokal,** nennt man sie **offen,** z. B.: Blu se.
- Enden Silben mit einem **Konsonanten,** nennt man sie **geschlossen,** z. B.: Klas sen.

Verlängern ▶ S.188–189

- Bei **Einsilbern und Zweisilbern** kann man besonders am Wortende Buchstaben verwechseln oder nicht immer sicher zuordnen, z. B.:
  - Einsilber: *das Bad, der Tag, der Stab, der Biss, das Schiff,*
  - Zweisilber: *der Anpfiff, erlaubt, beliebt, der Abend, traurig, kaputt.*
- Damit man Einsilber und Zweisilber schwingen kann, um auch die schwierigen Buchstaben sicher zu hören, muss man eine Silbe anfügen: Man **verlängert** sie, z. B.:

Einsilber:	*der Ber g*	*still*	*renn t*
Verlängerte Einsilber:	*die Ber ge*	*stil ler als*	*wir ren nen*

Zweisilber:	*be leb t*	*der Be scheid*	*der Ge winn*
Verlängerte Zweisilber:	*be le ben*	*die Be schei de*	*die Ge win ne*

Zerlegen ▶ S.190

- In zusammengesetzten Wörtern können sich Verlängerungsstellen verstecken, z. B.:
  *der Abend**h**immel, die Schran**k**wand, der Die**b**stahl.*
- Die unklaren Auslaute und Einsilber findet man, indem man die Wörter zerlegt und dann verlängert, z. B.:

  *Han**d** ball – die Hän**d**e und die Bä**ll**e.*
- Manchmal muss man auch Wortbausteine abtrennen, bevor man verlängern kann, z. B.:

  *das Käl**b**chen – die Käl**b**er.*

Ableiten ▶ S.191

- Wörter, die z. B. die Vokale *e* und *eu* enthalten, sind leicht mit *ä* und *äu* zu verwechseln. Man spricht sie ähnlich aus.
- **Normalerweise** schreibt man *e* oder *eu.*
- Wenn es verwandte Wörter mit *a* oder *au* gibt, dann schreibt man *ä* oder *äu,* z. B.:

  *die W**e**lt – aber: er h**ä**lt, denn es heißt: h**a**lten*   *die L**eu**te – er l**äu**tet, denn es heißt: l**au**ten*

Nomen erkennen

► S. 192–193

Nomen werden großgeschrieben. Mit folgenden Proben kann man prüfen, ob es sich bei einem Wort um ein Nomen handelt:

- **Artikelprobe:** Vor Nomen kann man einen Artikel setzen, z. B.: **das** Haus.
- **Adjektivprobe:** Nomen kann man durch Adjektive genauer beschreiben, z. B.: das **hohe** Haus.
- **Zählprobe:** Nomen kann man zählen, z. B.: **drei** Häuser, **viele** Häuser.
- **Endungsprobe:** Nomen können z. B. enden auf: -heit, -keit, -ung, -nis, -schaft, - tum. z. B.: Gesund**heit**, Heiter**keit**, Umgeb**ung**, Ereig**nis**.

Im Wörterbuch nachschlagen

► S. 194–195

- In einem Wörterbuch sind die Wörter **nach dem Alphabet sortiert.**
- Wenn der erste, zweite … Buchstabe gleich ist, wird die Reihenfolge nach dem zweiten, dritten … Buchstaben entschieden, z. B.: Fl**a**mme, Fl**ei**ß, Fl**o**ß.
- Bei **Verbformen** sucht ihr die **Grundform** (Infinitiv), z. B.: geht → gehen.
- Bei **Adjektiven** sucht ihr die **Grundform,** z. B.: netter → nett.
- Bei **Nomen** sucht ihr die **Einzahl** (den Singular), z. B.: die Wände → die Wand.
- Zusammengesetzte Wörter **solltet ihr zerlegen** und getrennt nachschlagen.

Richtig abschreiben

► S. 187

- **Lest** den Text **mehrmals,** bevor ihr ihn abschreibt. Ihr solltet seinen Inhalt gut kennen.
- **Schwingt:** Sprecht schwierige Wörter in Silben (laut oder in Gedanken).
- Merkt euch **jeweils eine Zeile** und schreibt sie auf. Schreibt nur in jede zweite Zeile.
- **Sprecht leise mit,** während ihr schreibt. Sprecht nicht schneller, als ihr schreibt.
- Kontrolliert am Ende jeden Satzes das **Satzschlusszeichen** (► S. 240).
- **Schreibt sauber** und lesbar.

Partnerdiktat

► S. 205

- Lest zuerst den gesamten Text durch und achtet auf schwierige Wörter.
- Diktiert euch abwechselnd den Text, Abschnitt für Abschnitt.
- Jeder überprüft am Ende seinen eigenen Text auf Rechtschreibfehler und verbessert sie.
- Tauscht dann eure Texte aus und korrigiert sie gegenseitig.
- Verbessert zum Schluss die Fehler in euren Texten.

Dosendiktat

► S. 203

- Legt in eine Dose Zettel mit Wörtern, die ihr üben wollt.
- Zieht nacheinander die Zettel aus der Dose und diktiert sie euch gegenseitig.
- Kontrolliert mit Hilfe der Zettel, ob ihr die Wörter richtig geschrieben habt.

Rechtschreibregeln

Wörter mit doppelten Konsonanten ▶ S. 198–199

- Doppelte Konsonanten schreibt man nur, wenn die erste Silbe geschlossen ist, z. B.:
  die Schelle, der Blödsinn, die Dämme, die Betten, die Robbe.
- Wenn zwischen zwei Silben (Silbengrenze) zwei verschiedene Konsonanten stehen, verdoppelt man nicht, z. B.: *die Schwärme, die Murmel, wandern*.
  Um die Regel anzuwenden, muss man Einsilber verlängern und zusammengesetzte Wörter zerlegen.

Wörter mit *ie* ▶ S. 200–201

Man schreibt Wörter in der Regel nur dann mit *ie*, wenn die **erste Silbe offen** ist und der **Vokal lang** gesprochen wird.
In zusammengesetzten Wörtern müsst ihr die zweisilbige Form suchen, um die ie-Schreibung zu begründen.
Achtung: Diese **Regel** gilt **nur für zweisilbige Wörter!**
Die Personalpronomen *ihr, ihnen, ihm, ihn, ihre* werden mit **ih** geschrieben.

Wörter mit *ß* oder *ss* ▶ S. 202–205

Der Buchstabe *ß* steht für einen **zischend** gesprochenen s-Laut.
- Man schreibt *ß,* wenn die **erste Silbe offen** ist, z. B.: *die Soße, die Größe, die Maße, stoßen*.
- Ist die **erste Silbe geschlossen,** schreibt man *ss,* z. B.: *die Klasse, die Bisse, lassen, wissen*.
Zusammengesetzte Wörter müsst ihr zerlegen und dann verlängern, um die Schreibung mit *ß* oder *ss* zu begründen.

Großschreibung ▶ S. 154, 193

Satzanfänge und **Nomen** (▶ S. 236) werden **großgeschrieben.**
Wörter, die auf *-heit, -keit, -nis, -schaft, -tum, -ung* enden, sind immer Nomen.

Kleinschreibung ▶ S. 160, 163

Klein schreibt man
- alle **Verben,** z. B.: *malen, tanzen, gehen,*
- alle **Adjektive,** z. B.: *freundlich, sonderbar, rostig,*
- alle **Personalpronomen** (persönliche Fürwörter), z. B.: *ich, du, er/sie/es, wir, ihr, sie, mich, dich.*
Tipp: Eine Sonderregelung gibt es bei den **Anredepronomen in Briefen und E-Mails:**
- Wenn ihr jemanden **siezt,** schreibt ihr die Anredepronomen **groß,** z. B.: *Sie, Ihnen, Ihr.*
- Die vertraute Anrede **du** kann man **klein**schreiben, z. B.: *dir, dein, euch, euer.*

Arbeitstechniken und Methoden

Bibliothekskataloge nutzen – Informationen beschaffen ► S. 81

Wenn ihr Informationen über ein bestimmtes Thema sucht oder ihr etwas nachschlagen wollt, stehen euch verschiedene Informationsquellen zur Verfügung:
Die wichtigsten Informationsquellen sind Bücher (Lexika, Sach- oder Fachbücher), Zeitschriften und das Internet.
Bücher und Zeitschriften findet ihr **in der Bücherei (Bibliothek),** z. B. in der Schul-, der Stadt- oder der Gemeindebibliothek.

Mit dem Bibliothekscomputer Medien suchen ► S. 81

1. Schritt: Gebt in das Feld der Suchmaske einen Suchbegriff ein, z. B. den Namen der Autorin/des Autors, den Titel des Buches oder einen Sachbegriff/ein Schlagwort (z. B. Dinosaurier, Abenteuerbuch). Verfeinert, wenn möglich, die Suche, indem ihr eine bestimmte Medienart auswählt, wie z. B. Buch, CD, DVD.
2. Schritt: Startet die Suche, indem ihr die Enter-Taste des Computers drückt oder mit einem Mausklick das vorgegebene Feld für die Suche startet.
3. Schritt: Ihr erhaltet entweder Angaben zu dem gesuchten Titel oder eine Liste mit Suchergebnissen. Klickt den Titel an, zu dem ihr mehr Informationen haben wollt, z. B. eine Kurzbeschreibung des Inhalts, Angaben darüber, ob das Buch vorhanden oder ausgeliehen ist.
4. Schritt: Wenn ihr den gesuchten Titel gefunden habt, müsst ihr euch die **Signatur** aufschreiben, z. B.: Ab 24 AL. Die Signatur gibt euch den Standort des Buches, der CD etc. in der Bibliothek an.
5. Schritt: Orientiert euch in der Bibliothek, in welchem Regal ihr das Buch, die CD etc. findet, z. B.: Ab 24 AL (Ab = Abenteuer; 24 = Regalstellplatz; AL = Autor/in, hier: **A**strid **L**indgren).

Informationsplakate gestalten ► S. 225

Ein **Plakat** ist gut geeignet, um **Fotos, Tabellen** und gut **gegliederte Texte** zu zeigen.
- Hebt die Überschrift und Zwischenüberschriften durch die Schriftgröße hervor.
- Gestaltet das Plakat übersichtlich.
- Nutzt die unterschiedliche Wirkung von Farben.
- Schreibt sauber und so groß, dass man den Text aus 10 Metern Entfernung lesen kann.
- Notiert Stichwörter oder kurze Sätze.

Der Uhu

Aussehen: ...

Verbreitung: ...

Jagd: ...

Feinde: ...

... ...

Einen Ideenstern anlegen

► S. 38, 225

Der **Ideenstern** hilft euch, **Ideen** zu einem bestimmten Thema zu **finden.**

- Schreibt das Thema in die Mitte eines Blattes und hebt es farbig hervor.
- Notiert Gedanken, Merkmale oder Informationen zum Thema.
- Rahmt eure Eintragungen ein und verbindet sie durch Linien mit dem Wort in der Mitte des Ideensterns.

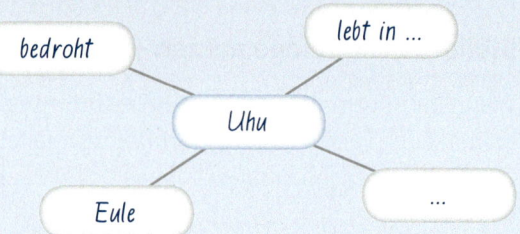

Stichwortkarten/Stichwortzettel anlegen

► S. 41, 226

Stichwortkarten helfen, einen Vortrag sicherer zu präsentieren.

- Notiert nur Stichwörter, keine ganzen Sätze.
- Schreibt groß und deutlich.
- Lasst alles Unwichtige weg.
- Übt den Vortrag mit den Stichwortkarten.
- Schaut eure Zuhörer beim Vortrag an.

Karte 3
Feinde der Uhus: ...
Mensch: ...
Tiere: ...

Karte 1
Aussehen der Uhus: ...
Kopf: ...
Gefieder: ...

Karte 2
Uhus: ...
auf der Jagd: ...
in Europa: ...

Ein Flussdiagramm anfertigen

► S. 150, 226

Ein **Flussdiagramm** bildet **Zusammenhänge** oder **Abläufe** anschaulich ab.

- Tragt wichtige Informationen oder Zusammenhänge in das Flussdiagramm ein.
- Notiert nur Stichwörter und umrahmt sie.
- Achtet auf eine sinnvolle Reihenfolge eurer Stichwörter.
- Zeichnet Pfeile von Rahmen zu Rahmen.

Wie jagen Uhus ihre Beute?

lauern geduldig

blitzschneller ...

Zugriff mit ...

...

Beute wird ... mit ...

Die Fünf-Schritt-Lesemethode ▶ S. 234

Einen Kurzvortrag halten (Buchvorstellung) ▶ S. 84

Eine gelungene Buchvorstellung sollte gut vorbereitet werden.
Zu eurer Buchvorstellung könnt ihr auch eine Lesekiste (▶ S. 84) oder ein Plakat (▶ S. 225) gestalten.
Auf diese Weise wird euer Vortrag anschaulicher.
Nutzt Stichwortkarten für euren Vortrag mit folgenden Informationen:

- **Nennt Titel, Autor/in** und das **Jahr,** in dem das Buch geschrieben wurde.
- **Beschreibt** die **Hauptfiguren** und den **Ort der Handlung.**
- Fasst den **Inhalt des Buches** kurz zusammen.
- **Bewertet** zum Schluss **das Buch:** Was hat euch an dem Buch gefallen oder nicht gefallen?

Tipps

- Sprecht laut, deutlich und nicht zu schnell.
- Versucht, möglichst frei vorzutragen.
- Schaut euer Publikum an. So seht ihr, ob es Zwischenfragen gibt.

Eine Schreibkonferenz durchführen ▶ S. 112

- Setzt euch in kleinen Gruppen zusammen.
- Einer von euch liest seinen Text vor. Die anderen hören aufmerksam zu.
- Die Zuhörer sagen, was ihnen gefallen hat. Danach machen sie Verbesserungsvorschläge wie:
  Du musst die Zeitform des Präteritums verwenden. In deinem Märchen löst der Prinz nur eine Aufgabe. Warum siegt bei dir am Ende nicht das Gute? Du hast die Überschrift und einige Reizwörter vergessen.
- Anschließend besprecht ihr den nächsten Text.
- Am Ende der Schreibkonferenz verbessern die Verfasser mit Hilfe der Vorschläge ihre Texte.

Wirkungsvoll vorlesen ▶ S. 45, 87, 120

- **Lest** den Text **mehrmals still,** bis ihr den Inhalt des Textes sehr gut kennt.
- Umkreist die Wörter, die ihr besonders betonen wollt, weil sie z. B. besonders spannend sind.
- Ihr könnt **laut** oder **leise, schnell** oder **langsam** sprechen.
- Markiert die Sätze, die ihr **mit einer anderen Stimme** vorlesen wollt, z. B. die wörtliche Rede zweier verschiedener Figuren.
- Macht gezielt **Lesepausen,** um z. B. die Spannung zu erhöhen.
- Sprecht **deutlich.** Übt das wirkungsvolle Vorlesen mit einer Freundin oder einem Freund.

Geordnete Arbeitsplätze ▶ S. 214

Ist ein Arbeitsplatz aufgeräumt, findet ihr schneller die Sachen, die ihr benötigt.
Außerdem lenkt euch ein aufgeräumter Arbeitsplatz weniger von euren Aufgaben ab.

- Einen Schülertisch in der Klasse solltet ihr mit den Unterrichtsmaterialien und Büchern des Faches vorbereiten, das unterrichtet wird.
- Alles, was nichts mit dem Unterricht zu tun hat, ist wegzulegen, da es vom Lernen ablenkt.
- Wenn die Unterrichtsstunde beendet ist, werden die Materialien für das Fach in die Schultaschen oder Fächer geräumt.
- Danach werden die Materialien für die nächste Stunde herausgeholt.

Geordnete Mäppchen, Schultaschen und Schließfächer ▶ S. 215

- Prüft regelmäßig mit Hilfe einer Checkliste (▶ S. 215), ob eure **Mäppchen** vollständig sind.
  Tipp: Hängt euch eine solche Checkliste über euren Arbeitsplatz zu Hause.
- Auch in euren **Schultaschen** sollte immer Ordnung herrschen:
  - Klebt einen Stundenplan in die Innenseite.
  - Nehmt nur die Bücher und Hefte mit, die ihr für den Tag braucht.
  - Belastet die Schultasche nicht mit Überflüssigem.
  - Prüft sie am Vorabend auf Vollständigkeit.
  - Berücksichtigt Stundenplanänderungen, wenn ihr eure Tasche packt.
  - In eine gut gepackte Schultasche gehören auf jeden Fall: Federmäppchen, Hausaufgabenheft, Mitteilungsheft, Getränk, Pausenbrot.

Richtige Heftführung ▶ S. 216

- Das Heft sollte von außen sauber aussehen und auf dem Umschlag beschriftet sein.
- Die Seiten im Heft sollten übersichtlich gestaltet sein.
- Die Einträge im Heft sollten alle ein Datum haben.
- Jeder Hefteintrag sollte eine unterstrichene Überschrift aufweisen.
- Es ist leserlich zu schreiben. Fehler werden ordentlich durchgestrichen und verbessert.
- Wichtiges sollte farblich hervorgehoben werden.

Hausaufgaben sinnvoll erledigen ▶ S. 217–218

- Ihr solltet stets am Schreibtisch arbeiten, weil ihr dort mehr Ruhe habt und eure Arbeitsmaterialien bereitliegen.
- Ihr solltet zuerst die Hausaufgaben für den nächsten Tag erledigen, bevor ihr mit den Aufgaben für die restlichen Tage der Woche beginnt.
- Ihr solltet auf keinen Fall bei der Arbeit am Schreibtisch fernsehen oder am Computer spielen, weil ihr dadurch abgelenkt werdet und euch nicht mehr konzentrieren könnt.
- Ihr solltet euch die Hausaufgaben in der Schule immer ins Hausaufgabenheft schreiben, damit ihr nicht vergesst, was ihr erledigen müsst.

Textartenverzeichnis

Autoren- und Quellenverzeichnis

BREZINA, THOMAS C. (*1963)

44 Ein Roboter reißt aus,
aus: Die Knickerbocker-Bande Junior.
Abenteuer Nr. 13: Ein Roboter reißt
aus. Ravensburger Buchverlag,
Ravensburg 2000,
© 2012 Story & Co. GmbH, Wien,
S. 9–13

BUSCH, WILHELM (1832–1908)

119 Fink und Frosch
aus: Sämtliche Werke, Bd. 2. Hrsg. von
Rolf Hochhuth. Gütersloh,
Bertelsmann 1959, S. 509

BYDLINSKI, GEORG (*1956)

203 Ausreden in der Schule
aus: ABC und Tintenklecks. Reclam,
Stuttgart 2007, S. 40

ECKE, WOLFGANG (1927–1983)

170 Die Geheimkonferenz
nach: Die Geheimkonferenz. Otto
Maier Verlag, Ravensburg 1984, S. 5–8

ERHARDT, HEINZ (1909–1979)

122 Das Finkennest

122 Der Schmetterling
aus: Das große Heinz Erhardt Buch.
Lappan Verlag, Oldenburg 2009

FUNKE, CORNELIA (*1958)

192 Gespensterjäger auf eisiger Spur
nach: Gespensterjäger auf eisiger
Spur. Loewe Verlag, Bindlach 1993,
S. 46–49

GAVALDA, ANNA (*1970)

71 35 Kilo Hoffnung
aus: 35 Kilo Hoffnung. Bloomsbury,
K & J Taschenbuch, Juli 2009, S. 7–15,
26–30, 61–67

GERNHARDT, ROBERT (1937–2006)

121 Seit Wochen suchen wir ein Haus
aus: Allerlei Getier. Gedichte für
Kinder. Hrsg. von Ursula Remmers
und Ursula Warmbold. Reclam,
Ditzingen 2003
Original: Gernhardt, Robert: Mit dir
sind wir vier. Frankfurt a. M.,
Insel-Verlag 1979

GORI, HELEN

132 Ein Mensch vor dem Gericht der
Tiere (1)

134 Ein Mensch vor dem Gericht der
Tiere (2)
aus: Schneider, Ruth; Schorno, Paul
(Hrsg.): Theaterwerkstatt für
Jugendliche und Kinder, Bd. 2. Lenos-
Verlag, Basel 1985 (1, 2)

GOSCINNY, RENÉ (1926–1977) UND
SEMPÉ, JEAN-JACQUES (*1932)

86 Die Geheimzeichen
aus: Der kleine Nick und die Mädchen.
Übersetzung: Lenzen, Hans Georg
Diogenes, Zürich 2002, S. 71–77

GRIMM, JACOB (1785–1863) UND
GRIMM, WILHELM (1786–1859)

102 Prinzessin Mäusehaut (1)

104 Der Wolf und die sieben Geißlein
(2)
nach: Märchen der Gebrüder Grimm
für Erwachsene. Ausgewählt von Max
Lüthi. Niemayer, Hameln 1991, S. 7–9
(1); Brüder Grimm Kinder- und Haus-
märchen. Hrsg. von Hans-Jörg Uther.
Diederich, München 1996, S. 7–8 (2)

GUGGENMOS, JOSEF (1922–2003)

126 Der Maulwurf (1)

162 Wenn das Kind nicht still sein
will (2)
aus: Allerlei Getier. Gedichte für Kinder. Hrsg. von Ursula Remmers und
Ursula Warmbold. Reclam, Ditzingen
2003, S. 25 (1) Original: Guggenmos,
Josef: Was denkt die Maus am Donnerstag? Beltz, Weinheim/Basel 1998
(1); Gedichte für ein ganzes Jahr. Ge-
sammelt von James Krüss. Otto Meier
Verlag, Ravensburg 1968, S. 98 (2)

HACKS, PETER (1928–2003)

130 Der blaue Hund
aus: Der Flohmarkt – Gedichte für
Kinder. Eulenspiegel Verlag, Berlin
2001

HALBEY, HANS ADOLF (1922–2003)

187 Pampelmusensalat
aus: Die Wundertüte. Reclam,
Stuttgart 2005, S. 162

HAMANN, GÖTZ (*1969)

148 Da schaust du!
nach: DIE ZEIT. Das Junior-Lexikon,
Bd. 2, Hamburg 2007

JANDL, ERNST (1925–2000)

125 ottos mops
aus: Poetische Werke in 10 Bänden,
Bd. 4: Der künstliche Baum.
Luchterhand Literaturverlag,
München 1997, S. 871

KÄSTNER, ERICH (1899–1974)

95 Ein Krebs kommt vor Gericht –
Die Schildbürger
aus: Die Schildbürger. Dressler Verlag,
Hamburg 2006

KIPLING, RUDYARD (1865–1936)

199 Der Wal und der Seemann
nach: Wie der Wal seinen Schlund
bekam. Aus: Geschichten für den
allerliebsten Liebling. Die Zeit Edition
2008, S. 8–9

KRÜSS, JAMES (1926–1997)

120 Küken-Kindergarten
aus: Allerlei Getier. Gedichte für
Kinder. Hrsg. von Ursula Remmers
und Ursula Warmbold. Reclam,
Ditzingen 2003, S. 56
Original: Krüss, James: James
Tierleben. Hamburg, Carlsen 2003

KRUSE, MAX (*1921)

124 Schafsgedanken
aus: Allerlei Getier. Gedichte für
Kinder. Hrsg. von Ursula Remmers
und Ursula Warmbold. Reclam,
Ditzingen 2003, S. 37
Original: Kruse, Max: Ein Klecks ging
mal spazieren. Kindergedichte. Verlag
Sankt Michaelsbund, München 2003

LOBE, MIRA (1913–1995)

126 Der verdrehte Schmetterling
aus: Das Sprachbastelbuch. Hand
Domengo u. a. Jugend und Volk, Wien
1975, S. 78

PREUSSLER, OTFRIED (*1923)

168 Die kleine Hexe
nach: Die kleine Hexe. Thienemann,
Stuttgart [5]1995, S. 3–9

RICHTER, JUTTA (*1955)

48 Der Tag, als ich lernte, die
Spinnen zu zähmen
aus: Der Tag, als ich lernte, die Spinnen zu zähmen. Carl Hanser Verlag,
München 2000

SCHIRNECK, HUBERT (*1962)

93 Der faule Toaster
nach: http://www.rossipotti.de/
ausgabe17/11uhr_termin.
html#schirneck [08. 04. 2011]

SPOHN, JÜRGEN (1934–1992)

124 Idee
aus: Allerlei Getier. Gedichte für
Kinder. Hrsg. von Ursula Remmers
und Ursula Warmbold. Reclam,
Ditzingen 2003, S. 20
Original: Spohn, Jürgen: Drunter &
Drüber. Bertelsmann, München 1981

STEINHÖFEL, ANDREAS (*1962)

201 Rico, Oskar, und die
Tieferschatten
aus: Rico, Oskar und die Tieferschatten.
Carlsen Verlag, Hamburg, S. 11

VAN DE VENDEL, EDWARD (*1964)

15 Was ich vergessen habe
aus: Was ich vergessen habe. Carlsen
Verlag, Hamburg 2004, S. 7–15

WITTKAMP, FRANTZ (*1943)

118 Warum sich Raben streiten (1)

121 Tierfamilien unter sich (2)
aus: Allerlei Getier. Gedichte für
Kinder. Hrsg. von Ursula Remmers
und Ursula Warmbold. Reclam 2003,
S. 40–41 (1, 2)
Originale: Witkamp, Frantz: Ich
glaube, dass du ein Vogel bist.
Weinheim/Basel, Beltz & Gelberg,
1990 (1); Wittkamp, Frantz: alle tage
ein gedicht. ein tagebuch und
immerwährender kalender.
Coppenrath, Münster 2002 (2)

ZURBRÜGG, CHRISTINA

128 Einmal
aus: Großer Ozean, Gedichte für alle.
Hrsg. von H.-J. Gelberg.Beltz & Gelberg Weinheim/Basel 2000, S. 206

Unbekannte/ungenannte Autorinnen und Autoren

137 Der Potsdamer Postkutscher …
aus: www.praxis-jugendarbeit.de/
spielesammlung/spiele-
zungenbrecher.html [12.04.2011]

221 Der Uhu
nach: http://www.kindernetz.de/oli/
tierlexikon/uhu/-/id=74986/vv=print/
nid=74986/did=84284/1rk04m6/
index.html [08.04.2011]

115 Die beiden Söhne des Holzfällers
frei nach: Der goldene Schlüssel.
Märchen der Brüder Grimm. Beltz &
Gelberg 2007, S. 380

110 Die drei Wünsche
aus: Volksmärchen aus den Pyrenäen.
Französische Märchen. Hrsg. von Ré
Soupault. Diederichs, Düsseldorf 1963

144 Die Pfefferkörner
aus: http://www.pfefferkoerner.de/
faelle/index.html [08.04.2011]

109 Die Tochter und die Stieftochter
nach: Märchen aus dem Baltikum.
Hrsg. von Hans-Jörg Uther.,
Diederichs, München 1992, S. 5–6

182 Eine wichtige Entdeckung
nach: Geschichte plus. Sachsen, Klassen 5/6. Cornelsen, Berlin 2003, S. 38

114 Eine Witwe hatte zwei Töchter …
nach: Frau Holle. Märchen der Brüder
Grimm. Beltz & Gelberg 2007, S. 337

137 Es klapperten die Klapper-
schlangen …
aus: http://www.kidsweb.de/schule/
zungenbrecher.html [12.04.2011]

137 Menschen mögen Möwen leiden
…
aus: Michl, Reinhard: Marabu und
Känguru. Die schönsten Tiergeschich-
ten. Gerstenberg Verlag, Hildesheim
2006, S. 30

90 Nasreddin Hodscha und der
Baum (1)

91 Nasreddin Hodscha, der
Schmuggler (2)

92 Nasreddin Hodscha sprang eines
Nachts … (3)
nach: 666 wahre Geschichten.
Übersetzt und hrsg. von Ulrich
Mazolph. C. H. Beck Verlag, München
2002, S. 106 u. 224 (1/3); nach: http://
de.wikipedia.org/wiki/Nasreddin
[08.04.2011] (2)

137 Sieben Riesen niesen …
aus: http://www.schulzens.de/
Grundschule/Deutsch/Zungenbrecher/
zungenbrecher.html [12.04.2011]

138 Text 1: Hmmm!
nach: Höchtlen, Norbert: Das Gespräch.
Aus: Schultheater 3, Bern 1979

138 Text 2: Bist du endlich fertig im
Bad?
nach: Schnurre, Wolfdietrich: Auf
dem Klo. Aus: Ich frag ja bloß. Ullstein
Buchverlage, Berlin 1979, S. 37

138 Text 3: Wer mit wem?
nach: Bienek, Horst: Klatsch am Sonn-
tagmorgen. Aus: Fuchs, Bruno (Hrsg.):
Die Meisengeige. Zeitgenössische
Nonsensverse. Carl Hanser Verlag,
München 1964

88 Till kauft goldene Hufeisen
nach: Till Eulenspiegel. Kinderbuch-
klassiker zum Vorlesen neu erzählt
von Elke Lege. Arena Verlag, Würzburg
2006, S. 83 ff.

107 Von den drei Brüdern, die in die
Welt gingen
nach: Märchen von Treue und Freund-
schaft. Hrsg. von Hannelore Marzi.
Fischer Verlag, Frankfurt a. M. 1994,
S. 66–69

54 Wenn Vierbeiner Frisbee spielen
nach: Wilde Gefährten. Von Kindern
und ihren Tieren. Hrsg. von Peter-
Matthias Gaede. Hamburg: GEOlino
im Verlag Gruner + Jahr 2005, S. 17

204 Weshalb erscheinen Gegenstände unter Wasser größer?
aus: Warum wackelt Wackelpudding?
Wissen Media Verlag, Gütersloh 2008,
S. 96

98 Wie Eulenspiegel auf dem Seil
tanzte und den Leuten die
Schuhe abschwatzte
aus: Hermann Bote: Till Eulenspiegel.
Coppenrath, Münster 2006, S. 6–8

211 Wissenswertes über Schnecken
aus: Walter, Martin; Johnson, Jinny:
Wissen leicht gemacht: Die Tiere der
Welt. Parragon Books 2006, S. 32, 33

Bildquellenverzeichnis

S. 4, 37: Con Tanasiuk/Getty Images; S. 5, 69: mauritius images/Tetra Images; S. 11, 13: Thomas Schulz, Teupitz; S. 24 oben links: © ALIMDI.NET/ Uwe Umstaetter; S. 24 rechts: mauritius images/uwe umstätter; S. 27 oben: © mauritius images/Cusp; S. 27 unten: © Fotolia/yellow; S. 28: Shut-terstock/Julia Kuznetsova; S. 29 oben: © Hartmut Schwarzbach/argus; S. 31: © Thomas Willemsen; S. 34: © Helga Lade Fotoagentur; S. 53: © agenda/Joerg Boethling; S. 54: © Todd Bigelow; S. 55: © Your Photo Today/BSIP; S. 56 oben, unten Mitte, 221 unten: © Juniors Bildarchiv; S. 56 unten links: © ALIMDI.NET/Thorsten Jochim; S. 56 unten rechts: © Biosphoto/Klein J.-L. & Hubert M.-L.; S. 58 oben links: © Fotolia/Annette Kurka; S. 58 oben rechts: © Fotolia/Antje Lindert-Rottlke; S. 58 unten links: © Fotolia/Yury Shirokov; S. 58 unten rechts: © Bildagentur online/MCPhoto-DIZ; S. 60: © Flora Press/BIOS; S. 65 oben: © Wildlife/S.Stuewer; S. 65 unten: © J.-L. Klein u. M.-L. Hubert/OKAPIA; S. 66: mauritius images/Tier-fotoagentur; S. 70, 73: Cover von: Anna Gavalda, 35 Kilo Hoffnung, Bloomsbury K & J Taschenbuch, Juli 2009; S. 71, 74, 77: © Class Jansen, Frankfurt/M.; S. 79: © Peter Peitsch/peitschphoto.com; S. 80 links: Image Source/Getty Images; S. 80 rechts oben: © epd/Jens Schulze; S. 80 un-ten: © Archiv Mehrl; S. 85 Hintergrund: © Fotolia/Friedberg-fotolia; S. 85 oben: Illustration von Rolf Rettich aus: „Pippi Langstrumpf Gesamtaus-gabe" von Astrid Lindgren © Verlag Friedrich Oetinger, Hamburg 1987; S. 85 unten links, 86, 87: © Diogenes Verlag, Zürich/Editions Denöl, Paris; S. 131: © picture alliance/zb; S. 136 oben links: © Fotolia/Oliver Flörke; S. 136 oben rechts: mauritius images/Image Source; S. 136 unten: © Fotolia/ Andrejs Pidjass; S. 140: © ullstein bild – Kroll; S. 141 oben links, S. 144, 145, 146, 147: © NDR; S. 141 Hintergrund: © picture alliance/dpa/Wolfgang Kumm; S. 141 Mitte links: © KI.KA, Leipzig; S. 141 Mitte rechts: © picture-alliance/dpa-Film 20th Century Fox; S. 141 unten rechts: © picture aliance/ dpa; S. 142 links: © Fotolia/Aamon-Fotolia; S. 142 rechts: © Fotolia/goldencow-Fotolia; S. 146 unten rechts: © Saxionia Media Filmproduktion/ MDR/Neugebauer; S. 148: © ullstein bild; S. 149 oben: © Ostkreuz/Anne Schoenharting; S. 149 zweite von oben: © ullstein bild/Science Museum; S. 149 zweite von unten: © Jochen Eckel; S. 149 unten: © Fotolia/Franz Pfluegl; S. 213: © Ute Grabowsky/photothek.net; S. 215 oben links: Fotolia/ VRD; S. 215 oben rechts: © Fotolia/Robert Lehmann; S. 215 Mitte: © Fotolia/by-studio busse/yankushev; S. 215 unten links: © Fotolia/Stefan Sen-ninger; S. 215 unten rechts: © Fotolia/MjP; S. 215 unten Mitte: © dieKleinert.de/Alfred Schuessler; S. 221 oben: © OKAPIA/© Manfred Danegger/ OKAPIA; S. 222 links: © Cornelsen Verlag, Berlin; S. 222 rechts: © Okapia/imagebroker/Malcolm Schuyl/FLPA; S. 225, 245: © OKAPIA/Hanns Arens

Sachregister

Das Orientierungswissensspiel – Was ist eigentlich ...?

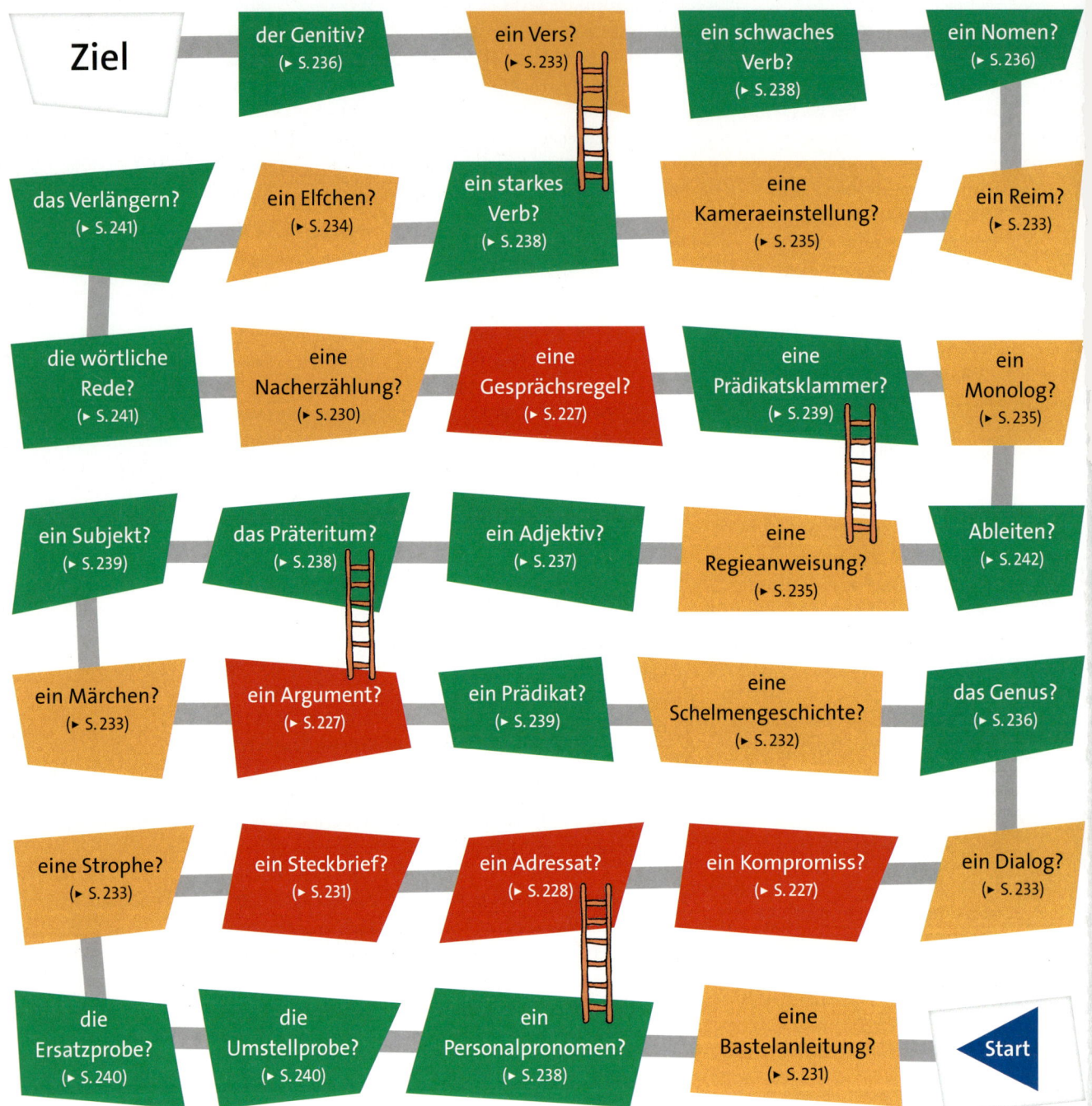

Spielmöglichkeiten:

A Spielt zu zweit. Wer beantwortet zuerst 10 Fragen richtig?
Tipp: Du kannst die Fragen auch mit Beispielen beantworten.

B Würfelt und geht in Pfeilrichtung die Spielfelder durch. Wer beantwortet seine Fragen richtig?
Tipp: Nutzt z. B. zwei Stiftkappen als Spielsteine.

C Leiterspiel: Ihr benötigt keine Würfel. Spielt nacheinander und entscheidet dabei je nach
Spielfeldfarbe, wie weit ihr eure Spielfigur (z. B. Stiftkappe) zieht. Es gilt:
rot: max. 3 Felder vorziehen   gelb: max. 2 Felder vorziehen   grün: max. 1 Felder vorziehen.
Über die Leitern könnt ihr euren Weg abkürzen.

Knifflige Verben im Überblick

Infinitiv	Präsens	Präteritum	Perfekt
befehlen	du befiehlst	er befahl	er hat befohlen
beginnen	du beginnst	sie begann	sie hat begonnen
beißen	du beißt	er biss	er hat gebissen
bieten	du bietest	er bot	er hat geboten
bitten	du bittest	sie bat	sie hat gebeten
blasen	du bläst	er blies	er hat geblasen
bleiben	du bleibst	sie blieb	sie ist geblieben
brechen	du brichst	sie brach	sie hat gebrochen
brennen	du brennst	es brannte	es hat gebrannt
bringen	du bringst	sie brachte	sie hat gebracht
dürfen	du darfst	er durfte	er hat gedurft
einladen	du lädst ein	sie lud ein	sie hat eingeladen
erschrecken	du erschrickst	er erschrak	er ist erschrocken
essen	du isst	er aß	er hat gegessen
fahren	du fährst	sie fuhr	sie ist gefahren
fallen	du fällst	er fiel	er ist gefallen
fangen	du fängst	sie fing	sie hat gefangen
fliehen	du fliehst	er floh	er ist geflohen
fließen	du fließt	es floss	es ist geflossen
frieren	du frierst	er fror	er hat gefroren
gehen	du gehst	sie ging	sie ist gegangen
gelingen	es gelingt	es gelang	es ist gelungen
genießen	du genießt	sie genoss	sie hat genossen
geschehen	es geschieht	es geschah	es ist geschehen
greifen	du greifst	sie griff	sie hat gegriffen
halten	du hältst	sie hielt	sie hat gehalten
heben	du hebst	er hob	er hat gehoben
heißen	du heißt	sie hieß	sie hat geheißen
helfen	du hilfst	er half	er hat geholfen
kennen	du kennst	sie kannte	sie hat gekannt
kommen	du kommst	sie kam	sie ist gekommen
können	du kannst	er konnte	er hat gekonnt
lassen	du lässt	sie ließ	sie hat gelassen
laufen	du läufst	er lief	er ist gelaufen
lesen	du liest	er las	er hat gelesen